한국사회의 새로운 갈등과 국민통합

한국사회의 새로운 갈등과 국민통합

한국정치학회/한국사회학회 공편

인간사랑

글머리에

이 책은 한국정치학회와 한국사회학회가 2006년 10월 19－20일 공동으로 주최한 "한국사회의 새로운 갈등구조와 국민통합"이라는 학술회의의 성과물들을 한 권의 책으로 모은 것이다. 한국정치학회와 한국사회학회는 4－5년을 주기로 한국 정치와 사회의 중요한 쟁점에 대하여 공동으로 학술토론을 해왔으며, 2006년에는 한국사회에서 새롭게 전개되고 있는 다차원적 갈등문제를 분석하고 사회분열과 정치적 갈등을 넘어선 통합의 길을 모색해 보는 데 힘을 합쳐보기로 하였다. 임현진 한국사회학회 회장(서울대 사회학과)과 김용호 한국정치학회 회장(인하대 정치외교학과)의 이와 같은 의기투합에 따라 정치학회와 사회학회의 연구임원진들은 학회의 임기인 2006년이 시작되기도 전인 2005년 가을부터 공동 학술회의를 기획하기 시작하였다. 사회학회에서는 서울대 이재열 교수와 고려대 장용석 교수가, 정치학회에서는 서울대 박철희 교수와 김남국 박사가 참가하는 실무회의를 여러 번 거친 후에 한국사회를 갈라놓고 있는 3중의 갈등구조, 즉 이념갈등, 세대갈등, 그리고 계층갈등을 보다 체계적으로 분석하고 통합을 위한 대안을 제시하는 데 중점을 두기로 하였다. 그리고 양 학회에서 해당 분야의 신진학자보다는 논쟁

을 주도하고 있는 중견학자들을 필진으로 모심으로써 의례적인 학술회의보다는 담론을 주도하고 재정비할 수 있는 기회로 삼고자 하였다. 학술회의를 개최하기 이전에도 논문 필진과 토론자들이 만나 쟁점을 정리하고 논쟁을 유도할 수 있는 주제를 선정함으로써 내실 있는 학술회의와 논문이 되도록 준비에 만전을 기하였다. 이 책에 논문을 기고한 학자들은 정치학회와 사회학회에서 한국사회의 갈등문제에 대해 각자의 입장에서 논쟁의 중심에 서 있는 분들이라고 자부한다.

이 책의 서두를 장식한 임희섭 전 한국사회학회 회장의 글은 한국사회에서 나타나는 주요한 갈등이 세계화 시대의 문명사적 도전의 결과로 나타났다는 점을 지적하고 있다. 한국사회의 주요한 갈등인 이념, 지역, 세대, 계층 간 갈등이 대부분 산업화 시대의 거시적 사회변동이 가져온 결과물임을 강조하면서도 21세기적 대전환의 계기인 세계화가 이를 심화시키고 있다는 거시적 맥락을 제시하고 있다. 임 교수의 주장에서 주목되는 부분은 한국 지식인 및 언론의 걱정스러운 분석에도 불구하고 한국사회에는 갈등의 강도가 높아지기 쉬운 인종갈등, 민족갈등, 종교갈등과 같은 원초적 집단 간 갈등이나 근본주의적 종교집단 간 갈등이 사실상 존재하지 않는다는 비교사회학적인 관찰이다. 따라서 첨예하고 중층화된 갈등구조에도 불구하고 이들이 생산적이고 창조적인 갈등으로 관리할 수도 있다는 조심스런 전망을 내놓고 있다.

한준 교수와 설동훈 교수의 분석은 한국사회 이념갈등의 현 주소를 계량적인 방법을 통해 보여주는 것이다. 이들은 소모적 갈등을 극복하자는 소모적 논쟁을 극복하는 길은 갈등의 양상과 구조에 대한 면밀한 실증분석이 필요하다는 관점으로부터 접근해야 한다는 점을 강조한다. 언론 칼럼에 나타난 이념의 분화와 설문을 이용한 여론조사를 통해 한국사회 이념갈등의 축을 이루고 있는 이라크 파병, 국가보안법, 고교평준화, 부동산 정책 등에 대하여 한국민들이 어떠한 양상의 이념갈등을 보여주고 있는가를 실증적으로 보여주고 있다. 이에 반해 강원택 교수와 정병기 박사의 글은 한국사회의 이념갈등이 유럽의 이념갈등, 특히 보혁갈등과 어떻게 같고 다른가를 분석하고 있다. 이들이 먼저 주목하고 있는 점은 한국사회 이념갈등의 담지자가 계층이 아닌 세대라는 점이다. 영국과 독일의 사례를 중심으로 한 비교정치적 분석을 통해 서구의 두 국가는 사실상 이념갈등 속에서도 역사적으로 제2차 세계대전 이후 60

년대까지의 사민주의적 합의, 그리고 1990년대 후반의 신자유주의적 합의가 존재하였고, 양대 정당의 실용주의적 합의에 의해 이념갈등이 완화되었다는 점을 강조하고 있다.

박효종 교수와 조희연 교수의 논문은 각각 보수논객과 진보논객을 대표하여 이념갈등의 현 주소를 대자적인 입장에서 분석한 글이다. 박효종 교수는 보수의 입장에 서서 한국 진보주의의 두 가지 결핍과 두 가지 과잉을 날카롭게 짚어내고 있다. 그는 한국의 진보진영이 헌법적 애국주의가 결여되어 있고 인권과 민주주의 등 문명사적 가치를 등한시하고 있음을 지적한다. 이와 동시에 그는 한국의 진보진영이 이상주의를 넘어서서 파괴적 파괴를 가져오는 초현실주의로 무장하고 있다고 비판하고, 스스로를 피해자와 약자로 파악하는 르상티망의 과잉으로 특징지워진다고 보았다. 박효종 교수는 진보에만 화살을 돌리는 데 그치지 않고 한국의 보수는 반응형 보수에 지나지 않았으며, 포스트 민주화 패러다임을 제공하는 데 실패했다고 의제설정 능력의 상실을 크게 문제삼았다. 진보의 입장에 선 조희연 교수도 보수와 진보의 비적대적 공존을 위해서는 양쪽 모두가 혁신되어야 한다고 강조한다. 보수 내에서도 수구적 보수와 자유주의적 보수로의 다원화가 진행되어야 하며, 진보 내에서도 자유주의적 진보와 급진적 진보의 과감한 분화와 동질성의 해체가 필요하다고 강조한다. 이같은 보수와 진보진영 내부의 분절화가 보수와 진보의 비적대적 공존을 가능하게 할 것이라는 지적은 깊이 새겨볼 만한 지적이 아닐 수 없다.

김재한 교수와 함인희 교수는 한국사회의 또 다른 갈등의 축인 세대갈등의 문제를 다루고 있다. 김재한 교수는 한국사회에서의 세대갈등이 지나치게 과대포장되어 있음을 지적하고 있다. 그는 2002년 대통령선거에서 표출된 세대갈등은 유권자 분포가 그 이전과 현격하게 달라졌다기보다는 정치 엘리트의 대결구도가 다자구도에서 양자대결구도로 압축됨으로써 세대갈등이 부각된 것이라고 분석한다. 그리고 세대갈등 그 자체보다는 세대갈등과 이념갈등이 교차하는 속에서 세대갈등이 증폭되고 있다는 점을 지적하고 있다. 함인희 교수는 한국에서도 다세대사회의 출현을 예고 하면서 세대 간 단절이 아닌 공존을 위한 지혜를 모색해야 한다고 강조하고 있다. 함 교수는 무엇보다도 평균 기대수명의 연장으로 인해 연령차별주의가 나타날 것을 우려하면서 세대통합적 교

육과 다양성의 인정이 중시되어야 함을 강조한다.

한국 경제위기 이후 갈등의 담론을 주도하고 있는 또 다른 축인 계층갈등에 대해 임혁백 교수와 김문조 교수는 양극화를 극복하고 중산층 민주주의 회복을 위한 제언들을 내놓고 있다. 임혁백 교수는 1997년 이후 신자유주의적 경제모델의 채택이 경제적 양극화 시대의 도래를 가져왔다고 진단하면서 경제적 양극화가 민주주의의 양극화를 불러오고 있다고 본다. 신자유주의적 세계화가 노동시장이 유연화를 가져오면서 노동의 양극화를 가져왔고, 대기업 정규직 중심의 기업별 노사체제가 노동민주주의로의 진전을 중단시켰다는 그의 주장은 관심을 끄는 부분이다. 임 교수는 양극화의 극복을 위해 성장과 복지의 선순환을 가져오는 혁신주도형 동반성장정책을 제언하고 있다. 김문조 교수는 한국사회의 양극화를 진단함에 있어 근로소득에 의한 양극화에 그치지 않고 근로외적 소득, 즉 금융소득, 부동산 소득 등 자산소득에 의한 격차의 확대에 더욱 주목해야 한다는 점을 강조하고 있다. 그는 특히 불로소득에 의한 계층 간 편차가 확대일로에 있음을 우려하고 있다. 김 교수가 주목하고 있는 것은 경제적 양극화에 더하여 사회문화적 양극화가 진전되고 있다는 점이다. 경제적 자본과 문화적 자본의 결합에 의해 한국사회를 양쪽을 모두 가진 보보스와 양쪽 모두가 없는 기층민중, 그리고 경제자본만 가진 졸부와 문화자본만 강한 룸펜 교양인으로 알기 쉽게 범주화하면서 경제적 양극화가 문화적 생활의 격차를 확대하고 있는 데 우려를 나타낸 것은 주의깊은 관찰이 아닐 수 없다.

이와 같이 이 책은 한국사회의 대표적 사회갈등인 이념갈등, 세대갈등, 계층갈등에 대해 사회과학적인 실증분석을 제시하고 있다. 양 학회가 기획 초기에 구상했던 것처럼 이들 갈등구조를 넘어설 수 있는 국민통합의 방향과 정책대안을 구체적으로 제시하지 못한 점은 아쉬움으로 남는다. 하지만 사회현상을 객관적으로 실증적으로 분석하고 문제의 근원을 짚어낸다는 사회과학 본연의 임무를 생각해 본다면 앞으로의 갈등과 관련된 담론에서 빼놓을 수 없는 분석을 제시했다고 자평해 본다. 이 논문들에서 지적하지 못했던 부분들에 대해서는 이들 논의를 바탕으로 후속 연구들이 계속 진행되기를 바랄 뿐이다.

바쁘신 와중에도 논문의 집필 및 교정에 선뜻 응해주신 필자 여러분들께 이 자리를 빌려 다시 한 번 감사드린다. 한국사회학회와 한국정

치학회를 이끄신 두 회장님, 임현진 교수와 김용호 교수의 리더십과 열정이 없었다면 이 프로젝트는 '산 송장'이 되었을 것이다. 늦게나마 양 학회의 연구 성과물이 출판되게 된 것도 학회를 위해 열심히 뛰어주신 회장단 이하 임원진들의 노고라고 생각한다. 이 학술회의를 위해 물심양면으로 도움을 아끼지 않으신 관계자들분께 다시 한 번 머리를 조아려 감사드린다. 마지막으로 이 책을 만들기까지 필자들과의 연락, 교정 및 출판사와의 연락 등으로 분주했던 서울대 구유진 조교와 한국정치학회 박현아 간사에게도 감사의 뜻을 전하고 싶다.

학회 기획진을 대표해서
서울대학교 국제대학원 **박철희**

차례

01 세계화 시대의 사회통합

임희섭(고려대학교)

I. 세계화의 도전과 응전

오늘날 대부분의 한국인들은 '세계화(globalization)'의 도전을 대체로 담담하게 받아들이고 있는 것 같다. 세계화에 대한 한국인들의 그와 같은 담담한 반응의 배후에는 한국인들이 산업화와 민주화라는 20세기의 문명사적 대전환을 성공적으로 이루어냈다는 자신감과, 21세기의 새로운 문명사적 대전환이라고 할 수 있는 정보화와 세계화의 도전에 대해서도 큰 무리 없이 잘 적응하고 성공해 나갈 수 있으리라고 믿는 암묵적인 낙관론이 자리 잡고 있기 때문이 아닌가 생각된다.

많은 한국인들은 그들이 20세기 전반에 경험했던 제국주의 시대의 식민지적 수탈과, 20세기 중반에 경험했던 냉전시대 분단국으로서의 민족상잔(民族相殘)의 비극을 딛고 일어서서 산업화와 민주화라는 20세기의 시대적 가치를 성공적으로 구현해낸 모범생으로서의 자아상을 형성한 것으로 보인다. 그와 같은 국민들의 자신감이 1992년에 출범한 김영삼 정부로 하여금 한국을 세계 중심 국가의 하나로 만들어 나가겠다는 '열망적' 세계화의 추진을 선언하게 한 배경이 되었을지도 모른다(박길성 2003, 129–139).

박길성은 김영삼 정부가 추진한 세계화는 그 내용이 종래의 '국제화'나 '선진화'에서 크게 벗어나는 것이 아니었다는 점에서 '열망적' 세계화라고 불렀다. 그와 같은 실체 없는 구호적 세계화의 추진은 결과적으로 충분한 사전준비 없이 국내 자본시장을 개방케 함으로써 1997년의 외환위기와 IMF 관리체제를 자초했다고 비판되고 있다. 박길성은 또한 IMF 관리체제 하에서 외환위기를 극복하기 위해 IMF가 제시한 처방에 따라 구조조정 등을 통한 한국사회의 신자유주의적 개편을 추진하지 않을 수 없었던 김대중 정부의 세계화를 '강요된' 세계화였다고 평가하면서, 한국사회의 세계화는 이제 그와 같은 열망적 세계화와 강요된 세계화를 벗어나 '규범적' 세계화의 단계에 들어서야 한다고 주장하였다.

그러나 한국사회가 지향하고 추구해야 할 바람직한 세계화의 규범은 과연 무엇인가라는 질문에 대한 대답은 쉽게 구해지지 않는다. 세계화의 원인과 성격, 결과와 대안 등에 대해서는 아직도 많은 이견과 논쟁이 계속되고 있기 때문이다.

세계화에 대한 가장 단순하고 낙관적인 견해는 '기술결정론적' 세계화론이라고 할 수 있다. 세계화에 대한 기술주의적 관점에서는 자본과 시장을 과거보다 훨씬 더 빠르게 이동시키게 만든 텔레커뮤니케이션 기술의 발달과 그러한 기술발달에 기초한 현대사회의 정보화 혁명에 의해 세계화가 촉진되고 있으며, 따라서 그와 같은 세계화는 그 누구도 피하거나 저항할 수 없는 것이고, 그 결과는 전 세계 인류에게 보다 나은 삶을 가져다 주는 유익한 것이라고 주장한다.

반대로 세계화에 대한 가장 단순한 비관적 견해는 전통적인 마르크시즘적 관점에 기초한 것이다. 그와 같은 관점에서의 세계화는 자본주의의 최종단계인 세계적 자본주의의 실현에 다름 아니다. 그리고 그와 같은 세계화의 결과는 선진국과 개발도상국에서 모두 불평등을 심화시킬 뿐이기 때문에 이들은 세계화 자체를 반대하는 반세계화(anti-globalism)를 주창한다.

그러나 오늘날 보다 많은 지식인들과 정치인들, 그리고 시민운동가들은 극단적인 낙관론이나 비관론에 빠지기보다는 '대안적' 세계화가 가능하다고 믿고 있다. 대안은 없다(There is no alternative)라는 말의 머리글자를 딴 TINA의 논리에서 벗어나(Bauman 2000) 세계화 과정에서의 국가 간, 또는 국내에서의 계층 간 불평등을 완화하거나 개선해 나갈 수 있도록 공정한 경쟁의 규범을 제도화해 나가고, 환경적으로 지속가능한 발전을 지향해 나가는 대안적 세계화를 추구해야 한다고 주장하고 있는 것이다. 그러므로 오늘날 한국사회가 지향해야 할 세계화 역시 공정하고 지속가능한 세계화의 국제규범을 정립하기 위해 노력하는 한편으로, 한국 경제의 자생력과 경쟁력을 높이는 착실한 준비를 거친 후에 국내시장의 대외개방을 점진적으로 추구함으로써 세계화 정책의 바람직하지 않은 결과를 예방하는 노력을 병행해 나가는 것이 되어야 할 것이다.

그러나 아무리 잘 준비된 세계화를 추진해 나간다고 하더라도 한국사회의 모든 분야에서 적지 않은 충격을 가져올 것이 분명한 한국사회의 세계화는 우리가 원하건 원하지 않건 한국사회 내부에 크고 작은 사회적 긴장과 갈등의 요인들을 발생시킬 가능성을 배제할 수 없을 것이다. 그러므로 우리는 현대 한국사회의 다양한 사회적 갈등의 현상과 갈등의 극복을 통해 이루어 나가야 할 사회통합의 과제들을 '세계화 시대'

라고 하는 시간적 · 공간적 환경의 맥락 속에서 새롭게 검토해 볼 필요가 있을 것이다.

II. 한국사회의 갈등구조

오늘날 한국사회에는 계층갈등, 이념갈등, 지역갈등, 세대갈등 등의 사회적 갈등이 복합적으로 중층화되어 있다고 할 수 있다. 다행스러운 점은 한국사회에는 상대적으로 갈등의 강도가 매우 높아지기 쉬운 인종갈등, 민족갈등, 종교갈등과 같은 원초적 집단 간의 갈등이나 근본주의적 종교집단 간의 갈등은 사실상 존재하지 않는다는 사실이다. 그러나 사회적 불평등이 심화되었을 때 계층 간의 갈등이 계급갈등의 형태로 이념화하고 급진화될 가능성과 노동조합 등 이익집단들의 집단행동이 때때로 폭력화할 가능성, 지역 간의 불평등이나 차별 등이 원초적 지역감정으로 발전될 가능성, 그리고 새롭게 한국사회의 소수집단으로 등장하고 있는 외국인 노동자와 외국인 신부들에 대한 차별과 편견의 문제 등이 잠재적으로 강도 높은 사회적 긴장의 요인으로 발전할 가능성 등이 있다.

그러므로 이 장에서는 현대 한국사회의 계층갈등, 이념갈등, 지역갈등, 세대갈등, 그리고 외국인 소수집단의 문제들을 그 원인과 특성 및 대책 등을 중심으로 하나 하나 검토해 보겠다.

1. 계층갈등

홍두승의 한 연구에 의하면 1960년대 초 한국사회의 계층구조는 중상계급 0.9%, 신중간계급 6.6%, 구중간계급 13.0%, 독립자영농 40.0%, 하층계급(근로계급, 도시하류층, 농촌하류층 포함) 39.5%의 분포를 보이고 있었다. 그러므로 1960년대 초에 신구 중간계급을 합한 중간계급의 비중은 약 20%였다고 할 수 있다(홍두승 1982). 이와 같은 중간계급의 비중은 20년 후인 1980년에 이르러 약 40%로 두 배나 증가하였다. 또한 KDI의 분석에 의하면 1965년에 전체 인구 중 절대빈곤 인구의 비중이 41%였으나 1980년에는 10% 이하로 감소하였다(서상목 외 1981).

이와 같은 중간계급의 성장과 빈곤층의 감소는 1960-80년대에 급속하게 진행된 산업화와 경제성장의 결과로 취업기회가 크게 확대된 데 따른 것이었다. 이 기간 동안에 영세한 농어업 인구가 크게 감소한 반면에 도시에서의 노동자, 자영업, 사무직에 종사하는 인구가 크게 증가한 결과였던 것이다.

그러나 다른 한편으로는 이 기간 동안의 경이적인 경제발전의 성과는 성장제일주의적 경제정책으로 이루어낸 것으로서 저임금과 장시간 노동 등 열악한 노동조건을 감내한 노동자들과 저농산물가격 정책에 따른 상대적 불이익을 감내한 농민들의 희생 위에서 거두어낸 성과이기도 하였다. 따라서 1970년대 중반부터는 근로자와 농민계층 사이에서 '상대적 박탈감(sense of relative deprivation)'이 확산되기 시작하였으며, 근로자들의 노조 조직률이 높아지면서 노동조합운동이 강화되고 노사갈등도 점차 증가하기 시작하였다(임희섭 1994). 특히 노사분규는 4·19, 10·26, 6·29 등과 같은 정치적 변혁기마다 폭발적으로 증가하였다. 이와 같은 사실은 노사갈등의 요인이 권위주의적인 정부에 의해 억제되어 오다가 정치적 변혁의 시기에 정부의 통제력이 약화되는 기회에 한꺼번에 폭발하였다는 것을 말해준다.

자유민주주의 사회에서의 계층갈등은 기본적으로 노동조합이나 농민조합, 그리고 경제인단체나 경영자단체 등과 같은 다양한 이익집단들의 합법적인 이익표출(interest articulation)의 과정과 이익집단들의 상충되는 이익들을 공정하고 합리적인 정책으로 통합(interest integration)해 나가는 민주적인 정치과정을 통해 해결되는 것을 원칙으로 한다고 할 수 있다. 즉 민주주의 사회에서 계층 간의 이익갈등을 민주적으로 해소해 나가기 위해서는 '갈등의 억압'보다는 '갈등의 제도화'가 더 필요한 것이다.

그러나 오랜 동안 한국사회에서는 갈등의 잠재적 · 현재적 요인들이 성장제일주의를 추구하는 권위주의적 정부에 의해 일방적으로 통제되어 왔으며, 권위주의 정부 하에서의 이익집단들은 노동자나 농민의 이익을 대변하는 이익집단으로서의 역할보다는 정부의 정책을 하달하거나 추종하는 관변적인 직능단체로서의 기능에 더 충실하려 했던 것이 사실이다. 그와 같은 조건에서는 억압된 갈등의 요인들이 정부의 통제력이 약화되는 정치적 변혁기에 과격한 집단행동으로 폭발하거나, 아니면 이념적으로 급진화하여 계급운동이나 혁명운동으로 변질될 가능성을 내포하고 있었다고 할 수 있다.

한편 1997년의 외환위기 이후에 급속하게 진행된 이른바 신자유주의적 세계화의 추진이 한국사회의 계층구조에 새로운 "양극화"를 일으키고 있다는 주장이 새롭게 제기되고 있다. 최근 통계청이 국회 재정경제위원회에 제출한 자료에 의하면, 2005년에 빈곤층 인구는 284만 가구, 869만 3,000명으로, 빈곤층 인구의 비율은 18%로 집계되었다(동아일보

06/9/26). 이 비율은 2003년에 비해 1.1% 포인트, 2004년에 비해 0.6% 포인트 증가한 것이다. (여기에서 빈곤층이란 OECD 기준에 따라 월평균 소득이 전국 가구 월간소득 중간 값의 50% 미만인 사람들을 말한다. 2005년의 월평균 소득의 중위치는 254만 5,000원으로 그 50%인 127만 2,500원 미만의 월평균 소득을 가진 가구의 가구원들이 빈곤층 인구이다.)

같은 자료에서 월평균 소득의 중간 값의 70% 이상 150% 미만인 중산층의 비중은 2004년의 48.5%에서 2005년에는 46.1%로 1.1% 포인트 감소한 것으로 보고되었다. 또한 2005년 전국 가구 중 상위 20% 소득계층의 월평균 소득은 하위 20% 계층의 7.56배로 2004년의 7.35배보다 0.21% 포인트 늘어났다(중앙일보 06/9/22). 이와 같은 중산층의 감소와 빈곤층의 증가, 그리고 소득 분배구조의 악화가 어느 정도로 한국사회를 양극화하고 있는지, 그리고 그와 같은 중산층의 감소와 분배구조의 악화가 반드시 세계화 정책의 결과인지, 아니면 일시적인 불경기나 기업의 투자위축으로 인한 일자리 감소에 연유한 것인지는 좀더 장기적인 변동의 추세를 분석한 후에 결론을 내려야 할 것이다.

그러나 여전히 한국사회는 전체 가구의 거의 절반이 중산층에 속하는 사회이고, 전체 인구의 50－60%가 자신을 중산층에 귀속시키는 중산층 사회인 것도 분명하다. 그러므로 외환위기 이후의 한국사회에서 중산층의 몰락과 빈민화로 이어지는 양극화(polarization) 현상이 일어나고 있고, 그 결과로 한국사회가 첨예한 계급의식(class consciousness)이나 계급 간의 적대의식(class antagonism)이 확산되는 계급사회를 향해 치닫고 있다고 주장하는 것은 과장된 주장이라고 할 수 있다.

그러므로 세계화의 바람직하지 못한 결과로서의 불평등의 심화 가능성을 공정한 시장경쟁의 규범화를 통해 극복해 나가는 한편으로, 보다 많은 투자를 통한 고용기회의 확대와 이익표출과 이익통합의 민주적 정치과정의 제도화를 통해 계층갈등의 요인들을 완화시켜 나가는 것이 오늘날 한국사회가 선택해야 할 계층갈등 해소의 가장 합리적이고 현실적인 대응책이라고 할 수 있을 것이다.

2. 이념갈등

해방 후 남북의 분단과 서로 다른 이념에 의한 정치체제의 출범은 한반도에 격렬한 이념적 갈등을 일으켰고, 그와 같은 이념적 갈등은 결국 한국전쟁으로까지 이어졌다. 그러나 역설적으로 한국전쟁은 휴전 후의 한국사회에서 이념적 갈등을 사실상 종식시키는 결과를 가져왔다고 할 수 있다. 미국을 비롯한 유엔군의 참전으로 자유민주주의 정치체제를 수호한 남한의 경우, 전쟁 이후에는 더 이상의 공산주의 혹은 사회주의 혁명을 주장하는 세력은 남아 있지 않게 되었기 때문이다.

한국사회에서 다시 좌파적 사회이념이 등장하게 된 것은 10월 유신 이후의 민주화 운동과정에서 학생운동을 중심으로 이른바 '민중운동'이 조직적인 활동을 할 수 있게 되면서부터였다고 할 수 있다. 민중운동세력은 민주화 운동의 기치 하에서 자유주의자들의 민주화 운동 세력과 연합전선을 펼쳐나가면서 점차로 '인민민주주의(PD)' 계열의 계급운동과 '민족해방전선(NL)' 계열의 반외세 · 반미운동을 전개하면서 좌파적 이념활동의 '합법적 공간'을 넓혀나갔다.

1992년의 문민정부와 1997년의 국민의 정부, 그리고 2002년의 참여정부로 이어진 민주화 시기에는 이른바 '주사파' 등 극단적인 친북세력을 제외한 온건한 민중운동 세력들은 제도권 안으로 진입할 수 있게 되었고, 사회주의 사회의 붕괴로 인한 냉전체제의 종식은 한국사회의 이념적 지형에 적지 않은 변화를 일으켰다.

그 결과 오늘날 한국사회에서의 이념적 스펙트럼은 '극우 보수', '온건 보수', '온건 진보', '급진적 진보' 등으로 분화되어 있는 것으로 보인다. 극단적인 보수주의자들은 자유민주주의와 시장경제를 지지하는 가운데 철저한 반공과 흡수통일을 주장한다. 온건한 보수주의자들은 자유민주주의와 시장경제를 지지하며 성장과 분배의 균형을 주장하는 가운데 분배보다는 성장을 상대적으로 더 강조하는 경제정책을 요구한다. 이들은 한미동맹의 중요성을 강조하면서 상호주의적인 대북정책 또는 북한의 점진적 개방을 통한 자유민주주의 체제로의 통일 등을 지지한다. 온건한 진보주의자들은 사회민주주의를 이념적 지향으로 삼고 분배에 상대적으로 더 많은 비중을 두는 가운데 성장과 분배의 균형을 추구하며, 햇볕정책을 통한 북한의 개방 유도 또는 남북한의 평화적인 공존과 같은 대북정책을 지지한다. 끝으로 급진적 진보주의자들은 민중민주주의, 분배지향적 경제정책, 외세를 배제하는 자주적 민족통일, 반세계화 등을 주장한다.

그러나 오늘날 한국사회에서의 이러한 이념적 지향들은 점차로 합리적인 보수와 중도적인 진보 지식인들에 의해 서로 수렴되어 가는 경향을 보이고 있는 것으로 보인다. 가령 최근 중도적인 진보진영 지식인들이 모인 '민주정부의 위기와 진보개혁세력의 진로'라는 주제를 내건 한 세미나에서 임혁백 <좋은 정책 포럼> 공동대표는 한국사회가 지향해야 할 바람직한 정책지향으로 (1) 세계화를 긍정하되 그 부작용을 치유하는 공정한 세계화, (2) 시장경제의 보편성을 인정하면서 그 불평등성을 보완하는 사회통합적 시장경제, (3) 통일지상주의를 배격하고 한반도의 평화유지에 더 초점을 맞추는 지속가능한 평화 등을 제안하였다. 또한 박승욱 <시민발전> 대표는 현재 진보운동 진영의 문제점으로 (1) 집단이기주의의 상징인 노동운동, (2) 낡고 늙은 운동으로 비판받는 농민운동, (3) 정치과잉과 백화점식 운동이라고 비판받는 시민운동 등이라고 지적하고, 진보진영은 성장과 분배의 이분법을 극복하고 진보이념을 재검토해야 한다고 주장하였다(중앙일보 06/8/8).

뉴라이트 등 온건한 보수주의자들도 1960년대 이후에 거둔 산업화와 경제성장의 성과를 거둔 한국의 보수진영은 압축적 근대화 과정에서 누적된 도덕적 해이(moral hazard)와 사회적 불평등과 같은 성장제일주의 경제정책의 부작용을 치유하는 개혁적 정책을 적극 추진하여야 하며, 그 과정에서 필요하다면 기득권을 기꺼이 포기할 줄 아는 '개혁적' 보수주의자가 되어야 한다고 주장한다.

이렇게 본다면 노무현 정부의 출범 이후 한국사회에서의 이념적 갈등의 심화는 진정한 의미에서의 이념적 갈등이라기보다는 경제정책과 대북정책, 그리고 안보정책 등에서의 '정책지향의 차이'를 둘러싼 정치적 대립의 성격이 더 강한 것이 아닌가 생각된다. 노무현 정부는 자신의 이념적 지향을 "좌파 신자유주의"라고 애매하게 표현하는 가운데 경제정책에서는 분배를 우선하는 정책을 지향하고, 대북정책에서는 평화공존과 자주통일을 지향하며, 국방정책에서는 한미동맹보다는 자주국방을 강조하는 등으로 대다수 국민들로부터 전폭적인 지지를 얻기 어려운 다소 '좌편향적인' 정책지향을 무리하게 밀어붙이는 과정에서 보수와 진보 진영 간의 갈등과 분열을 초래하지 않았는가 생각된다. 다시 말해서 집권당이면서 다수당인 열린우리당의 참여정부가 국민적 합의를 선행시키지 않은 좌편향적 소수파의 정책지향을 추진하는 과정에서 이른바 코드 정치를 펼친 결과로 보수 언론과 진보 언론, 보수 지식인과 진보 지식인, 보수적 시민단체들과 진보적 시민단체들 사이에 필요 이상의 대립과 분열을 확대 재생산해 오지 않았나 생각된다.

그렇게 본다면 한국사회에서의 이념적 갈등은 경제정책, 대북정책, 안보정책 등의 중요한 정책들이 이념적 지향보다는 국민적 합의에 기초해서 결정되고 추진되는 민주적 정치과정을 통해 극복되어야 할 것이라고 생각된다. 다시 말해서 중요한 국가정책들은 공론의 장에서의 충분한 토론과 대화 및 설득을 거쳐서 국민적 합의를 도출해내고, 그와 같은 다수 국민의 지지를 받는 정책들을 정부가 추진해 나감으로써 불필요한 이념적 분열과 대립을 해소해 나갈 수 있으리라고 믿는다.

3. 지역갈등

한국사회에서 한때 "망국병"이라고까지 불렸던 지역주의와 지역감정이 사회문제로 대두된 것은 1960년대 이후의 역대 대통령 선거과정에서 벌어진 지역주의적 선거전략과 그 결과로서의 지역주의적 투표행태 때문이었다. 특히 박정희 대통령 후보와 김대중 대통령 후보 사이의 치열한 경쟁이 영호남 간의 지역주의에 불을 붙였고, 박정희, 전두환, 노태우 정권으로 이어진 영남출신 대통령에 의한 장기집권 기간 동안의 지역편중적인 혹은 지역차별적인 지역개발정책과 인사정책 등에 대한 다른 지역, 특히 호남지역 주민들의 불만이 지역감정으로 발전되었다고 할 수 있다.

1990년대에 들어와 문민정부가 출범한 이후에는 지역차별을 둘러싼 피해의식은 많이 줄어들었지만 각급 선거과정에서의 지역주의적 투표행태는 크게 달라지지 않았다. 그 이유는 김영삼 대통령의 문민정부 역시 호남을 배제한 3당 합당을 통해 집권하였으며, 김대중 대통령의 국민의 정부도 영남을 배제한 호남과 충청 간의 지역연합을 통해 집권에 성공했기 때문이다. 또한 노무현 정부 역시 경북을 배제한 부산, 경남지역과 호남지역 주민들의 지역주의적 투표행태에 의해 집권이 가능했었다고 할 수 있다. 이렇게 볼 때 2007년의 차기 대통령 선거에서도 지역주의적 투표행태가 계속될지도 모르고, 그와 같은 지역주의를 교묘하게 이용하는 선거전략이 또 다시 동원될지도 모를 일이다.

그러나 오늘날의 지역별 인구분포를 보면 서울, 인천, 경기 등 수도권 인구의 비중이 전 인구의 거의 반을 차지하고 있다. 영남지역 인구는 아직도 전체 인구의 4분의 1을 차지하고 있지만 호남지역 인구의 비중은 약 10%, 충청지역 인구의 비중도 역시 약 10%에 지나지 않는다. 물론 전 인구의 절반에 가까운 수도권 주민들도 대부분 그 출신지역은 영남, 호남, 충청 등으로 출신지별 지역의식을 지니고 있는 것이 사실이다. 하지만 수도권에 거주하는 지역출신 주민들의 지역의식이나 지역주의적 투표행태는 상대적으로 약화되어 가고 있다고 볼 수 있다. 이렇게 볼 때 앞으로 한국사회에서의 정치적 지역주의의 극복은 수도권 거주자들의 '탈지역화' 에 기대를 걸어야 하지 않을까 생각된다.

결국 현대 한국사회에서의 지역갈등의 문제는 정부의 공정하고 합리적인 지역개발정책과 인사정책, 그리고 깨어 있는 시민들에 의한 탈지역주의적 투표행태에 의해서만 가능해질 것이다. 그런 의미에서 지역주의의 극복을 위한 언론과 시민단체들의 계몽적 활동도 지역갈등의 해결에 매우 중요한 역할을 수행할 수 있을 것으로 기대된다.

4. 세대갈등

현대의 한국인들은 식민지 지배로부터의 해방과 정부수립, 한국전쟁, 4 · 19, 5 · 16, 6 · 29 등과 같은 역사적 사건들을 경험하면서 국민국가 형성기, 산업화 시대, 민주화 시대, 정보화와 세계화 시대 등을 살아왔고 또 살아가고 있다. 따라서 한국사회에서의 각 세대들은 각각의 시대에서의 역사적 경험을 공유하였고, 그에 따라 어느 정도는 서로 다른 가치지향과 생활양식(life style)을 가지게 되었다.

따라서 오늘날 한국사회에서의 세대구분은 (1) '해방과 한국전쟁, 4 · 19, 5 · 16 등과 같은 역사적 사건들을 경험하면서 근대적 국민국가 형성의 과정에 참여했던' 전후세대(70－80대), (2) '1960년대 이후 산업화 시대의 주역으로 활동했던' 산업화 세대(50–60대), (3) '산업화와 유신 이후의 민주화 운동에 참여하는 한편으로 치열한 대학입시와 취업경쟁을 뚫고 성공의 길을 개척해야 했던' 베이비 붐 세대(40대 중반－50대 후반), (4) '1980년대 민주화 운동에 참여했던 정치－사회의식과 현실참여 의식이 높은' 386세대(30대와 40대 초반), (5) '풍요의 세대로서 정치보다는 소비문화, 대중문화에 더 많은 관심을 가지며 PC와 휴대폰 등으로 서로 연결되는' 네트워크 세대(20대) 등으로 구분될 수 있다(박길성 2004).

이와 같은 각 세대들은 가치지향이나 사회의식, 라이프 스타일 등에서 적지 않은 차이를 지니고 있으나 그와 같은 세대차이가 곧 세대갈등으로 이어지는 것은 아니다. 세대차이는 어느 사회에나 있는 것이고, 그와 같은 세대차이는 가정이나 직장 등과 같은 사회생활의 영역에서 크고 작은 개인적 수준의 갈등을 유발할 수 있다. 그러나 오늘날의 한국사회에서 굳이 세대라고 하는 사회적 범주들 간의 집합적인 세대갈등을 논의하려고 한다면 그것은 아마 기성세대와 젊은 세대 간의 긴장관계를 중심으로 논의하여야 할 것이다.

오늘날 한국의 젊은 세대는 기성세대에 대해서 '산업화 과정에서의 공적은 인정하되 압축적 근대화 과정에서의 부작용을 해결하지 못하고 후세대에 물려준 책임을 져야 하고, 기존 질서의 비민주성과 권위주의, 불평등과 도덕적 해이 등은 새로운 세대에 의해 개혁되어야 할 구세대의 유산'이라는 등의 비판적인 인식을 하고 있다고 볼 수 있다. 또한 젊은 세대는 그와 같은 개혁은 기본적으로 시스템의 변화를 추구하는 것이지만 세대교체(인적 청산) 없이는 이루어지기 어려운 것이라고 생각한다. 한편 20대의 N세대는 386세대와는 달리 개인주의적 성향이 강하고, 정치에 대해 무관심하며, 감성에 민감해 소비문화와 대중문화에 높은 관심을 갖는 경향을 보인다.

그러나 오늘날 한국사회에서의 이와 같은 세대차이는 세대갈등으로 인식되기보다는 사회변화에 따른 자연스러운 세대교체의 과정에서의 가벼운 '변증법적(?)' 긴장으로 이해하는 것이 더 정확할 것이라고 생각된다.

5. 새로운 소수집단으로서의 이주 외국인들

노동부 통계에 의하면 2006년 8월 현재 정부로부터 고용허가를 받고 취업중인 외국인은 13만 3천5백 명이다(노동부 2006/8, http://www.molab.go.kr). 그러나 공식적으로 고용허가를 받지 않고 불법으로 체류하거나 일하고 있는 외국인 노동자의 수는 합법적인 체류자의 수와 거의 비슷하거나 오히려 더 많을 것으로 추정되고 있다. (『2005년도 출입국 관리 통계연보』에 따르면 2005년 말 기준 국내 불법체류 외국인수는 18만 792명이다.)

이들 합법적 · 불법적 외국인 노동자들은 한국인 노동자에 비해 상대적으로 낮은 임금과 더 열악한 노동조건에서 일하고 있는 것으로 알려져 있다. 또한 일하던 기업의 부도로 체불된 임금을 받지 못하는 경우도 적지 않게 발생하고 있다. 또한 산업연수생의 경우 송출업체에 예치했던 예치금을 받지 못한 채 강제 출국되는 일이 발생하기도 한다. 또한 불법체류자들의 경우에는 그들의 불안정한 신분을 이용해 악덕 고용주가 그들의 노동과 임금을 착취하거나 인권유린을 자행하는 사례가 발생하기도 한다.

경제의 세계화가 진행되면서 외국인 노동자의 국내 이입은 더욱 더 늘어날 것으로 예상된다. 정부와 시민단체들에 의해 외국인 노동자들의 지위개선을 위한 노력이 계속되고 있기는 하지만, 그들의 수가 늘어날수록 한국사회에서 그들이 새로운 소수집단(minority group)으로 등장할 가능성이 높아지고 있다.

또한 근래에는 외국인, 특히 동남아 지역 출신의 신부와 결혼하는 한국인들이 급격히 증가하고 있다. 2005년 현재 국제결혼의 비율은 13.6%이며, 농어촌의 경우는 무려 35.9%에 달한다. 통계청의 자료에 의하면 2005년에 결혼한 농림어업종사자 남성 8,027명 중 2,885명이 외국인 여성과 결혼하였다(조은 2006, 1). 외국인 노동자들과 마찬가지로 한국의 농어촌 남성과 결혼하기 위해 한국에 들어오는 외국인 여성들은 대부분 경제적인 이유 때문에 온다. 자신의 결혼을 통해 자신과 자신의 가족이 좀더 나은 생활을 할 수 있기를 기대하면서 말도 통하지 않는 낯선 외국의 남자와 결혼하는 것이다. 말하자면 이들 수입 신부들도 외국인 노동자들과 마찬가지로 '코리언 드림'을 가지고 한국에 오는 것이다. 이들 중 상당수는 언어의 장벽과 문화차이, 그리고 주변 사람들의 차별과 편견 등으로 한국에서의 결혼생활과 정착에 어려움을 겪기도 하며, 그들의 자녀들도 한국인과 피부색이나 외모가 다를 경우에는 한국인으로서 성장하는 과정에서 어려움을 겪어야 한다.

한국사회의 세계화가 진전될수록 이와 같은 국제결혼의 수와 비율도 더욱 증가할 것이다. 이제 세계화 시대의 한국인들은 스스로 단일민족의 신화에서 벗어나 국제화된 다민족사회의 국민으로서의 자아정체성을 새롭게 형성해 나가야 하고, 우리와 함께 살아가는 외국인들과 더불어 한국사회를 살기 좋은 선진사회로 꾸며 나가는 성숙한 세계시민이 되어야 할 것이다.

III. 세계화 시대의 사회통합을 지향하며

앞에서 살펴본 바와 같이 오늘날 한국사회의 여러 사회적 갈등현상들은 대부분 산업화 시대의 거시적 사회변동이 가져온 사회적 결과들이라고 할 수 있다. 산업화의 진전에 따라 전통사회에서와는 다른 다양한 계층으로의 계층분화가 일어났으며, 분화된 계층들 간의 이익갈등이 때로는 계급갈등의 형태로, 때로는 이념갈등의 형태로 표출되기도 하였다. 지역갈등의 문제도 사실상 산업화 시기의 경제적 · 사회적 가치와 기회의 배분이 정치적인 이유로 인해 지역적으로 불평등하게 배분된 데서 비롯된 갈등이었다고 할 수 있다. 세대차이 또는 세대갈등 역시 산업화와 민주화 과정에서 각 세대가 담당하고 경험했던 시대적 역할의 차이에서 발생된 것이었다.

이제 새롭게 전개되고 있는 세계화는 한국사회의 갈등구조에 새로운 영향을 미치기 시작하였고, 앞으로는 그 영향력을 더욱 증대해 나갈 것이다. 일반적으로 세계화는 기술과 지식의 발전이 가져온 시간과 공간의 압축을 통하여 세계의 상호 의존성이 증가하는 과정이라고 정의된다(George & Wilding 2002). 이와 같은 세계화의 역사는 20세기, 16세기, 혹은 심지어 고대에까지 거슬러 올라갈 수도 있지만, 정보통신기술의 급속한 발전이 이루어진 지난 20여 년 동안에 세계화는 더욱 빠르게 본격적으로 진전되어 왔다.

거시적인 사회변동 과정으로서의 세계화는 과거에 산업화가 그랬듯이 현대사회에 새로운 사회적 긴장과 갈등의 요인들을 발생시키고 있다. 첫째로, 세계화는 국가 간과 국가 내의 계층 간에 사회적 불평등을 심화시킬 수 있으며, 빈곤과 불평등의 증가는 특히 급진적인 유형의 사회적 긴장과 갈등을 유발할 수 있다. UNDP 보고서가 언급했듯이 1990년대 후반 인도네시아에 있는 중국인 소수공동체에 대한 폭동과 약탈은 경제적 위기시에 민족집단 간 혹은 빈부 간에 존재하는 잠재적인 사회적 긴장이 폭력적인 갈등으로 표출될 수 있음을 보여준다(UNDP 1999, 36).

둘째로, 세계화는 한편으로는 세계화를, 다른 한편으로는 개인화를 촉진하는 경향을 지니고 있어 지금까지 개인들을 연대시키고 사회적 규범을 내면화시키며 사회를 통합시키는 데 중요한 역할을 해온 지역공동체와 국가공동체를 약화시킬지도 모른다는 우려를 낳고 있다. 전자적 커뮤니케이션의 네트워크로 연결되는 세계 속에서 개인들은 다른 사람들과 피상적으로만 연결되는 점과 같은 존재가 됨으로써 원자화된 전자적 대중의 시대를 초래할지도 모른다는 우려인 것이다.

세계화는 어느 정도는 탈국가화를 의미한다. 오늘날 세계화 과정에서 국민국가들은 특히 경제정책의 결정에서 그 역할의 축소를 경험하고 있다. 그렇다고 세계화로 인해 국민국가가 사라질 것이라고 믿는 사람은 거의 없지만 분명히 국민국가들의 권력은 위로는 초국가적 기구들(세계은행, 국제통화기금, 세계무역기구 등)을 향해, 아래로는 탈중심화를 통해 지방으로 혹은 시민사회로 이동해 왔고, 앞으로는 더욱 그러할 것이다. 문제는 세계화가 개인화를 촉진하여 세계와 개인 사이의 중간적인 공동체를 약화시킴으로써 사회통합의 기제를 손상시키지 않을까 하는 점이다.

셋째로, 세계화는 다양한 가치와 문화들 간의 접촉과 교류를 증대시킴으로써 문화적 다양성의 시대를 열고 있다. 물론 한편으로는 맥도날드나 코카콜라와 같은 세계적으로 표준화되는 세계문화(global culture)의 형성과 확산을 가져올 것이고, 선진국들의 문화산업이 만들어낸 문화상품들이 제3세계의 문화산업 시장을 독점함으로써 제3세계 국민들의 문화정체성 위기(crisis of cultural identity)를 일으키기도 하겠지만, 다른 한편으로는 과거에 지역적 · 영토적 경계를 두고 각각의 문화적 보편성을 주장해 왔던 기독교, 회교, 불교, 또는 유교 등과 같은 세계 종교(world religion)와 그와 같은 종교들을 중심으로 하는 문명들이 세계화된 세계에서 '문명의 충돌'을 일으킬 수 있는 가능성을 증대시키고 있기도 하다. 미국 뉴욕의 세계무역센터(WTC) 건물을 폭파시킨 9 · 11사건은 세계화된 세계 속에서 벌어진 기독교와 이슬람문명 간의 충돌이 빚어낸 세계적 수준의 사회통합의 위기를 상징하는 사건이라고 볼 수도 있는 것이다.

분명히 세계화는 과거에 산업화가 그랬던 것처럼 인류에게 새로운 번영과 발전을 향한 기회의 문을 열어주는 문명사적 전환의 계기가 될 것이다. 그러나 그와 같은 문명사적 대전환은 다른 한편으로 다양한 사회적 갈등과 긴장의 요인을 새롭게 발생시키리라는 것을 우리는 쉽게 예상할 수 있다. 하지만 그와 같은 거시적 사회변동의 과정에서 일어날 수 있는 사회적 긴장을 ‘분열과 해체를 가져오는 파괴적인 갈등’ 으로 치닫게 하는 대신 보다 나은 미래를 열어가기 위한 ‘생산적이고 창조적인 긴장과 갈등’ 으로 현명하게 관리해 나가는 지혜를 발휘하는 것은 세계화 시대를 살아가는 우리들 동시대인들의 몫이라고 해야 할 것이다.

참고문헌

박길성. 2003.『한국사회의 재구조화』. 고려대학교 출판부.

______. 2004. “현대 한국사회의 세대 지형.” 아시아재단 · 한미협회 공동주최. 한국의 신세대와 대외관계의 인식 심포지엄. 서울. 2004년 4월.

서상목 외. 1981.『빈곤의 실태와 영세민대책』. 한국개발연구원.

임희섭. 1994.『한국의 사회변동과 가치관』. 나남.

조은. 2006. “오늘의 한국가족, 어디로 가고 있나?” 아산사회복지재단. 오늘의 한국가족, 어디로 가고 있나? 심포지엄. 서울. 2006년 8월.

지그문트 바우만. 2006. “최전선의 민주주의.” 귄터 글라스 외 저 · 이승협 역.『세계화 이후의 민주주의』. 2006. 평사리.

홍두승. 1982.『한국사회계층연구』. 일조각.

George, Vic & Paul Wilding 저 · 김영화 외 역. 2004.『세계화와 인간복지』. 삼우사.

United Nations Development Programme (UNDP). 1999. *Human Development Report* 1999. New York : Oxford University Press.

02 한국사회 이념갈등의 현황과 구조

한 준(연세대학교) / 설동훈(전북대학교)

I. 서론

한국사회에서 이념은 중요한 사회적 균열(cleavage)의 축으로 자리 잡았다(강원택 1998 ; 2002 ; 김재한 1996 ; 이내영 2002). 지역갈등과 노사갈등, 그리고 빈부갈등에 못지않게 이념갈등이 이제 현실적인 갈등의 원천이 되고 있는 것이다. <그림 1> 은 2006년 8월 한국여성개발원과 한국사회학회가 한국갤럽에 의뢰하여 실시한 이념성향 조사에서 나타난 국민들이 인식하는 이념갈등 정도의 분포이다. 한국사회에서 현재 이념 간의 갈등이 크다고 응답한 비율이 55.2%로 작다고 응답한 8.4%에 비해 큰 차이를 보인다.

이러한 이념갈등은 오랫동안 권위주의 정치체제 하에서 억압되어 왔던 다양한 이념적 지향들이 민주화의 과정에서 분출되면서 나타난 것

〈그림 1〉 한국사회의 이념갈등 정도에 대한 인식

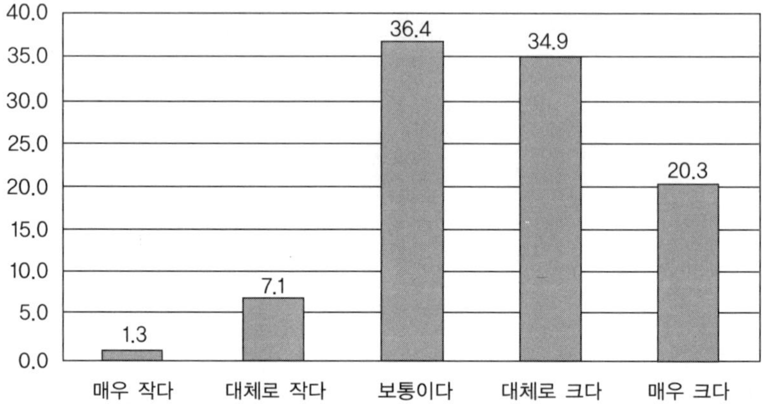

이라고 볼 수도 있고, 또한 한국사회가 짧은 시간 동안 압축적(compre-ssed) · 돌진적(rushed) 방식으로 수행한 근대화 및 탈근대화 과정에서 나타난 불균형과 모순들이 반영되어 나타난 것이라고 볼 수도 있다.

이념갈등이 갈등의 현저한 축으로 등장하면서 한편에서는 이념갈등의 과열을 우려하는 목소리도 높아졌다. 특히 20세기 중반의 상황을 떠올리면서 소모적 갈등의 해소와 사회적 통합의 필요를 강조하는 주장들이 많이 등장하고 있다. 하지만 모든 갈등이 그러하듯이 갈등을 해결하겠다는 의지만 가지고는 갈등의 해결이 어렵다. 갈등의 양상과 구조에 대한 면밀한 조사와 분석에 기초해서 갈등의 긍정적이고 생산적인 면과 부정적이고 소모적인 면을 구분한 연후에 우리는 갈등에 대한 본격적인 대응을 할 수 있을 것이기 때문이다.

본 연구는 이러한 한국사회의 이념갈등 현황과 구조에 대한 분석의 기초적 작업의 의미를 갖는다. 특히 본 연구에서는 설문조사를 통해서 나타난 이념 분화의 양상과 언론에 나타난 정치적 · 사회적 이념 분화양상을 탐색적으로 살펴보는 것을 목적으로 한다. 정치적 · 사회적으로 민감한 사안에 대해서 일반 시민들이 가지고 있는 이념적 스펙트럼과 언론에서 발견되는 이념적 분포를 비교해 보는 것은 매우 흥미로운 동시에 의미 있는 작업이 될 것이다. 시민들의 집합적 의지를 여론이라고 한다면 언론은 여론이 구체적으로 발현되는 공간이자 통로라고 할 수 있다. 그렇다면 언론이 여론을 얼마나 잘 반영하는가 하는 문제는 일반 시민들의 의견과 언론에서 나타나는 의견 사이에 어떤 차이가 얼마나 나타나는가 하는 질문을 통해 살펴볼 수 있을 것이다. 뿐만 아니라 더 나아가 최근 언론권력이라고까지 이야기되는 언론이 이념갈등과 관련하여 어떤 어젠다 설정의 역할이나 기능을 하고 있는지를 살펴볼 수도 있을 것이다.

그런 맥락에서 이 글은 근래 한국사회에서 이념적 논쟁을 불러왔다고 보이는 네 가지 쟁점에 대해 주요 일간지 칼럼들의 내용분석을 통해 언론에서 나타나는 이념적 갈등양상을 살펴본다. 각 쟁점별로 이념적 성향을 담고 있는 개념들의 빈도와 관계를 통해 개념들 간, 언론사 간의 이념적 분포를 측정한다. 그와 함께 일반 국민들을 대상으로 한 설문조사 결과와의 비교를 통해 국민 여론과의 관련성, 즉 언론의 이념 분화가 일반 국민들의 이념적 분포에 비해 과대 혹은 과소 대표되어 있는지를 살펴볼 것이다. 이를 위해 국민들의 이념 및 의식성향을 묻는 질문들에 대한 응답의 패턴으로부터 이념지수를 구성하고 보수, 중도, 진보의 이념적 구분에 따라서 이들 쟁점에 대한 반응이 어떻게 나타나고 있는지를 신문의 칼럼에 대한 내용분석 및 네트워크 분석결과와 비교해 볼 것이다.

II. 자료

본 연구는 크게 두 종류의 자료와 분석을 수행하였다.

먼저 설문조사는 2006년 7월 27일부터 8월 17일에 걸쳐 제주도를 제외한 전국의 만 20세에서 64세의 남녀 1,200명에 대해 구조화된 설문지를 이용하여 면접조사를 실시하였다. 설문조사의 실사는 한국갤럽에서 담당하였다. 설문문항은 이념척도 지수 구성을 위한 질문들과 그밖에 사회·경제·정치적 쟁점들에 대한 의견을 묻는 질문들로 구성되어 있으며, 쟁점들은 주로 대외개방성과 외국인에 대한 태도, 극단주의에 대한 포용(tolerance), 젠더와 관련된 쟁점들이다. 아울러 설문에는 탈물질주의 가치, 각종 제도에 대한 신뢰와 사회적 참여를 묻는 질문도 포함된다.

언론의 이념적 분화양상을 살펴보기 위한 자료로 주요 중앙 일간지들의 칼럼을 사용하였다. 중앙 일간지의 칼럼들은 일반 기사와는 달리 주요한 정치·사회적 이슈에 대해 분명한 찬반의 입장을 표명하고 있기 때문에 언론의 이념적 분화를 살펴보기에 적합한 자료라고 볼 수 있다. 또한 각 일간지가 직접 뚜렷한 입장을 표명하는 사설과는 다르게 각 신문사들이 한 쟁점에 대해 지면을 통하여 실질적으로 반영하고 있는 이념적 태도들을 모두 반영하고 있다는 점에서 본 연구의 목적과 부합한다.

이념적 갈등을 반영하는 쟁점으로는 이라크 파병 논란, 국가보안법 폐지 문제, 고교 평준화 존폐 논쟁, 정부의 부동산 정책 등 네 가지를 선정하였다. 이 네 쟁점은 2003-2005년 사이에 사회적으로 이념적 갈등을 뚜렷이 나타내 주었던 것들로 다른 쟁점들에 비해 필자들의 정책적·이념적 입장이 분명하다는 점에서 적합하다고 판단된다.

〈표 1〉 분석대상 칼럼 현황

쟁점 신문사	이라크 파병	국가보안법	고교 평준화	부동산 정책
경향신문	10	7	–	6
국민일보	4	2	4	3
동아일보	10	5	7	5
매일경제	–	–	–	3
머니투데이	–	–	–	6
문화일보	8	5	5	15
서울신문	6	3	4	3
세계일보	10	1	3	1
조선일보	7	2	11	9
중앙일보	–	–	1	–
파이낸셜뉴스	1	–	1	2
프레시안	1	1	–	1
한겨레신문	11	6	6	1
한국경제	1	–	1	12
한국일보	4	–	7	3
계	73	32	50	70

일반적으로 이념의 스펙트럼은 좌파와 우파, 진보와 보수라는 단선적인 차원으로 존재한다고 이해되고 있지만, 현실 속에서 나타나는 이념적 분포는 정치 · 경제 · 사회적 차원에서 각각의 분포를 가지고 있다고 볼 수 있다. 따라서 다소 정치적인 측면이 강한 이라크 파병 및 국가보안법 폐지 쟁점과 함께 사회경제적 차원의 이념적 태도를 반영하는 고교 평준화 및 부동산 정책 쟁점을 동시에 선정하였다. 또한 국가보안법 폐지가 국내적 차원에서의 정치적 진보 – 보수의 분화를 주로 반영한다고 본다면, 이라크 파병 논란은 그와 함께 세계적 차원에서의 정치적

진보－보수 입장까지 담고 있다는 점에서 진보－보수와 함께 로컬－글로벌 차원의 맥락까지 고려한 해석을 할 수 있게 해준다. 고교 평준화는 사회적 불평등의 원인과 해법에 대한 시각을, 부동산 정책은 시장에 대한 정부의 개입에 대한 기본적 태도를 반영해 준다는 점에서 의미있는 쟁점들이라 할 수 있다.

쟁점별 분석대상 칼럼의 수를 정리하면 앞의 <표 1> 과 같다.

III. 분석방법

1. 이념지수의 구성

설문조사를 통해 나타난 네 가지 쟁점들에 대한 일반 국민들의 이념성향 간 격차를 보기 위해서는 일단 이념성향이 파악되어야 한다. 이념성향을 파악하는 방법은 크게 주관적 방법과 객관적 방법으로 나뉜다. 주관적 방법은 응답자가 스스로 자신의 이념적 성향이 보수 혹은 진보 어느 쪽에 가까운지를 평가해서 응답하도록 하는 것이다. 이러한 주관적 방법은 간편하기는 하지만 측정의 신뢰성 면에서 문제가 제기될 수 있다. 일단 개인마다 이념성향을 평가하는 기준이 동일하지 않을 뿐만 아니라 주관적 편향이 반영되어 나타날 가능성이 높기 때문이다. 따라서 본 연구에서는 응답자들이 여러 문항들에 대해 응답한 패턴을 기초로 해서 이념성향에 대한 다문항척도를 구성하여 사용하였다(Kerlinger 1984 ; Knight 1999 ; 최석만 · 국민호 · 박태진 · 한규석 1990 ; 홍두승 · 박용치 · 설동훈 · 이남영 · 한준 2002 ; 2003).

이념성향 척도 구성을 위해 분석에 포함된 많은 변수들 중에서 < 표 2> 에 제시된 변수들을 중심으로 척도를 구성하였다. 이들 네 변수는 요인분석의 결과로 추출되었으며, 이들의 분산극대화를 위한 직교회전 결과 요인값은 < 표 3> 에 제시되어 있다.

이들 변수들을 이용하여 각 문항에 대한 응답값을 산술평균하여 두 개의 요인차원별 이념지수를 구성하였다. 이들 각 차원은 하나는 정치적 이념으로서 반공이념에 대한 태도를 중심으로 보수주의와 자유주의의 축으로 이루어지며, 다른 하나는 사회경제적 이념으로서 사회경제적 불평등에 대한 태도를 중심으로 시장주의와 평등주의의 축이다. 최

〈표 2〉 이념지수 구성을 위해 사용된 문항

A	A에 더 가깝다	다소 A에 가깝다	반반이다	다소 B에 가깝다	B에 더 가깝다	B
A. 북한의 기본적 태도의 변화가 없는 한 무조건 지원은 곤란하다	1	2	3	4	5	우리 정부는 아무런 조건 없이 북한을 경제적으로 지원해야 한다
B. 국가보안법은 없애서는 안 된다	1	2	3	4	5	국가보안법은 폐지하여야 한다
C. 회사경영에 근로자 대표가 참여해서는 안 된다	1	2	3	4	5	회사경영에 근로자 대표가 참여하여야 한다

	매우 반대한다	다소 반대한다	반반이다	다소 동의한다	매우 동의한다
D. 우리나라 근로자들은 기업가로부터 열악한 대우를 받고 있다	1	2	3	4	5

〈표 3〉 이념지수 차원의 분리 : 요인분석의 분산극대화 직교회전 결과

	요인	
	요인 1(정치)	요인 2(사회경제)
북한지원 태도	.835	.024
국가보안법 태도	.830	.045
열악한 근로자 대우	−.022	.778
회사경영에 근로자 대표 참여	.086	.751

종적으로는 이 두 가지 요인의 차원을 한데 아우른 지수구성이 필수적인데, 이때 가중치를 부여하는 게 개념적으로는 옳으나 그것을 산출할 수 있는 기준이 없으므로 두 개의 지수의 평균을 이용하여 이념지수를 구성하였다. < 그림 2> 는 이렇게 구성된 이념지수의 분포를 < 표 3> 은 두 하위차원의 이념지수와 통합 이념지수의 특성을 보여준다.

이 표에서 정치적 이념은 1을 가장 보수, 5를 가장 진보라고 할 때 평균이 2.2로 중간값인 3을 기준으로 볼 때 보수 쪽으로 많이 치우쳐 있는 것을 볼 수 있다. 또한 사회경제적 이념은 평균이 3.5로 진보 쪽으로 다소 치우쳐 있다. 한편 통합 이념지수는 2.8로 약간 보수 쪽에 가깝고, 전반적 이념지수의 분포는 < 그림 2> 에서 볼 수 있듯이 2.8을 기준으로 정규분포를 따르고 있다. 본 조사에서 사용된 척도가 5점 척도이기 때문에 1, 2를 보수로, 4, 5를 진보로, 3을 중도로 볼 수 있지만 최종적인 이념지수의 값은 연속값을 갖기 때문에 구간을 나누어 1에서 2.5까지를 보수로, 2.5에서 3.5까지를 중도로, 3.5에서 5까지를 진보로 구분하였다. 그 결과 보수는 전체 응답자의 36.7%, 중도는 40.8%, 진보는 22.5%로 나타났다.

〈그림 2〉 이념지수의 분포

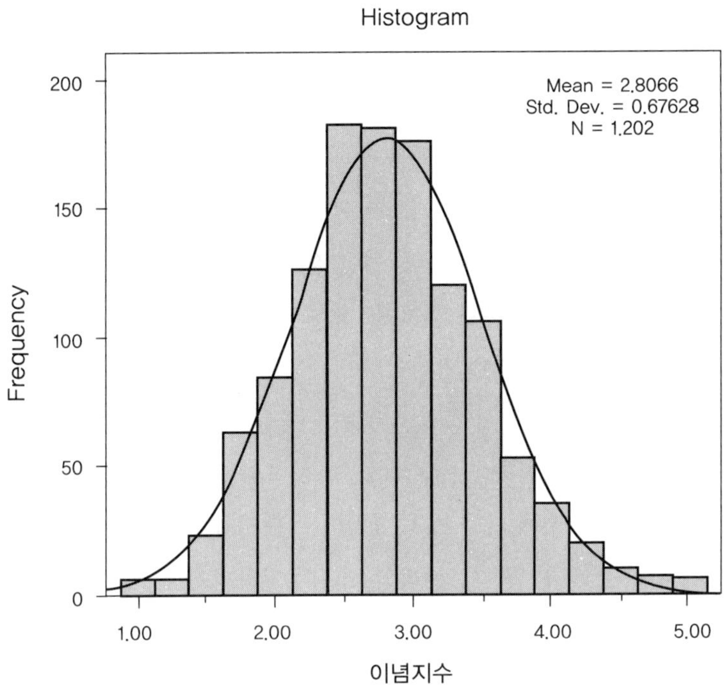

〈표 4〉 이념지수의 구성

(N=1202)

	정치 이념지수	사회경제 이념지수	이념지수
보수(1 이상 2.5 미만)	60.1	7.9	36.7
중도(2.5 이상 3.5 미만)	24.1	31.9	40.8
진보(3.5 이상 5 이하)	15.7	60.2	22.5
계	100.0	100.0	100.0
평균	2.162	3.451	2.807
표준편차	0.997	0.833	0.676

2. 내용분석(content analysis)

신문들의 칼럼자료는 내용분석을 통해서 자료화되었다. 내용분석은 사람들의 의사소통 내용의 기록에 대한 분석으로 '누가, 무엇을, 누구에게, 무슨 이유로, 어떤 방법으로, 어떤 효과를 노리고 말하는가?' 하는 문제에 대한 해답을 제공해 준다. 이런 점에서 신문 칼럼이라는 텍스트의 내용분석은 이념적 태도가 어떤 양상을 보이는가 하는 질문에 대한 답을 구하기에 매우 적합한 방법이라고 판단된다.

내용분석의 과정에서 중요한 것은 분석을 위한 분석단위를 어떻게 설정하는가 하는 것이다(Babbie 2002). 분석단위를 명확히 하는 것은 특히 내용분석의 경우에 더욱 그 중요성이 두드러지는데, 그 이유는 분석단위에 따라 그 표집 및 자료분석의 내용이 달라지기 때문이다. 본 연구에서는 분석단위를 신문사로 설정했다. 각 개별 칼럼별 혹은 칼럼 글쓴이별로 분석하는 것은 언론과 일반 국민들의 이념분포의 유사성이나 차별성을 보여줄 수는 있을지 몰라도 각 개별 분석단위 자체가 의미를 가지지 못하므로 크게 의미 있는 분석결과를 끌어내기는 어렵다. 따라서 각 신문사를 분석단위로 삼아 어떤 이념적 성향과 위치를 가지고 있는가를 분석하고자 하였다.

〈표 5〉 쟁점별 신문사 현황

쟁점	이라크 파병	국가보안법	고교 평준화	부동산 정책
신문사 수	12	9	11	14

내용분석에서는 신뢰도와 타당도 사이의 긴장이 생기기 마련이다. 분석단위인 신문사의 이념적 성향을 측정하기 위해 깊이(즉, 타당도) 있는 평가를 할 것인가, 아니면 표준화된 기준을 통해 신뢰도를 높일 것인가를 선택해야 하는가에 따라서 분석은 현재적 내용(manifest content), 즉 겉으로 드러난 가시적 내용의 분석과 잠재적 내용(latent content)의 분석으로 구분할 수 있다. 본 연구는 이념적 성향을 측정할 수 있는 단어들을 객관적 지표로 선정하여 이 단어들이 각 언론사별로 어떤 빈도로 등장하는지를 분석하였다. 이런 현재적 내용분석은 단순히 각 쟁점별로 한 신문사의 이념적 위치를 파악하는 것을 넘어서 이념적 속성을 담고 있는 단어들이 어떻게 사용되고 있으며, 그것이 신문사별로 어떻게 나타나는가 하는 것을 파악할 수 있게 해준다는 점에서 장점을 가진다. 본 연구에서 이념을 측정하기 위한 지표로 선정한 단어(개념)들은 쟁점별로 다음과 같다.

〈표 6〉 이념지표 단어들

쟁점	단어들
이라크 파병	한미, 동맹, 테러, 반미, 안보, 국제사회, 명분, 실리, 월남(베트남), 국론, 평화, 반전, 부시, 석유, 경제, 국익, 재건, 복구
국가보안법	자유민주, 대한민국, 정체성, 안보, 안전, 질서, 이적, 헌법, 형법, 민생, 인권, 양심, 민주, 자유, 개정, 폐지, 보수, 진보
고교 평준화	폐지, 경쟁, 자율, 획일, 사교육, 공교육, 서울대, 보완, 지역, 격차, 언론, 평등
부동산 정책	공급, 수요, 규제, 서민, 전세, 시장, 경기, 일관, 환수, 불로소득, 보유세, 거래세, 토지공개념, 다주택, 건설

본 연구에서 유의해야 할 점은 일반적인 내용분석과는 달리 빈도를 조사한 단어들을 단순하게 이념적 범주에 해당 신문사를 위치시키기 위

한 일방적인 지표로 설정하지 않았다는 점이다. 보수 혹은 진보적 내용이나 함의를 담고 있는 특정 단어가 어떤 신문사의 칼럼에 많이 등장했다고 해서 일방적으로 그 신문사가 보수나 진보적 위치에 있다고 평가하는 방식을 취하지 않았다는 것이다. 이는 앞에서 언급하였듯이 텍스트 내용의 깊이 있고 신중한 평가 및 분석과 신뢰도를 보장해 줄 수 있는 현재적 내용분석의 장점을 모두 취하기 위함인데, 이를 위해 본 연구에서는 각 단어들을 절대적인 단순 지표(index)로 활용했다기보다는 언론(신문사들)의 이념분포 지도의 위치를 표시해 주는 상대적 단위자료로 사용했다. 즉, 한 단어가 얼마나 등장하고 있는가를 넘어서 어떤 단어들과 함께 나타났는가(co-appearance)를 함께 고려해 단어들 간의 상대적 관계에서 만들어진 이념적 분화지형 속에 각 언론사들의 위치를 살펴보고자 한다는 것이다. 이를 위해 본 연구는 내용분석을 통해 얻어진 결과를 대응분석 방법을 통해 분석했다.

〈표 7a〉 이라크 파병에 대한 각 신문사 칼럼별 단어 빈도

	한미	동맹	테러	반미	안보	국제사회	명분	실리	월남(베트남)	국론	평화	반전	부시	석유	경제	국익	재건	복구
경향	9	16	10	10	5	10	17	1	6	6	27	1	7	1	4	19	7	3
국민	2	2	1	0	2	1	9	5	4	4	6	3	3	1	2	9	1	1
동아	11	15	14	1	10	4	19	3	1	6	15	5	4	2	10	12	14	3
문화	15	17	5	3	4	4	7	5	19	1	11	7	10	2	12	13	2	4
서울	8	13	1	1	3	0	12	0	1	1	11	0	1	3	9	12	1	1
세계	20	11	29	5	7	6	12	3	2	3	24	4	9	2	14	10	12	4
조선	16	23	19	3	12	6	13	1	3	1	13	0	9	2	10	10	3	3
프레시안	2	1	0	0	0	0	0	0	0	0	6	0	0	0	0	0	12	1
한겨레	10	10	17	4	3	11	15	3	16	3	11	1	11	2	13	16	4	6
한경	0	0	11	2	0	0	1	0	2	0	2	0	0	2	0	0	0	0
한국	3	4	0	1	0	1	7	1	8	1	2	1	5	1	1	13	3	1
파이낸셜	3	3	2	0	3	0	1	0	3	0	3	0	0	0	4	1	0	0

〈표 7b〉 국가보안법에 대한 각 신문사 칼럼별 단어 빈도

	자유민주	대한민국	정체성	안보	안전	질서	이적	헌법	형법	민생	인권	양심	민주	자유	개정	폐지	보수	진보
경향	2	22	7	8	0	5	13	20	16	0	7	8	39	22	6	32	9	0
국민	2	2	2	6	8	8	0	5	11	2	9	3	19	8	8	26	1	0
동아	1	0	0	7	0	1	1	3	22	0	8	1	5	3	11	49	3	2
문화	7	2	1	11	7	16	1	39	11	1	7	4	3	6	10	18	2	2
서울	0	0	0	6	0	1	1	1	2	0	13	0	2	6	8	17	2	1
세계	1	0	0	1	1	0	0	2	1	0	5	2	2	4	2	6	0	1
조선	4	4	0	3	2	0	0	1	7	0	1	0	0	0	2	6	0	0
프레시안	1	0	1	0	0	1	0	0	0	0	1	10	12	1	2	9	0	1
한겨레	5	5	1	5	4	3	7	3	9	0	11	2	6	8	2	10	3	2

〈표 7c〉 고교 평준화에 대한 각 신문사 칼럼별 단어 빈도

	폐지	경쟁	자율	획일	사교육	공교육	서울대	보완	지역	격차	언론	평등
국민	9	6	2	3	1	0	1	2	6	0	1	9
동아	3	13	1	3	5	4	11	3	4	2	0	6
문화	3	18	3	1	14	7	19	3	6	0	2	12
서울	8	10	1	3	3	7	9	4	3	2	2	10
세계	8	4	2	0	0	9	0	0	11	1	0	10
조선	3	20	5	12	38	28	20	3	32	2	2	23
중앙	0	6	4	1	1	0	0	1	2	0	0	0
한겨레	8	60	0	7	13	20	28	1	9	3	9	18
한경	3	1	0	1	3	2	0	1	4	0	0	4
한국	2	9	2	0	7	5	17	3	27	6	4	7
파이낸셜	0	0	1	0	0	0	1	0	1	0	0	0

〈표 7d〉 부동산 정책에 대한 각 신문사 칼럼별 단어 빈도

	공급	수요	규제	서민	전세	시장	경기	일관	환수	불로소득	보유세	거래세	토지공개념	다주택	건설
경향	10	5	5	7	1	17	0	3	4	3	7	6	1	3	7
국민	6	8	2	3	0	12	3	1	8	0	7	0	0	0	5
동아	22	29	2	12	3	25	5	1	1	0	7	2	0	1	8
매경	5	3	0	1	0	11	2	0	1	2	4	0	0	0	1
머니투	19	12	9	1	6	92	5	1	5	0	8	6	3	1	15
문화	43	36	16	10	1	61	14	1	8	0	59	21	0	0	13
서울	0	3	0	1	0	11	6	0	0	0	20	3	0	1	7
세계	5	8	1	0	0	1	1	1	3	0	0	0	0	0	3
조선	22	22	4	6	0	49	4	0	8	9	23	5	2	6	14
프레시안	14	21	0	1	1	2	1	0	20	29	12	0	0	0	3
한겨레	1	0	1	1	0	5	1	0	1	4	2	0	1	0	1
한경	39	31	22	8	3	70	5	4	8	2	24	10	1	6	15
한국	3	1	2	2	1	8	3	0	1	1	18	2	0	1	3
FN	4	5	0	0	0	19	3	0	0	0	1	0	0	7	0

3. 대응분석(correspondence analysis)

대응분석은 분할표(contingency table) 자료의 행과 열을 저차원 공간상에 지도로 표시하여 그들의 대응관계를 탐구하는 탐색적 자료분석의 방법이다. 대응분석은 복잡한 자료를 간단하게 한두 개의 축(axis)상에 표현하고, 이를 시각적으로 보여준다는 점에서 언론의 이념적 분화양상을 탐색적으로 살펴보려는 본 연구의 목적과 부합하는 분석기법이라고 할 수 있다(이명진 2005).

대응분석은 크게 세 가지 특징을 가지고 있다. 첫째는, 상당히 기술적인(descriptive) 통계기법이라는 점이다. 즉, 주어진 자료를 통해 가설이

나 이론을 엄밀하게 검증하고, 현상으로 관찰되는 상관관계나 인과관계를 설명하는 방법이라기보다는 복잡한 자료를 단순하고 평이하게 시각화하여 보여준다는 것이다. 특히, 범주들 사이에 존재하는 관계의 구체적인 형태를 한눈에 알 수 있게 해준다는 특징을 가진다. 둘째, 대응분석은 주로 범주변수(categorical variable)나 이산변수(discrete variable)만을 다룬다는 특징을 지닌다. 물론, 로그 선형분석(log-linear analysis)과 같이 범주변수를 다루는 다른 분석기법이 존재하기는 하지만, 대응분석은 탐색적이고 기술적인 면이 강하다는 점에서 알 수 있듯이 특별한 통계학적 조건이나 가정을 요구하지 않는다는 장점을 가진다. 셋째, 대응분석은 기술적 특성이 강하기 때문에 자료의 분석결과 도출된 도표 및 지도의 의미를 설명하는 데 있어서 연구자의 창조적 해석을 필요로 한다. 이는 다른 기법처럼 이론적인 모형의 적합성을 검증하는 절차 혹은 엄밀한 가설검증이 불가능하다는 단점으로 작용하기도 하지만, 여기서와 같이 대체적인 이념적 지형을 파악하려는 연구에는 부합한다고 할 수 있다.

앞에서 제시했던 <표 7a> –<표 7d> 가 각 이슈별로 대응분석의 기본 자료를 제공하는 분할표라고 할 수 있다. 이 표들에 대한 대응분석을 통해서 이념적 함의를 가지고 있는 단어들이 어떤 관계 속에서 사용되었는지, 그리고 이 단어들의 상호 대응관계로 구성된 이념지형 속에서 각 신문사들은 어떻게 자리매김을 하고 있는지를 살펴볼 수 있다. 대응분석에 의해 작성된 언론사의 이념 지도는 그 분포의 양상에 따라 한 차원 혹은 그 이상의 차원으로 해석될 수 있다. 단순히 어떤 신문사가 진보적 혹은 보수적 태도를 취하고 있는가에 머무는 것이 아니라, 진보적 입장과 보수적 입장의 글들이 각각 어떤 논점을 가지고 자신을, 때로는 상대방을 규정하고 의견을 개진하는지, 그에 따라 동일 이슈 내에서라도 논점이 얼마나 이념에 따라 분화되어 있는지 등을 구체적으로 살펴볼 수 있게 된다.

IV. 결과 해석

1. 쟁점별 결과의 해석

1) 이라크 파병

<그림 3> 은 이라크 파병 논쟁에서 나타난 주요 단어들이 만들어내는 이념적 지형과 그 안에 각 신문사들이 어떻게 위치하고 있는지를 보여주는 대응지도이다. 그림에서 나타나는 특징은 우측 하단에 '평화' 와 '프레시안', 좌측 상단의 '테러' 와 '한경' (한국경제) 을 제외한 나머지 개념들 및 신문사들이 좁은 공간에 집중적으로 혼재되어 나타나고 있다는 점이다. 보수적이라고 생각되는 조선일보가 '안보' 나 '한미동맹' 과 가까운 거리에 위치해 있다는 점은 특징적이라 볼 수 있지만, 그외에는 단어들 및 신문사들 사이에 특별한 이념적 성향을 뚜렷이 발견할 수 없을 정도로 서로 근접하여 위치하고 있다.

이는 이라크 파병을 둘러싸고 벌어진 논쟁의 논점이 매우 분화되어 있지 못한 채 용어들이 애매하고 혼란스럽게 사용되고 있다는 점을 보여준다고 할 수 있다. 즉, 한 단어에 대한 공통의 이해 혹은 그 개념에 대한 공감대를 형성하지 못한 채 각자 자신의 이념적 성향이나 쟁점에 대한 태도에 유리한 방식으로 사용하고 있다는 것이다. 따라서 논쟁은 매우 활발하게 이루어지지만 생산적이지는 않게 된다. 가장 대표적인 예

〈그림 3〉 이라크 파병에 대한 주요 이념 단어와 신문사 칼럼의 대응관계

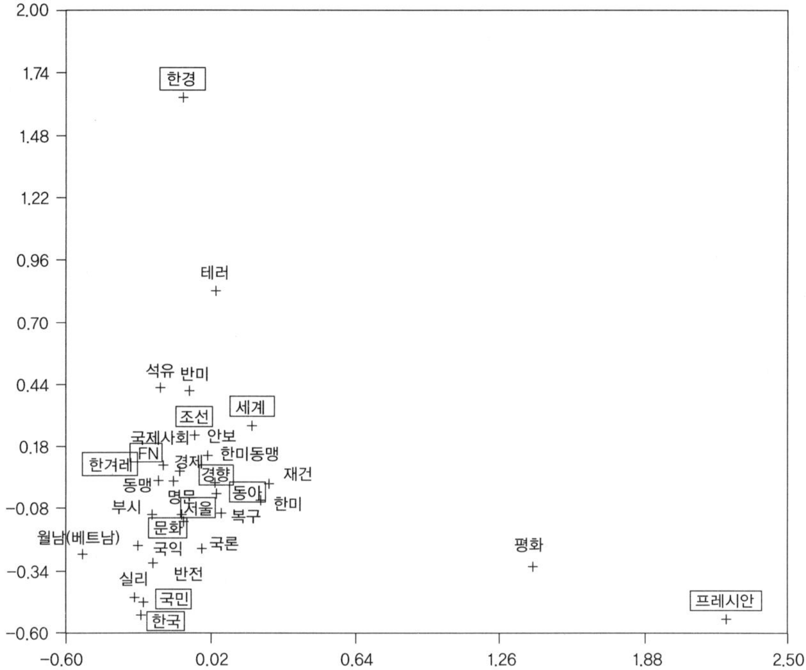

가 바로 '국익', '국제사회', '베트남' (월남) 등의 단어들이다. 파병을 찬성하는 측과 반대하는 측 모두 자신들의 입장이 진정으로 국익을 위한 것이라고 주장은 하지만 실제로 국익이 무엇인지에 대해서는 전혀 합의를 하지 못하고 있다. 또한 양측 모두 파병이나 반전 모두 국제사회의 규범에 따르는 길이며 상대방의 입장이야말로 국제사회에서의 신뢰를 저해하는 결정이라고 비판하고 있지만, 진정 국제사회의 규범이 어떤 것인지에 대해서 공감대가 형성되어 있지 않다. 베트남 전쟁의 참전 경험도 찬반 양측 모두 자신들에게 유리하게 해석하고 있을 뿐, 객관적으로

베트남 전쟁을 어떻게 해석해야 하는지에 대해서 전혀 합의가 되어있지 않다.

<그림 3> 에서 가장 뚜렷한 구분은 파병을 둘러싼 양측의 이념적 가치를 가장 잘 보여주는 두 단어인 '안보' 와 '평화' 를 중심으로 명백히 관찰되는 분화양상이라고 할 수 있겠다. '평화' 는 지구적 차원에서 평화라는 가치를 중요하게 생각해야 한다는 파병 반대 의견을, 그리고 '안보' 는 그보다 국내적 차원에서 '안보' 를 지키는 것이 가장 중요하다는 관점을 대체로 반영한다고 할 수 있다. 그러나 이 두 부분 사이의 구분은 진보와 보수로 구별된다기보다는 글로벌 진보의 입장을 뚜렷하게 나타낸 소수 그룹과 그밖에 미분화된 논점을 가지고 혼란스럽게 논쟁을 벌이는 그룹으로 나누어지는 것으로 보인다.

본 연구가 수행한 일반 국민 대상 설문조사 중 이라크 파병과 관련된 직접적인 문항은 없었다. 이는 일반 국민들의 이념분포와 언론에서 반영된 이념 분화양상을 비교하려 했던 본 연구의 목적을 고려할 때 상당히 아쉬운 부분이라고 생각된다. 대신 한국군이 국제평화유지군 활동에 적극적으로 참여해야 하는가 여부를 묻는 항목을 살펴봤다. 설문조사에 의하면 참여할 필요가 없다고 생각하는 사람이 10.5%, 중립적 태도를 가진 사람이 40.5%, 적극적으로 참여하는 것이 좋다고 보는 사람이 49.0%로 나타났다. 이에 따르면, 우리 국민들은 대체로 국제적 차원에서 평화유지군 활동 참여에 상당히 긍정적인 태도를 가지고 있다고 볼 수 있다. 그럼에도 불구하고 국제평화유지군 활동에 긍정적 태도를 가진 비율은 이념성향별로 차이를 보이는데, 아래 표에서 볼 수 있듯이 진보가 국제평화유지군 파병에 덜 호의적인 반면, 보수와 중도는 평화유지군 활동에 긍정적인 것을 알 수 있다.

사실 이라크 파병의 문제는 파병부대의 역할을 평화유지군으로 이

〈표 8〉 국제평화유지군 활동에 대한 국민들의 태도
"국제평화유지군 활동에 적극 참여해야 한다."

	보수	중도	진보	전체
전혀 그렇지 않다	2.9	1.2	1.3	1.7
별로 그렇지않다	10.1	7.3	11.5	8.8
그저 그렇다	36.4	41.1	44.3	40.5
대체로 그렇다	41.6	43.2	31.9	40.6
매우 그렇다	9.1	7.1	11.1	8.4
	100	100	100	100

해해야 하는가 아니면 미국이 주도한 전쟁에 전투부대로 참여하는 것으로 봐야 하는가 사이의 논쟁이기도 했기 때문에 이 논쟁의 영향이 국제평화유지군 자체에 대한 이념적 이해를 가져왔다고 볼 수도 있을 것이다. 상대적으로 진보적 입장에서 평화유지군 활동에 덜 긍정적이고, 반대로 보수 입장에서 평화유지군 활동에 적극적으로 찬성하게 되었다는 것이다. 그러나 전체적으로 찬반 입장이 크게 분화되어 있지 않다는 점에서 쟁점이 미분화되어 있는 언론의 논쟁과 다소 유사한 성향을 보인다고 할 수 있다. 다만, 구체적인 설문항목이 다르므로 직접적인 비교는 무리가 있다.

2) 국가보안법

국가보안법 존폐 논쟁을 다룬 신문사들의 이념적 지형을 보여주고 있는 <그림 4> 는 크게 두 차원의 균열을 보여주고 있다고 해석할 수 있다. 하나는 좌측 하단에서 우측 상단으로 이어지는 문화 – 한겨레 – 경향 – 프레시안의 상대적으로 진보적 입장을 가진 신문들의 군집과 좌측 상단의 동아 – 서울 – 조선 – 세계 – 국민 등으로 묶을 수 있는 군집이다.

후자의 집단은 상대적으로 보수적 입장을 가진 언론사들이 모여 있는 것으로 볼 수 있겠다. 다른 한 차원의 구분은 문화일보를 중심으로 한 소수 군집과 나머지 군집 사이의 균열이다. 이는 국가보안법을 둘러싸고 첨예한 입장들을 대변하고 논쟁을 벌이는 언론사 집단들과 그에 비해 덜 논쟁적인 개념들과 친화성을 보임으로써 상대적으로 덜 논쟁적인 위치에 자리 잡고 있는 문화일보 사이에 차이를 반영하는 것이라고 해석할 수 있다.

개념들 사이의 관계성을 살펴보면 보수, 진보, 중립적 함의를 각각 가지고 있는 단어들 사이에 완전한 일관성을 보여주고 있지는 않지만, 서로 상대적 개념들인 '보수'와 '진보', '개정'과 '폐지', '민주'와 '자유민주' 사이에 상당한 거리가 존재함을 알 수 있다. 또한 이념적 성향을 뚜렷하게 지닌 신문사들을 중심으로 살펴볼 때, 이들과 자신의 이념을 긍정적으로 규정짓는 개념들(예를 들어, 보수의 경우 '안보', '정체성', '자유민주', 진보의 경우 '양심', '진보', '민주') 및 반대 측의 이념을 부정적으로 규정짓는 개념들(보수의 경우 '이적', 진보의 경우 '보수')이 상대적으로 근접하여 나타나고 있다는 점을 알 수 있다.

언론이 국가보안법에 대한 일반 국민들의 태도, 즉 시민사회의 문제제기에 얼마나 근접해 있는가를 비교하기 위해 일반인을 대상으로 한 설문조사의 결과와 비교해 보았다.

<표 9>에서 볼 수 있듯이 대체로 국가보안법을 폐지하지 않아야 한다는 의견이 시민사회에서는 강하게 나타났다. 그러나 유보적인 입장에 비해 국가보안법을 폐지해야 한다는 의견 또한 높이 나타나고 있다는 것, 그리고 한국사회에서 이념적 스펙트럼에 따라 그 입장차이가 명확하게 나타난다는 점을 고려할 때 상대적 다수의 국가보안법 유지 입장과 상대적 소수의 폐지 입장이 뚜렷한 갈등 양상을 보이고 있다고 해석

〈그림 4〉 국가보안법에 대한 주요 이념 단어와 신문사 칼럼의 대응관계

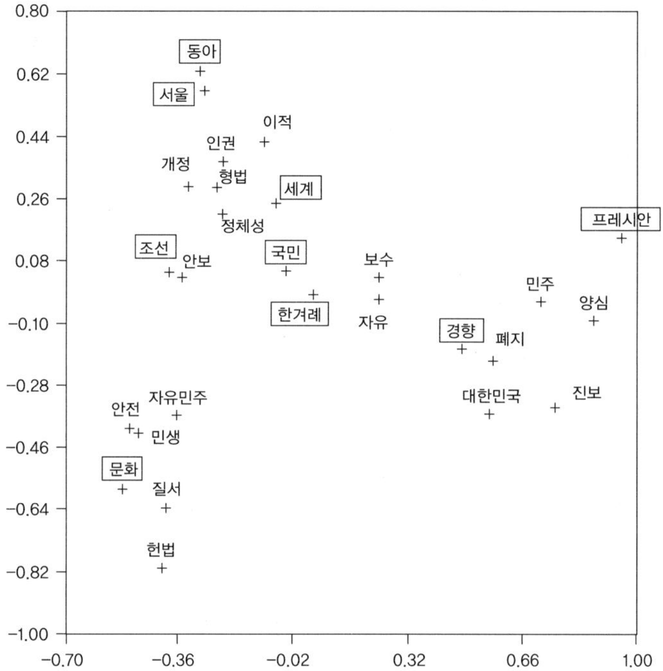

〈표 9〉 국가보안법에 대한 국민들의 태도
"국가보안법은 폐지하여야 한다."

	보수	중도	진보	
전혀 그렇지 않다	69.5	25.3	4.3	32.5
별로 그렇지 않다	22.7	37.2	7.7	27.7
그저그렇다	7.1	24.1	21.3	19.2
대체로 그렇다	0.3	10.5	36.6	13.0
매우 그렇다	0.3	2.9	30.2	7.6
	100	100	100	100

할 수 있다. 언론사들 간에도 비교적 뚜렷한 이념적 위치 구분이 되고 있다는 점을 생각해 볼 때, 국가보안법을 둘러싼 논쟁에서는 언론이 시민사회의 문제제기를 비교적 왜곡되지 않게 반영하고 있다고 잠정적으로 평가할 수 있겠다.

3) 고교 평준화

고교 평준화를 둘러싸고 벌어진 논쟁은 교육의 형평성에 중요성을 부여하는 평준화 유지론자와 현행 교육체제를 좀더 효율적이고 수월성을 제고하는 방향으로 개편해야 한다고 주장하는 평준화 폐지론자 사이의 갈등으로 정리할 수 있을 것이다. 전자는 교육이 사회적 불평등을 개선하는 역할을 해야 한다고 보는 반면에, 후자는 교육이 개인의 능력을 최대한 발휘하고 개발하여 높은 성과를 낼 수 있게 하는 역할을 해야 한다고 본다.

아래의 이념 지도에서 각 신문사들의 위치는 대체로 중도-보수적 입장을 가진 다수의 그룹과 진보적 입장을 가진 한겨레로 구분할 수 있을 것이다. 한편으로는 높은 논쟁적 입장을 보이는 언론사들의 한 집단(한겨레, 동아, 문화, 조선, 서울, 중앙, 한국)과 상대적으로 논쟁의 외곽에 자리 잡고 있는 나머지 집단(국민, 세계, 한경, FN)으로 구분되기도 한다.

개념들과의 관계를 살펴보면 이념에 있어서 상대적 개념이라고 할 수 있는 '자율'과 '획일', '경쟁'과 '평등', '폐지'와 '보완' 등이 각각 거리를 두고 나타나는 모습이 관찰된다. 이는 이들 개념들이 논의될 때, 상대적 개념들과 함께 상호 보완적으로 논의되기보다는 어느 한쪽의 시각만을 일방적으로 반영하는 방식으로 논의가 되는 경향이 있다는 것으로 해석할 수 있다. 또 하나 고려할 점은, 고교 평준화 쟁점이 다른 쟁점들과는 달리 언론에 의해서 사회적 이슈로 제기된 측면이 강하다는 점이다.

〈그림 5〉 고교 평준화에 대한 주요 이념 단어와 신문사 칼럼의 대응관계

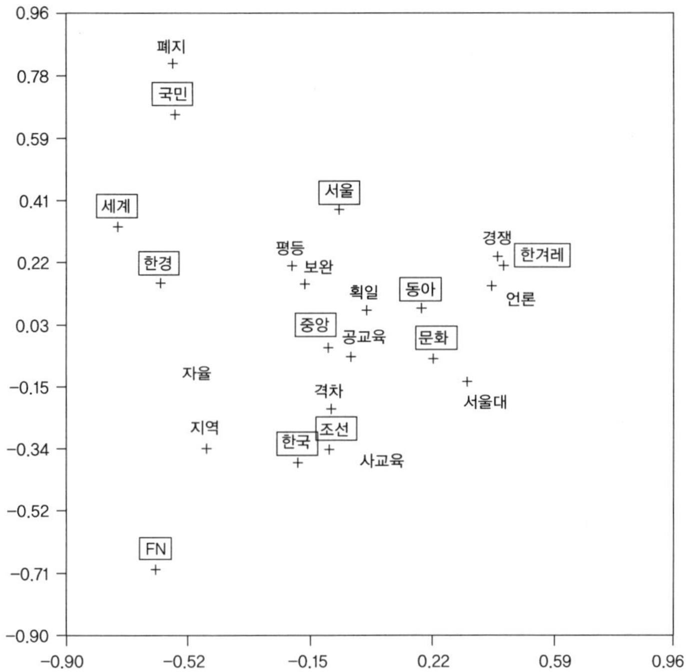

〈표 10〉 교육에 대한 태도
"A. 교육에서는 우수한 인재양성이 더 중요하다~
B. 불평등의 완화가 더 중요하다."

	보수	중도	진보	
A에 더 가깝다	45.8	30.2	25.1	33.2
다소 A에 더 가깝다	26.0	31.0	23.4	28.2
어느 쪽이라고 말할 수 없다	14.9	18.1	16.2	16.9
다소 B에 더 가깝다	6.2	15.2	17.9	13.4
B에 더 가깝다	7.1	5.6	17.4	8.3
	100	100	100	100

이에 대해 비판적인 시각을 견지하는 한겨레신문이 이 문제에 대한 '언론'의 역할에 대해 지적하고 있다는 점 또한 위 그림을 통해 알 수 있다.

대체로 다수의 언론사들이 고교 평준화에 비판적인 태도를 보인다고 정리할 수 있다면, 일반 국민들의 태도는 미약한 이념적 분화를 나타내고 있음을 알 수 있다. 교육이 불평등 완화보다는 우수한 인재양성에 더 초점을 맞추어야 한다는 의견이 모든 이념적 입장에서 강하지만, 한편으로 교육의 형평성에 무게를 두는 진보적 입장을 가진 응답자의 비율도 다소 있다. 고교 평준화에 대한 언론의 입장에서 나타나는 미분화 양상은 시민사회에서의 이러한 이념적 분화의 미약함을 반영하는 것이라고 볼 수 있을 것이다.

4) 부동산 정책

부동산 정책 역시 시장질서와 시장의 실패로 나타난 부동산 문제에 대한 정부의 규제 사이에 한국사회에서 첨예한 논쟁이 있었던 쟁점이다. 그러나 위 그림에서 살펴볼 수 있듯이 이 문제에 대한 언론의 이념적 분화의 폭은 그다지 넓다고 보기는 어렵다. 그림에서 언론사들은 크게 한겨레-프레시안의 그룹과 나머지 미분화된 그룹으로 분류할 수 있다. 한겨레와 프레시안이라는 진보적 신문들이 나머지 언론사들과 상당한 상대적 거리를 유지하고 있기 때문에 뚜렷한 이념적 분화를 보인다고 설명할 수도 있겠지만, 반대로 이들은 상대적으로 이 논쟁에 활발하게 참여하지 않았던 그룹이었다는 점으로 이 거리를 설명할 수도 있기 때문에 이 구분을 이념적 분포를 반영하는 핵심 균열지점으로 보는 것은 무리가 있다고 판단된다.

그보다는 한경, 매경, 머니투데이, FN(파이낸셜뉴스)과 같은 경제신문들이 좌측 중간 이하 지점에 대부분 위치하고 있는 반면, 나머지 신문

〈그림 6〉 부동산 정책에 대한 주요 이념 단어와 신문사 칼럼의 대응관계

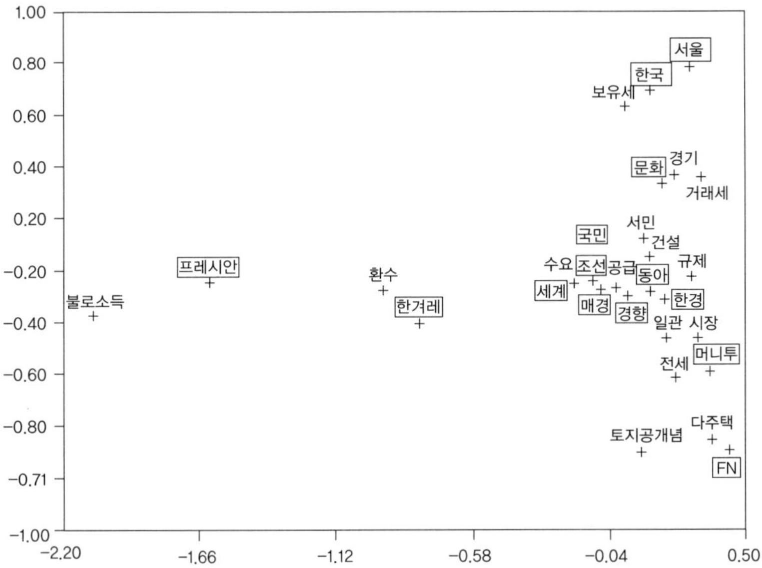

〈표 11〉 부동산 세금에 대한 태도

"A. 부동산에 대한 과도한 세금은 시장질서를 침해하기 때문에 피해야 한다. ~
B. 부동산 투기와 집중을 줄이기 위해 높은 세금을 매겨야 한다."

	보수	중도	진보	
A에 더 가깝다	17.5	11.2	7.2	12.1
다소 A에 가깝다	31.2	22.9	15.3	23.5
어느쪽이라고 말할 수 없다	23.1	27.8	23.0	25.6
다소 B에 가깝다	13.3	26.9	28.5	23.7
B에 더 가깝다	14.9	11.2	26.0	15.1
	100	100	100	100

들은 중간에서 그 위 부분에 자리 잡고 있다는 점에 주목할 필요가 있다. 경제 전문 일간지들이 일반적으로 시장친화적 태도를 가지고 있다는 점을 고려하면 부동산 정책 쟁점에서 이들의 공통적인 친시장적 성향이 반영되고 있다고 해석할 수 있겠다. 하지만 이것이 경제신문과 일반신문 사이에 이념적 균열이 일관적이고 뚜렷이 나타난다는 설명으로 이어지지는 않는다. 서울, 한국, 문화를 제외한 다른 신문들(국민, 조선, 동아, 세계, 경향) 역시 이들 경제신문들과 근접한 자리에 위치해 있기 때문이다. 이는 언론에서 경제적 쟁점에 관하여 시장친화적 관점이 일단 매우 지배적이 되었다는 점을 반영하는 것이라고 볼 수 있겠다. 또한 부동산 정책에 대한 언론의 이념적 분화는 뚜렷하게 나타나지 않았다고 잠정적으로 정리할 수 있다.

비교적 미분화된 부동산 정책에 대한 언론의 이념적 태도들에 비해 시민사회의 태도는 훨씬 첨예하게 두드러짐을 위의 표를 통해 알 수 있다. 이념별로 부동산 시장을 높은 세금으로 규제해야 한다는 진보적 입장과 가급적 시장질서를 존중해야 한다는 보수적 입장이 팽팽하게 맞서고 중간을 중도적 입장이 차지하지만 중도적 입장의 경우에는 진보적 입장에 보다 근접하고 있음을 볼 수 있다. 이는 시민사회의 문제제기를 언론이 충분히 반영하지 못하고 있음을 보여준다.

2. 쟁점 간 비교

지금까지 네 가지 한국사회의 주요 쟁점을 둘러싼 언론의 이념적 지형을 해당 설문조사 항목 응답결과와 함께 각각 살펴보았다. 이념지형은 언론에서나 시민사회에서나 공히 쟁점별로 크고 작은 편차를 보였다. 이는 앞에서 예상했던 것처럼 현실 속에서 나타나는 이념적 분포가 정치적 · 사회경제적 측면에서 또한 개별 쟁점이 가지는 특성에 따라 각각의 차원을 가지고 있다는 점을 보여준다. 쟁점 간 비교의 결과 크게 네 가지 특징을 발견할 수 있다.

첫째, 쟁점 간 관찰된 이념 분포들 간의 변이가 관찰되었다. 먼저 국가보안법과 고교 평준화를 둘러싼 논쟁에서는 비교적 신문사들 간 이념의 폭이 분류가 가능할 정도로 충분히 나타난 반면, 이라크 파병 및 부동산 정책 논란은 언론사들 간의 위치가 상당히 밀집되어 있고 개념들도 혼재되어 있어 논점이 상당히 미분화되어 이념적 갈등이 진행되었음을 알 수 있다. 신문사별로 이념적 차이가 가장 뚜렷하게 나타난 쟁점은 국가보안법 폐지 문제로 특히 한겨레, 경향, 프레시안 등 진보적 입장을 가진 신문들의 클러스터가 가시적으로 관찰된다. 고교 평준화는 국가보안법 문제만큼 일관적인 이념적 스펙트럼이 발견되는 것은 아니지만 한겨레와 나머지 중도, 보수적 신문들로 클러스터를 구분할 수 있다. 이념 분화가 미비했던 부동산 정책과 이라크 파병은 두 이념지도에서 발견되는 현상은 비슷하지만 다른 해석이 가능하다. 부동산 정책의 경우 실제로 칼럼들이 첨예한 대립을 보인다기보다 정책의 효과에 대한 입장과 제언을 밝히는 경향이 강했다. 반면, 이라크 파병의 경우 각 신문별, 칼럼별로 찬반의 입장이 분명함에도 불구하고 그 논쟁이 중요한 개념들에 대한 해석을 둘러싸고 벌어지거나 개념에 대한 공통의 이해 기반이 없이 벌어지는 경향이 있는데, 이것이 미분화된 이념 분포로 나타난 것이라 생각할 수 있다.

둘째, 각 이슈마다 신문들이 보이는 논쟁적 성격의 정도가 다르게 나타난다는 점이다. 이념 지도에서 대체로 주요 단어들로부터 멀리 떨어져 있는 신문의 경우 그 주제에 대해 다룬 칼럼의 수가 적거나 다양한 내용의 칼럼을 다루지 않았다는 것을 의미할 것이다. 이 경우 이 신문은 해당 쟁점에 대해 큰 관심을 가지지 않은 것이라고 볼 수 있다. 때로는 아예 일부 논쟁에서는 나타나지 않는 신문들도 있다. 경제신문들이 그런 경우인데, 이들은 정치적 이념과 관련된 이슈에 대해서는 크게 관심을 가지지 않는 반면, 부동산 정책과 같은 경제적 이슈에 대해서는 활발한 공론의 장을 제공하고 있다.

세 번째로 지적할 수 있는 것은 네 개의 쟁점들에서 나타나는 언론의 이념 분화 양상을 살펴보았을 때 발견되는 특징으로 보수적 성향의 신문들은 뚜렷하게 드러나지 않는 반면, 상대적으로 진보적 신문들은 그 위치가 잘 구분되는 경향이 있다는 점이다. 이는 조선, 동아와 같은 보수적 색채의 신문들의 경우 신문의 성향과는 다른 비교적 중도 혹은 진보적 입장을 가진 칼럼들도 종종 게재하는 반면, 한겨레, 경향과 같은 진보적 성향의 신문들에서는 네 가지 쟁점 공히 보수적 입장의 칼럼을 거의 발견하기 어렵다는 사실로 설명할 수 있다. 이는 진보적 지식인들 및 언론사들의 연대가 보수적인 쪽보다 강하게 형성되어 있을 가능성이 높다는 점을 보여준다.

끝으로, 시민사회에서의 이념적 분화와 언론의 이념적 분화 사이의 차이가 쟁점별로 다르게 나타난다는 점이다. 이라크 파병이나 국가보안법과 같은 정치적 쟁점에 대해서는 언론이 시민사회의 이념적 다양성을 상대적으로 비슷하게 반영하고 있는 것으로 드러났지만, 부동산 정책이나 고교 평준화에 있어서는 일반 국민들의 시각과는 다른 이념적 편향을 보이는 것으로 나타났다. 고교 평준화의 경우 일반 시민들은 전체적으로 보수적 성향을 강하게 보이는 가운데에서도 진보적 입장을 지지하는 경우도 상당했는 데 반해, 언론은 대체로 중도-보수적 입장에 치우쳐 있어 상대적으로 보수적 입장을 과대 반영하는 양상을 보였다. 부동산 정책 역시 시민사회의 부동산 투기에 대한 강한 반감이 설문조사 결과를 통해 나타나고 있음에도 불구하고, 언론의 이념적 논조는 대체로 시장주의에 대한 공감대 속에서 정부의 정책을 비판하는 형태로 이루어지고 있었다. 물론, 이는 정치적 쟁점과는 달리 사회경제적 쟁점의 경우 좀 더 전문적인 지식을 필요로 할 수 있다는 점에서 전문가 및 지식인들이 기고하는 언론 칼럼과 시민사회의 설문조사 결과의 차이가 더 크게 나타날 개연성이 있음을 고려할 필요가 있다.

V. 결론

이상에서 우리는 언론 칼럼에 나타난 이념의 분화와 설문을 이용한 여론조사에서 나타난 국민들의 이념적 성향의 분화를 최근의 쟁점들을 중심으로 살펴보았다. 이념갈등이 사회를 분열로 이끌어가고 소모적이고 비효율적인 갈등으로 몰고 간다면 물론 그것을 극복하기 위한 정책적 노력이 필요할 것이다. 하지만 문제는 어떻게 이념갈등을 극복하는가이다. 모든 갈등이 그러하듯이 객관적 분석이 올바른 대책의 모색을 위해서 반드시 필요하다. 그런데 이제까지 많은 이념에 대한 조사나 연구들은, 특히 언론사들이 중심이 된 연구들은(조선일보, 중앙일보, 한겨레, 한국일보 등) 국민들 중에서 보수가 차지하는 비율이 얼마이고 진보가 차지하는 비율이 얼마인가라는 이념의 수량적 분포에 집착해 온 경향이 있다. 물론 이러한 수량적 분포 역시 대단히 중요하다.

하지만 본 연구에서 드러났듯이 단순한 이념적 차이가 갈등으로까지 이어지기 위해서는 많은 상황적 요인들과 매개적 변수들이 개입되어야 한다. 우리는 언론이 여론을 매개하는 과정에서 혹시 이념적 차이를 증폭 혹은 확대시키는 경향이 있는가를 보기 위해서 설문조사와 내용분석 자료의 분석결과를 최근 뜨거웠던 이념적 논쟁의 쟁점들을 중심으로 살펴보았다. 비교의 결과 국민들 사이에 존재하는 논쟁에서의 이념적 입장의 차이를 보다 넓게 만드는 언론의 역할이 발견되지는 않았다. 하지만 오히려 현실적으로 존재하는 차이를 언론들이 충분히 반영치 못하는 경우들은 발견되었다.

이처럼 현실적으로 분화된 여론을 충분히 반영치 못하는 언론들의 미분화된 태도 속에서 의미와 입장의 모호함이 생겨나게 되고, 많은 경우 갈등상황에서의 모호함은 문제를 덮고 지나가려는 경향보다는 모호함 속에서 끊임없이 갈등을 반복하는 경향을 낳기도 한다. 결국 모호함이 걷히고 서로 간의 차이가 분명하게 잘 부각되어 한정된 차이점들을 가지고 합리적 조정이나 경쟁이 벌어질 때 이념의 차이는 소모적 갈등보다는 합리적 논쟁과 경쟁을 통해서 해결될 수 있을 것이다. 이것은 결국 이념의 과잉이 문제가 되는 것은 그것이 갈등의 원인이라는 점보다는 오히려 분화된 이념에 따라서 생산된 정책적 지식에 입각한 논쟁이 부재한 것이 갈등을 소모적으로 만드는 보다 큰 원인이 될 수도 있다는 것을 의미한다. 우리는 이러한 점들을 신문 칼럼들에서 사용된 주된 개념적 용어들의 미분화된 구조적 양상들을 통해서 확인할 수 있었다.

참고문헌

강원택. 1998. "유권자의 이념적 성향과 투표행태." 이남영 편. 『한국의 선거 II』. 푸른길, 45-96.

______. 2003. 『한국의 선거 정치 : 이념, 지역, 세대와 미디어』. 푸른길.

김재한. 1996. "한국 유권자의 이념 분포와 정계 구도." 김재한 외. 『한국 정치외교의 이념과 논제』. 소화, 11-45.

이내영. 2002. "세대와 정치이념." 『계간사상』 14권 3호, 53-79.

이명진. 2005. "대응분석의 소개와 적용." 이재열 편. 『고급사회과학분석방법론』. 서울대학교 출판부.

조선일보. 2002a. "국민의식 조사 (상)." 《조선일보》(2002년 5월 2일), 1, 8-9.

______. 2002b. "국민의식 조사 (하)." 《조선일보》(2002년 5월 3일), 8-9.

______. 2003a. "국민의식 2차 조사 (1)." 《조선일보》(2003년 5월 2일), 1, 6-7.

______. 2003b. "국민의식 2차 조사 (2)." 《조선일보》(2003년 5월 5일), 1, 5.

______. 2004. "2004 국민의식 조사 : '체제 상관 없이 통일' 31%, 37%는 '보안법 폐지해야'." 《조선일보》(2004년 5월 3일), 5.

중앙일보. 2002a. "의원 노선 대 해부." 《중앙일보》(2002년 2월 1일), 1, 4-5.

______. 2002b. "국민과 의원들의 이념좌표 비교." 《중앙일보》(2002년 2월 4일), 4.

______. 2002c. "대선 예비주자 노선 대 해부." 《중앙일보》(2002년 4월 12일), 1, 4-5.

______. 2002d. "대선 여론조사 분석 : 지지자 이념성향 갈려." 《중앙일보》(2002년 8월 14일), 4.

최석만 · 국민호 · 박태진 · 한규석. 1990. "한국에서의 진보-보수적 태도의 구조와 유형에 대한 연구." 『한국사회학』 24권(겨울호), 83-102.

한겨레. 2002a. "한국인의 이념성향 (상)." 《한겨레》(2002년 6월 3일), 1, 3-4.

______. 2002b. “한국인의 이념성향 (하).” 《한겨레》(2002년 6월 4일), 1, 4.

한국일보. 2002a. “정치 · 사회의식 여론조사 (상).” 《한국일보》(2002년 6월 7일), 4-5.

______. 2002b. “정치 · 사회의식 여론조사 (하).” 《한국일보》(2002년 6월 8일), 8-9.

______. 2003. “정치 · 사회 국민의식조사.” 《한국일보》(2003년 6월 9일), 1, 12-13.

홍두승 · 박용치 · 설동훈 · 이남영 · 한준. 2002. 『한국인의 이념 조사연구, 2002』. 한국조사연구학회.

홍두승 · 박찬욱 · 설동훈 · 이계오 · 한준. 2003. 『한국인의 이념 조사연구, 2003』. 한국조사연구학회.

Babbie, Earl. 2002. *Social Research Methods*. (번역 : 사회조사방법론) 그린.

Kerlinger, Frederick Nichols. 1984. *Liberalism and Conservatism : The Nature and Structure of Social Attitudes*. Hillsdale, NJ : Lawrence Erlbaum Associates.

Knight, Kathleen. 1999. “Liberalism and Conservatism.” in John P. Robinson, Phllip R. Shaver and Lawrence S. Wrightman eds. *Measures of Political Attitudes*. Sen Diego, CA : Academic Press.

03 이념갈등과 사회통합 :
영국과 독일의 경험을 중심으로

강원택(숭실대학교)/정병기(서울대학교)

I. 서론

세계 어느 나라를 막론하고 국민통합과 사회갈등의 해소는 공통의 정치적 목표이다. 그만큼 모든 나라는 내부적으로 통합을 저해하는 다양한 갈등요소를 안고 있다. 립셋과 로칸(Lipset and Rokkan 1967)이 주장하는 것처럼 사회적인 갈등은 그 사회가 거쳐온 역사적인 과정에서 기인한 구조적인 원인을 갖고 있다. 그 때문에 나라마다 각기 다른 다양한 형태의 정치적 갈등이 나타나게 되는 것이다. 그러나 립셋과 로칸은 산업혁명 이후에 등장한 좌-우 이념 간의 대립은 서구 사회에 보편적으로 적용되는 것이며, 2차 세계대전 이후에도 여전히 '동결된(freezing)' 형태로 남아 있다고 보았다. 이처럼 여러 나라에 유사한 형태의 정치적 · 사회적 갈등이 존재한다고 해도 갈등의 해소라고 하는 측면에서 보면 어떤 나라에서는 갈등이 적절하게 조절되고 관리되는 반면, 다른 나라에서는 그로 인해 사회적 통합이 저해되고 극심한 분열을 겪고 있다. 또한 한 국가 내에서도 어떤 갈등은 잘 관리되는 반면, 다른 갈등은 잘 해소되지 않는 경우도 있다.

민주화 이후 우리 사회에서 나타난 사회적 · 정치적 갈등 가운데 대표적인 것은 역시 지역갈등이었다. 그 때문에 지역주의를 제외한 다른 정치 · 사회적 갈등은 크게 주목받지 못했다. 민주화 이후 노동운동이 크게 성장해 왔지만 본격적인 계급정치로 발전해 나가지 못했고, 종교나 환경–여성 등 서구 국가에서 나타나는 다른 균열 역시 우리 사회에서는 커다란 중요성을 갖지 못했다. 그러나 2002년 대통령 선거를 계기로 해서 이념갈등이 부각되기 시작했다. 이념갈등은 민주화 이후 경험해 보지 못한 새로운 사회적 균열이라고 할 수 있는데, 흥미로운 점은 서구 민주주의와는 달리 우리나라에서 이념갈등의 주체는 계급이 아니라 세대를 중심으로 나타났다는 것이다. 즉 서구에서 표출되고 있는 이념갈등이 좌–우 이념대립의 형태로 요약해 볼 수 있다면 우리나라에서 나타나는 이념갈등의 속성은 서구와는 다소 다르다는 것을 시사해 주는 것이다.

그런데 지금 나타난 우리 사회의 이념갈등의 원인과 속성이 무엇이든지 우리가 이러한 '새로운' 갈등을 제대로 관리하고 해소해내고 있지 못하다는 점만큼은 분명해 보인다. 국가보안법이나 대북정책, 노동정책 등 중요한 쟁점사안이 생겨날 때마다 이념집단 간 첨예한 대립을 보이고 있고 거리로 뛰쳐나가는 일도 적지 않게 생겨나고 있다. 우리 사회에서 나타난 이념대립이 정치권을 통한 제도적인 형태의 갈등해소로 이어지지 못하고 대립과 분열을 심화시키고 있는 것이다.

이 글은 우리 사회의 이념갈등의 문제를 해결하고 국민통합을 이끌 수 있는 방안을 모색하는 차원에서 비교적 성공적으로 이념갈등을 해소해 온 외국의 사례를 선정하여 그 국가에서 이뤄낸 갈등해소의 방안과 해법에 대해 살펴보고자 하는 것이다. 그리고 그러한 경험으로부터 우리 사회의 바람직한 이념갈등의 해소방안에 대한 시사점을 얻고자 하는 것이다.

이 연구에서 선정한 나라들은 영국과 독일이다. 이들 두 국가는 계급에 기초한 이념갈등의 문제를 안고 있으면서도 이를 비교적 성공적으로 해결해 온 대표적인 국가들이기 때문이다. 이 글에서는 영국과 독일이라는 두 국가에 대한 비교연구를 통해 정치 · 사회적 갈등이 어떻게 해소되고 사회통합에 기여하고 있는지에 대해 살펴보게 될 것이다. 그리고 이러한 비교분석을 통해 우리 사회에서 겪고 있는 이념갈등의 문제를 극복하고 국민통합으로 나아갈 수 있도록 하는 방안에 대한 시사점을 찾고자 할 것이다.

II. 영국의 이념갈등과 사회통합

1. 영국 사회의 이념적 특성 : 계급과 좌-우 이념

영국에서 나타나는 이념적 갈등의 특성은 계급(class)을 중심으로 한다는 것이다. 그런데 계급은 마르크스(Karl Marx)가 말하는 것처럼 생산수단의 소유 여부와 같은 경제적인 요인이 구분의 중요한 기준이 될 수밖에 없지만 영국에서 계급은 이외에도 역사적인 의미를 함께 지니고 있다. 영국 사회에서 계급은 단지 한 개인의 현재 사회적 신분이나 지위, 재산의 정도를 뜻하는 데 그치지 않고 집단성을 갖고 있으며, 다음 세대로 세습되기도 하는 것이었다. 이러한 계급은 영국 정치와 영국 사회의 이념적 갈등을 이해하는 데 가장 중요한 요인이 되어왔다. 소설가 조지 오웰(George Orwell)은 "잉글랜드는 태양 아래서 계급으로 인해 가장 고통받는(class-ridden) 사회이다. 잉글랜드는 대부분 늙은이나 어리석은 자에 의해 지배되는 오만한 자들과 특권계급의 땅이다"(1970, 87)라고 지적한 바 있다.

영국 사회에서의 계급갈등은 이념갈등으로 이어졌다. 노동계급이 진보적이고 변혁적인 이념을 표출해 왔고 상층계급은 보수적인 이념을 지지해 왔다. 또한 각 계급의 지지에 기반한 정당에 의해 이러한 이념이 정치적으로 대표되고 구현되어 왔다. 보수당이 보수주의 이념을, 그리고 역사적으로 정당정치의 초기에는 자유당이, 그리고 이후에는 노동당이 진보적인 이념을 대표해 왔다. 현재 노동당과 보수당이 대표하는 이념은 좌(left)-우(right)라고 요약할 수 있으며, 경제적 가치의 배분이나 국가의 개입 여부와 같은 내용을 담고 있다. 이처럼 영국 사회의 이념갈등은 기본적으로 계급을 대표하는 좌-우 이념의 대립으로 나타나고 있는 것이다.

그런데 사실 계급을 정의하는 일은 쉽지 않다. 영국에서 계급이라는 의미 속에는 단순히 소득이나 부와 같은 경제적인 요인 이외에도 교육수준, 직업, 주거형태, 생활방식뿐만 아니라 심지어 말투나 억양, 옷차림 등 문화, 생활과 관련된 다양한 요인이 포함되어 있기 때문이다. 영국에서 행하는 사회경제조사에는 공식적으로 계급 구분을 행하고 있다. 영국에서 현재 사용되는 계급분류는 <표 1> 에서 보는 것과 같다. 통계

〈표 1〉 영국의 계급구분

공식 통계용 구분(2001년 이후)*		IPA 구분**	
Class 1	고위 관리직과 전문직	Class A	고위 관리, 행정 혹은 전문직
Class 2	하위 관리직과 전문직	Class B	중간 관리, 행정 혹은 전문직
Class 3	중간 직업군	Class C1	감독직, 사무직, 하위 관리직, 행정 혹은 전문직
Class 4	중소 자영업자	Class C2	숙련 육체노동자 (skilled manual workers)
Class 5	하위 감독직 (supervisory), 수공업자 (craft)와 관련 직업군	Class D	준숙련(semi-skilled), 미숙련(unskilled) 육체노동자
Class 6	준임시직, 준일용직 (semi-routine 직업군) 가게 점원 등	Class E	기타 소득이 없는 연금수혜자, 독신, 장기실직자, 임시직 혹은 최하위직 노동자(casual or lowest grade workers)
Class 7	임시직, 일용직(routine occupations) 웨이터, 도로 청소부 등		
Class 8	무직, 장기간 실직		

* 2001년부터 영국 통계청(Registrar General)에서 사회경제 인구센서스(NS-SEC)에 사용하고 있는 계급 구분. 2001년 이전에는 5개의 계급으로 분류하였음.

** 이는 언론 등 보다 일반적으로 많이 통용되는 계급구분임. 원래는 광고업계에서 소비의 목표 집단을 구분하기 위해 고안된 것으로 Institute of Practitioners in Advertising(IPA)의 정의로 불림. 여기서도 IPA의 구분에 따른 계급 구분을 이용할 것임.

자료 : http://www.statistics.gov.uk/methods_quality/ns_sec/default.asp(검색일 : 2006년 9월 12일)

청에서 행하는 공식 조사는 모두 8개의 계급 군으로 나누고 있으며, 보다 일반적인 통용되는 IPA 구분은 6개의 계급 군으로 나누고 있다.

이와 같은 계급구분은 영국 사회에서 계급이 차지하는 중요성을 잘 보여주고 있다. < 표 1> 의 IPA 계급 구분에서 일반적으로 Class A, B가 중산계급(middle class)을 나타내는 것이라고 할 수 있고, Class A, B와 C1까지가 화이트칼라, 즉 비노동계급으로 구분할 수 있다. 반면 가장 대표적인 노동계급이 C2, D라고 할 수 있을 것이다. 과거 산업화의 시기에는 수적으로 Class C2, D 등이 다수를 차지하고 있었지만 최근 들어서는 노동계급은 급속히 줄어들고 있으며, 대신 중산계급의 수가 늘어나고 있다.

< 표 2> 는 2005년 현재 영국 사회의 계급구성 비율이다. 대표적인 노동계급인 Class C2와 D의 비율을 합치면 32% 정도가 된다. 반면 비(非)노동계급인 Class A, B, C1을 합치면 50%를 약간 넘는다. 노동계급 인구보다 비노동계급 인구의 수가 더 늘어난 것이다. 비노동계급 인구는 1950년대는 25% 수준, 그리고 20세기 초에는 20% 정도에 불과했다. 1950년대와 비교하더라도 그 사이 상당한 계급구성의 변화가 영국 사회에서 일어났음을 알 수 있다. 물론 이러한 변화가 반드시 과거 노동계급 가운데 상당수가 중산계급이 되었다는 것을 의미하는 것은 아니지만 과거와 같은 형태의 조직화된 노동이나 작업장 중심에서 산업구조의 변화로 인해 고용형태나 근로조건 역시 상당한 변화를 겪었다는 점만은 분

〈표 2〉 영국 사회의 계급구성 비율(2005)

계급구분	전 인구 가운데 비율(%)
Class AB	21.97
Class C1	29.67
Calss C2	15.12
Class D	17.16
Calss E	16.08

자료 : British Social Attitude (2005, London : Sage) 에 의해 계산.
여기서의 계급구분 기준은 < 표 1> 을 참조할 것.

명해 보인다.

영국은 과거 공업 중심의 사회였다. 조선, 철강, 자동차 공장이나 탄광에 종사하는 노동자들이 노동인구 구성 중 다수를 차지하고 있었다. 거대 작업장에 집결해 있는 남성, 블루칼라 중심의 고용구조였으며, 자연히 노조의 중요성이나 영향력도 컸다. 그러나 제조업이 줄면서 고용구조의 변화가 생겨나게 되었다. 금융이나 서비스 산업 등이 보다 중요한 산업형태가 되면서 화이트칼라, 개별 고용협약, 여성 노동력의 증가, 파트타임 고용의 증가 등 이전과는 다른 형태의 고용구조가 되었다. 이와 같은 고용구조의 변화로 노조의 영향력은 크게 줄어들 수밖에 없었다. 이에 더하여 신자유주의를 주창한 대처의 강력한 반(反)노조정책으로 노동운동은 상당한 타격을 받았다. 그 결과 보수당 대처가 처음 집권에 성공한 1979년 당시 인구의 53%가 노조원이었지만 이 비율은 2002년이 되면 18%로 크게 낮아졌다(Curtice and Seyd 2003). 이처럼 영국 산업구조의 변화에 따라 육체노동 계급(manual working class)의 수는 크게 줄어들었고, 그만큼 계급이 정치적으로 갖는 중요성도 약해졌다. 예컨대, 보수당 존 메이저(John Major) 총리는 영국은 이제 "사람들이 어디에서 출발하였든지 자신의 능력과 자신의 행운에 따라 어디든지 도달할 수 있는 진정으로 계급 없는 사회(genuinely classless society)가 되어가고 있다"고 말한 바 있다(Bentley *et al.* 1999, 127). 메이저 총리가 출신계급과 무관하게 자신의 꿈을 실현할 수 있는 계급 없는 사회로 나아가게 되었다고 주장하는 것은, 영국이 그동안 계급에 의한 제약이 큰 사회라는 사실을 역설적으로 잘 보여주면서도 계급과 관련한 의미 있는 사회경제적 상황의 변화가 생겨났음을 동시에 시사해 주는 것이다.

그러나 이러한 변화에도 불구하고 계급이 여전히 중요한 갈등이라는 주장도 제기되고 있다. 교육의 기회, 주택형태 등 여러 가지 사회적 불균형을 고려할 때 영국 사회를 분석하는 데 계급이 여전히 중요한 수단이라는 것이다. 더욱이 고용구조의 변화와 계급성의 약화가 바로 소득이 보다 공평하게 재분배되고 있음을 의미하는 것도 아니라는 것이다. 예컨대, 블레어가 이끄는 노동당 정부가 들어선 1997년부터 2001년 사이에 영국은 실질가치 기준으로 13% 정도 성장했지만 소득 불평등의 정도는 더욱 심화되었다. 한 조사에 의하면, 계급정치가 가장 고조에 달했던 1960년대와 1970년대에 지니 계수(Gini co-efficient)는 0.25에서 0.275 사이를 오갔다. 1970년대 이후 지니 계수가 증가되기 시작해서 1992년에는 0.37로 최고점에 올랐고, 그 이후에는 다소 낮아지는 추세였다. 그러나 1997년 이후 다시 증가하기 시작하여 2001년에는 0.384로 1992년보다 다소 소득분배가 악화되는 현상이 나타나고 있다(Usher 2003, 63).

그럼에도 불구하고 영국 사회에서 블루칼라 육체노동의 감소, 중산계급의 성장 등과 같은 사회적 변화는 분명히 확인되는 사실이며, 이에 따라 계급이 정치적으로 갖는 중요성도 이전에 비해서는 상당한 정도로 변화되었다. 계급의 변화가 정당정치와 관련하여 어떤 영향을 미치고 있는지 다음 절에서 살펴보기로 한다.

2. 계급과 정당정치

2차 세계대전 이후 사회계급이 영국 정치에서 가장 중요한 요인이었다는 점에 대해서는 어느 누구도 부인하기 어렵다. 펄저(Pulzer 1967, 8)는 1960년대 영국 사회를 거론하면서 "계급은 영국 정당정치의 기반이다. 그리고 그밖의 것은 모두 다 장식품(embellishment)이거나 사소한(detail) 것이다"라고 주장했다.

이처럼 영국 정치의 근간이 계급이라는 사실을 잘 보여주는 것이 계급투표(class voting) 현상이다. 무엇보다 투표가 계급에 따라 행해졌던 것이다. 노동계급은 노동당을, 중산계급은 보수당을 선거에서 지지해 왔다. 영국의 양당제는 바로 이러한 계급에 기초한 정치를 반영하는 것이다. 영국 선거를 연구한 버틀러와 스토크스(Butler and Stokes 1971, 102)는 "계급과 정파 성향 간의 연계의 강도에 대한 우리의 발견점은 다른 모든 여론조사나 투표 관련 연구 결과와 대부분 일치한다. 계급의 압도적인 역할은 의심의 여지가 거의 없다"고 주장했다. 다시 말해 영국 사회에 존재하는 이념갈등은 각 계급을 대표하는 정당정치를 통해 제도적으로 표출되고 있는 것이다. 이는 영국의 이념갈등을 해결하기 위해서는 정당정치의 역할이 대단히 중요하다는 것을 시사하는 것이기도 하다.

그러나 최근 들어 계급이 정치에 미치는 영향에 상당한 변화가 생겨났다. 영국 사회에서 계급 간 사회적 이동성이 증가했고, 계급 간 차이도 이전에 비해서 보다 유연해졌다. 소득이나 부의 불균형이 이전에 비해서 덜 두드러지게 되었고 중산계급의 직업이 확대된 것이다. 앞에서 살펴본 바와 같이 영국 사회에서 진행되어 온 산업구조의 변화와 이에 따른 고용구조의 변화가 계급성에 영향을 미치고 있는 것이다(Sanders 1997).

이러한 고용구조나 계급성의 변화는 실제로 투표행태에 적지 않은 변화를 이끌고 있다. 앞에서 본 대로 영국 선거에서 사회계급은 매우 큰 의미를 갖고 있었다. 특히 1945년부터 1970년까지는 사회계급에 따른 투표행태의 차이가 매우 분명했다. 보수당은 중산계급 대부분의 표를 얻었고 노동당은 노동계급으로부터 많은 지지를 이끌어냈다. 중산층의 80% 정도가 보수당을 지지했으며, 노동계급의 60% 정도가 노동당에게 표를 던졌다. 그런 점에서 이 시기가 계급정치의 가장 극성기라고 볼 수 있다. 그러나 그 이후에는 이러한 계급투표 경향이 다소 약화되는 경향을 보이고 있다. 이러한 계급투표의 변화는 경험적인 자료를 통해서 확인할 수 있다. < 표 3> 은 1974년부터 2005년까지 총선에서 각 계급별 보수당과 노동당의 지지율의 차이를 정리한 것이다. 1974년 선거에서는 사회계급별 차이에 따른 정당 지지의 차이가 확연하다. 당시 전문직, 관리직, 사무직 등의 중산층, 화이트칼라 유권자(A, B, C1)들은 압도적으로 노동당보다 보수당을 지지하였음을 알 수 있다. 그 차이가 무려 37%에 달한다. 이와 반대로 숙련 육체노동자인 C2 집단에서는 23%, 그리고 미숙련노동자 D, 국가 지원 대상 E 집단에서는 35% 정도의 차이로 보수당보다 노동당을 더 많이 선택했다. 즉 1974년 총선에서는 사회적 계급에 따른 정당 지지의 차이가 너무나도 분명하게 나타나고 있다.

〈표 3〉 보수당 지지자과 노동당 지지자의 사회계급별 차이(**보수당-노동당**)

	1974. 10	1983	1992	1997	2001	2005
ABC1	+37	+39	+32	+5	+4	+3
C2	−23	+8	−1	−23	−20	−12*
DE	−35	−8	−18	−38	−31	

다른 정당에 대한 지지도가 여기서는 포함되지 않았기 때문에 열의 절대값의 합이 100이 되지는 않는다.

* C2, D, E 모두를 포함한 수치임.

자료 : MORI, You Gov(2005) ; (Kavanagh 2006, 407).

그러나 보수당의 대처 총리가 최초 재임에 성공한 1983년 선거에서는 다소 다른 패턴이 확인된다. 이 선거에서 보수당은 압승을 기록했으며, 노동당은 전후 최저 득표율을 보였다. 당시 중산계급 혹은 화이트칼라층이라고 할 수 있는 A · B · C1 집단에서 보수당에 대한 높은 지지는 여기서도 여전히 확인되지만, 흥미로운 점은 블루칼라층이나 연금수혜층과 같은 '전통적인' 노동당 지지집단에서 노동당을 선택한 비율이 1974년에 비해 크게 줄어들었다는 점이다. 다시 말해 노동계급 가운데서 보수당을 선택한 이들이 이전에 비해 크게 늘어난 것이다. 특히 전통적 노동계급인 C2 집단에서는 보수당을 선택한 이들이 노동당을 선택한 이들보다 오히려 높게 나타났다. 메이저가 보수당을 재집권으로 이끌었던 1992년 총선에서도 1983년 선거에서와 유사한 패턴이 반복되고 있다. 즉 보수당은 중산계급, 화이트칼라 유권자들뿐만 아니라 노동계급 유권자들로부터도 상당한 지지를 이끌어냈다는 점을 알 수 있다. 그러나 그 차이는 1983년에 비해서는 상당히 줄어들었다.

토니 블레어가 이끄는 노동당이 18년 만에 총선에서 승리한 1997년에는 이전과는 다른 패턴이 나타난다. 이번에는 유권자 대다수가 보수당으로부터 노동당 지지로 크게 옮아간 패턴이 뚜렷하게 확인된다. C2나 D · E와 같은 과거 '전통적인' 지지층으로부터의 지지의 복원은 물론이고 보수당에 가까운 A · B · C1 집단에서도 보수당과 노동당 간의 지지의 차이가 크지 않은 것으로 나타났다. 1983년 총선에서 유권자의 선택이 보수당 쪽으로 지지가 크게 쏠렸다면, 1997년 총선에서는 반대로 노동당 쪽으로 유권자 대다수의 선호가 쏠려갔음을 보여주는 것이다. 2005년 총선에서는 1997년 총선과 유사한 형태이지만 그 차이는 크게 줄어들었다.

< 표 3> 에서 볼 수 있는 것처럼 1980년 이후 선거에서는 계급별 정당 선호의 패턴이 과거와는 크게 달라졌다. '중산층은 보수당 지지, 노동자는 노동당 지지' 라는 전통적인 계급 투표 대신 정치상황에 따라 지지 정당이 각각 달라지는 유연한 투표행태가 나타나고 있다. 다시 말해 1983년 선거에서 보수당은 노동계급 유권자 중 다수의 지지를 이끌어내는 데 성공했고, 1997년 총선에서는 노동당이 중산층 유권자 다수의

지지를 확보하는 데 성공했던 것이다. 이는 자신이 속한 계급에 의해 정당을 선택하던 과거의 투표행태로부터 벗어나 이제는 시대적 요구를 충실하게 반영한 정책 공약을 제시하고 매력적이고 지도력을 갖춘 당 지도자를 갖춘 정당에게 유권자의 표가 몰리고 있다는 사실을 잘 보여주고 있다.

이처럼 영국에서는 1980년대 이후 계급을 중심으로 한 이념적 갈등이 상당한 정도로 약화되는 현상이 나타나고 있다. 앞서 살펴본 대로 이러한 영국 사회의 변화는 사회경제 구조의 변화에 수반한 결과라고 할 수 있지만, 이와 동시에 정치권이 기여한 바도 사실 적지 않다. 영국의 정당정치는 사회적으로 존재하는 이념적 갈등을 정치적으로 잘 대표해 왔기 때문에 또 다른 한편으로는 계급에 따른 이념적 갈등을 적절하게 '관리하는' 역할도 담당해 왔다. 영국 사회의 이념갈등이 심각한 사회균열로 이어지지 않고 어떻게 통합될 수 있었는지 다음 절에서 정당의 역할을 중심으로 논의하기로 한다.

3. 이념적 갈등과 통합 : 정당정치의 역할

영국의 정당은 이념정당이다. 노동당은 사회주의 이념을 대표하는 정당이며, 자유(민주)당은 자유주의 이념을 주창한다. 그리고 보수당은 보수적 이념을 대표해 왔다. 이들 정당들은 이념적으로 분명한 정체성을 갖고 있으며, 지지자들 역시 자신의 이념적 입장에 따라 정당을 선택해 왔다. 앞서 지적한 대로 이념의 여러 가지 기준 가운데 영국 사회는 좌-우(left-right) 이념축이 가장 중심적으로 작용해 왔다(Budge *et al.* 1998, 406). 그런데 흥미로운 점은 영국 정당이 이념적으로 뚜렷한 색채를 갖는 정당들이지만 실제로 이념적인 갈등은 그리 심각하지 않았다는 점이다. 고유한 이념적 색채에도 불구하고 오히려 정당 간 이념적 차이가 줄어드는 현상이 나타났다. 이것이 가능한 까닭은 영국의 정당은 이념의 구현보다 집권을 목표로 하는 실용적인 성격의 정당이었기 때문이다. 다시 말해 집권에 도움이 된다면 이념적인 '변신'도 수용할 수 있는 유연성을 갖고 있었다.

제2차 세계대전 이후인 1945년 치러진 선거에서는 노동당이 최초로 안정적 다수의석을 차지하고 집권당이 되었다. 이와 함께 국유화, 복지 증대 등 국가 개입에 의한 광범위한 개혁 정책을 전개하였다. 노동당의 이러한 정책 노선에 대해서 처음에 보수당은 대단히 부정적인 입장을 갖고 있었다. 그러나 노동당의 이러한 정책이 국민들 사이에서 높은 인기를 얻게 되자 보수당은 입장을 바꿔 노동당의 '사회민주주의적' 정책을 수용하였다. 특히 1955년부터 1964년까지 노동당과 보수당은 복지국가와 혼합형 경제, 케인즈주의 경제정책, 거대 산업의 국가 소유 등의 정책에 대해 사실상 동일한 입장을 취했다.

대외관계에 있어서도 NATO를 중심으로 한 동맹 중시 등에서 양당 간 입장의 차이가 없었다. 이것이 가능했던 것은 보수당이 선거 승리를 위해 실용적 입장에서 이념적 유연성을 보인 때문이지만, 동시에 노동당 역시 자신들의 강령 중 이념적으로 지나치게 강경한 정책은 완화시키는 유연함을 보였다는 점도 중요한 원인이었다. 이러한 정책적 유사성은 언론에서 '버츠켈리즘(Butskellism)'으로 불리곤 했는데, 노동당 정부에서 재무장관이었던 게이츠켈(Hugh Gaitskell)과 뒤이어 집권한 보수당 정부에서 재무장관을 맡은 버틀러(R. A. B. Butler)의 경제정책이 매우 흡사하다는 점을 들어 이 두 사람의 이름을 합쳐 만든 표현이었다. 이러한 버츠켈리즘이 더욱 흥미로운 점은 시기적으로 내부적으로는 계급투표 성향이 가장 뚜렷했고, 국제정치적으로는 냉전에 따른 이념갈등이 극에 달하던 시기였지만 1950－1960년대에 정당정치는 오히려 합의정치(consensus politics)의 형태로 전개되어 왔다는 점이다. 사회적인 수준에 존재하는 이념갈등이 정치권에서 확대 재생산되어 사회적 갈등을 오히려 부추기는 것이 아니라 정당을 통해 갈등을 해소하고 합의를 이끌어냈다는 사실을 알 수 있다.

이와 같이 '버츠켈리즘'이 시사하는 사민주의적 합의는 1970년대까지 대체로 유지되어 오다가 보수당 대처 총리의 등장 이후 깨지게 되었다.[1] 그리고 대처 총리가 집권 이후 1980년대를 통해 신자유주의 이념에 의한 정책을 일관되고 강력하게 밀어붙이면서 이념적 갈등이 격화되었다. 더욱이 앞서 지적한 대로 1980년대 초 노동당은 좌파가 당권을 장악하였기 때문에 대처리즘이라는 보수당의 강한 이념적 입장과 충돌하면서 이념적 대립이 극심했다. 사회적으로도 광산 노조의 파업 등 저항이 만만치 않게 일어났다. 이러한 이념갈등은 1980년대와 1990년대 초반까지 계속되었다.

그러나 보수당의 이러한 신자유주의적 정책은 1997년 집권한 노동당의 블레어 총리가 대처 정부의 정책을 대부분 그대로 수용함으로써 다시 한 번 양당 간 이념적 차별성이나 정책적 갈등은 크게 줄어들게 되었다. 복지와 교육에 대한 강조라는 노동당의 기본 입장은 지켰지만 복지국가의 개혁, 시장 중시, 국가 개입 축소, 통화주의 경제정책, 노조의 약화 등 대처 정부 시기에 추진된 신자유주의적 정책은 노동당 정부가 들어선 이후에도 그 기조는 거의 바뀌지 않았다. 2005년 선거에서 잘 드러났듯이 이제 과거와 같은 굵직한 이슈들, 예컨대 공공 소유, 노조의 영향력, 유럽연합 문제, 핵무기 문제 등에 대해서 양당 간의 입장 차이는 대체로 정리되었다고 할 수 있다. 최근 들어 영국 정치에서 정치 마케팅이나 선거운동의 중요성이 커지게 된 것도 바로 이러한 정치적 차별성의 감소와 긴밀한 관계를 갖게 된 것으로 볼 수 있다. 흥미롭게도 1950–1960년대 양당 간 합의정치가 좌파적인 '사민주의적' 틀에 의해 이뤄진 것이라면 1990년대 이후 수립된 양당 간 합의정치는 우파적인 '신자유주의적' 틀에 의해 이뤄지고 있다.

이처럼 계급에 의한 이념적 대립이 정치적으로 대표되고 있는 영국 정치에서 사회적으로 존재하는 이념갈등이 사회적 혼란이나 대립으로 이어지지 않고 오히려 합의를 이끌어내고 있다는 점은 매우 놀랍다. 이러한 영국의 이념갈등 해소에는 정당의 역할이 무엇보다 중요하다. 앞에서 지적한 대로 영국 정당은 매우 뚜렷한 이념적인 정체성을 갖고 있고 비교정치적으로 볼 때 상당히 강한 당 내 기율을 유지하고 있다. 지지자들 역시 정당이 대표하는 정치이념을 공유하고 있다. 그러나 영국 정당은 비교적 강한 이념적 정체성을 갖고 있지만 이념에 경도되어 있지는 않다. 오히려 이념적이라고 하기보다는 실용적이고 유연한 입장을 갖고 있다는 것이 영국 정당의 보다 중요한 특성이라고 할 수 있다.

영국의 정당은 집권에 대한 강한 욕망을 갖고 있으며, 이 때문에 정당 경쟁은 구심적이다. 1950년대의 보수당이나 1990년대의 노동당에서 볼 수 있듯이 다수 유권자의 지지를 받고 있는 정책이라면 정당이 대표하는 이념적 입장과 다소 차이가 나더라도 이를 수용하는 유연성을 갖는다. 예컨대 보수당은 한때 자신들이 반대했던 상원의 약화, 아일랜드 독립 허용, 여성에 대한 참정권 허용, 산업의 국영화, 공공지출과 세금의 증대, 제국의 상실 등 모든 이슈에 대해 일단 정책이 추진되고 나면 그것을 그 이전의 상태로 되돌리려고 노력하지 않고 모두 수용해 왔다. 선거에서의 승리를 위한 유연한 적응력을 보여준 것이며, 원칙이나 이념에 집착하는 모습은 상대적으로 강하지 않았다. 선거에서의 승리, 즉 집권을 위한 변신이 보수당의 가장 중요한 원칙이라고 이야기할 수 있을 만큼 보수당은 이념에 집착하지 않는 유연성을 보였다. 노동당 역시 노동운동에서 출발하였고, 초기만 해도 '강력한' 사회주의를 표명했지만 사실상 다양한 이해관계를 당내에 포함하고 있었고, 사회주의가 의미하는 바에 대해서는 애매한 태도를 취하고 있었다. 과거 노동당의 당헌 4조가 규정하는 사회주의의 원칙을 집권 후 실제 정책에서 추진하고 실현시키려는 의도는 그 어떤 노동당 정부도 갖고 있지 않았고, 블레어의 등장 이후 당헌 4조의 강한 이념적 색채를 제거해 버렸다. 이처럼 실용적이고 유연한 정당정치의 특성 때문에 영국에서 나타난 이념적 갈등이 사회적 분열로 나아가지 않고 통합과 합의를 도출해낼 수 있었던 것이다.

<표 4> 의 결과는 이러한 특성을 잘 보여주고 있다. 정당 간 정책이나 이념의 차이에 대한 유권자의 인식은 시기마다 다른 모습을 나타내고 있다. 정당 간 입장의 차이가 '크지 않다'는 것을 기준으로 보면 1964년부터 1979년까지는 22-37%로 높은 수치를 나타내다가 1983년과 1987년 선거에서는 6%, 4%로 급격하게 낮아졌다. 그러나 1992년부터는 정당 간 차이가 별로 크지 않다는 응답이 다시 크게 늘어나고 있는 추세를 보이고 있다. 이처럼 영국의 주요 정당 간의 입장은 대처 정부 초기를 제외하면 대체로 중앙으로 수렴하고 온건한 특성을 보여왔다. 이처럼 계급으로 대표되는 영국 사회의 이념갈등은 정당정치를 통해 제도권 정치 속에 적절하게 반영되어 왔다. 그리고 유연하고 실용적인 정당정치

〈표 4〉 정당의 정책, 이념 차이에 대한 인식(1964-1997)

선거 연도	64	66	70	74.2	74.10	79	83	87	92	97
매우 크다	46	42	32	33	39	46	82	84	55	33
다소 크다	23	26	27	30	30	29	10	11	31	42
크지 않다	26	28	37	35	30	22	6	4	12	23
모르겠다	4	3	3	2	1	2	1	1	2	2

자료 : Evans *et al.* 1999, 97.

의 특성으로 인해 그러한 갈등이 사회적 분열과 대립으로 이어지지 않고 합의를 도출해냄으로써 사회통합과 정치안정을 유지해 온 것이다.

III. 독일의 이념갈등과 사회통합

1. 이념적 특징과 사회계급 구성

독일은 유럽에서 사회주의 노동자당이 가장 먼저 창당되어 성공적으로 의회에 진입한 국가이다. 그에 따라 사회주의 혹은 공산주의 운동이 가장 활발했고, 19세기 중반에는 발달된 자본주의 국가에서의 마르크스주의적 혁명이 최초로 성공할 것으로 예상된 국가이기도 했다. 따라서 이념적 갈등의 뿌리가 깊은 나라라고 할 수 있다.

그러나 독일 사민주의 사상은 마르크스주의보다는 라쌀주의(Lassalleanism)에 더 깊은 뿌리를 두고 있기 때문에 독일 노동자 운동과 사민주의 정당은 프롤레타리아 혁명을 통한 사회주의 건설이 아니라 의회주의 전략을 통한 복지국가적 사회주의 건설을 목표로 한 것이었다(정병기 2002). 라쌀주의는 헤겔과 피히테의 국가관에 마르크스의 국가관을 절충하여 이중적 국가관을 가진 것으로 알려져 있다. 곧, 자유를 향한 인간의 계발과 역사의 발전은 시대정신으로서의 국가라는 테두리 안에서만 가능하며, 그 국가는 민주주의의 수호를 위한 강력한 통일국가로 존재하여야만 한다. 계급국가로서의 자본주의 국가는 다만 국가의 다른 한 측면을 의미하는 것으로서 사회주의 혁명을 통해 폐지될 것이지만, 헤겔적 절대이성으로서의 국가는 인간과 사회의 발전을 위한 근거이자 후견자로서 항구적으로 존재한다. 독일의 노동자와 노동운동의 이념적 특징은 이러한 라쌀주의에 근거한 국가의존적 경향을 강하게 띠어온 것이다.

이러한 국가의존적 경향은 또한 비스마르크의 사회정책과 제2차 세계대전 이후 '사회적 시장경제(soziale Marktwirtschaft)'라는 케인즈주의적 동의구조를 통해 더욱 강화되었다. 특히 '사회적 시장경제'가 완성되고 작동해간 시기는 산업사회로 진입하는 구조변동기에 해당한다. 낮은 인플레이션율과 높은 고용수준에서 소득분배와 구조조정이 결합될 수 있었으며, 저임금 농업부문에서 고임금 · 고생산성의 광공업부문으로 고용이 이동되었다.

1949년 기민연(CDU)의 아데나워(K. Adenauer) 총리시절에 채택되어 1960년대 초중반 에어하르트(L. Erhard) 총리시절에 완성된 '사회적 시장경제'는 자본주의 경제원칙 안에서 계층 간 차별 없이 사회경제적 형평을 기하는 "형평을 갖춘 중산층사회(nivellierte Mittelstandsgesellschaft)"의 건설을 이념으로 했다(Braun 1972, 34). 그리고 이 이념은 전통적인 사회보장 영역을 확대하여 종래의 특정 집단별 · 계층별 사회정책을 포괄적 사회정책(umfassende Gesellschaftspolitik)으로 전환한 사회국가 원칙을 의미했다.

케인즈주의적 동의구조는 또한 공동결정법과 같은 산업관계의 제도화를 통해 노동자들을 포섭하기 위한 제도적 보장에 의해서도 뒷받침되었다. 그러나 다른 한편 공동결정법을 비롯한 산업관계의 제도화는 노동운동의 탈정치화도 초래했는데, 이는 곧 독일의 정당국가적 성향을 확립함으로써 노동운동을 정당정치로부터 분리하는 것이었다. 그에 따라 독일 노동조합운동은 법제도적으로 보장받지 못했고 정치적으로도 중립을 지켜야 한다고 요구되었다. 이것은 직접민주주의가 배제된 의회 중심정치와 의회활동을 실질적으로 정당에 제한하는 정당 중심 정치라는 독일의 현실정치적 측면의 반영이라고 할 수 있다.

이후 독일에서 이념갈등이라고 하면 체제와 결부된 이데올로기적 사회집단 간의 갈등이 아니라 입법 테두리와 국가의존적 경향 내에서 직업과 종사상 지위에 따른 잠재적 갈등을 의미하는 것으로 이해된다. 이러한 상황에서 사회계층의 이념성향은 대부분 투표경향으로 표현되고 정당정치를 통해 해소되는 과정을 밟아온 것이 대부분이다. 따라서 독일 사회의 직업과 종사상 지위구조를 미리 파악한 다음 이어지는 절에서는 그에 따른 투표경향을 살펴보고, 이를 다시 이데올로기 스펙트럼과 연결해 고찰하여 독일의 이념갈등을 살펴본 후 정당정치적 통합의 역사를 추적할 것이다.

<표 5> 는 2004년 독일 사회의 직업과 종사상 지위구조를 동서독 지역으로 나누어 정리한 것이다. 독일 사회도 다른 산업국가들처럼 1970년대 중반을 지나면서부터 점차 광공업의 비중이 줄어들고 서비스 산업이 팽창했으며, 사무직과 실업자 및 연금수혜자들의 비율이 높아지는 경향을 보여왔다. 시대적 비교를 위해 서독만을 살펴보면 1950년도에 20.6%였던 사무직과 공무원의 비율은 그동안 진척되어 온 민영화에도 불구하고 2004년도에는 26.2%로 증가한 반면(1970년에는 38.4%), 육체노동자는 같은 기간 동안 지속적으로 낮아져 51%에서 14.1%에 이르렀다(Alemann 1992, 96과 <표 5>). 실업자는 1950년대 10.4%였다가 경제회복의 절정기였던 1970년도에 가장 낮아 0.7%를 기록하기도 했으나 이후 다시 상승하여 2004년 현재 12.0%에 도달했다(Friedrich and Kraft 2000, 292와 <표 5>). 연금수혜자는 1950년대 연금제도 도입 직후 지속적인 사회 노령화에 따라 거듭 상승하여 1988년 19.2%를 거쳐 2004년에 24.4%

〈표 5〉 독일의 직업과 계급구분(%, 2004)

연령	직업/종사상 지위	서독지역	동독지역
60세 이하	고위 사무직/공무원	2.0	0.8
	중간 사무직/공무원	10.1	8.0
	하위 사무직/공무원	14.1	12.8
	기술직/숙련 육체노동자	9.1	12.7
	단순노무직/미숙련 육체노동자	5.0	2.9
	자영업자	5.5	6.6
	실업자/미취업자	12.0	18.5
	학생	6.8	6.5
	가정주부(남/녀)	8.5	1.8
61세 이상	취업자	1.8	0.9
	평생 미취업자	0.9	0
	연금수혜자(전직 사무직노동자)	11.2	13.9
	연금수혜자(전직 육체노동자)	10.9	12.7
	연금수혜자(전직 자영업자)	2.3	2.0

자료 : Datenreport 2006, 588.

에 이르렀다(Datenreport 2004, 605와 < 표 5>).

2. 이념갈등과 정당정치적 통합

제2차 세계대전 종전 후 사민당(SPD)과 기민/기사연(CDU/CSU)으로 대표되는 독일의 사회계급 간 이념갈등은 공산당이 존재하는 라틴 유럽 국가들에 비해 매우 낮은 수준이었으며, 영국에 비해서도 절반이 되지 않는 심도를 보였다. 이것은 우선 기원적으로 라쌀(F. Lassaalle)의 국가의존적 사민주의에 입각한 사민당의 성격과 가톨릭 사회주의 경향

〈표 6〉 기민/기사연 지지율과 사민당 지지율의 사회계급별 차이
(기민/기사연－사민당, %, 연방의회 선거)

	1961	1990	2005
사무직/관리직/공무원	+14	+7	+5
육체노동자	−13	−8	−6
자영업	+25	+40	+21
연금수혜자	−	−	+6

1961, 1990 : 서독 ; 2005 : 독일 전체
자료 : Klingemann 1969, 93 ; Cusak and Eberwein 1993, 194 ; http://stat.tagesschau.de/wahlarchiv/wid246/umfragejob0.shtml(검색일 : 2005년 9월 19일).

의 기민/기사연의 성격에 기인한다. 시간이 흐를수록 이러한 갈등은 더욱 완화되어 2005년 현재에는 노동자들 내의 지지율 차이가 5% 포인트 안팎으로까지 줄어들었는데(<표 6> 참조), 이것은 상술한 케인즈주의적 동의구조와 같은 합의정치뿐만 아니라 현대적 의미에서의 정당변화에 기인하는 것이다.

케인즈주의적 동의구조에서 포괄적 사회정책의 결실은 1950년 전쟁 희생자들을 위한 연방원호법(Bundesversorgungsgesetz)과 1952년 피난민과 망명자를 위한 부담조정법(Lastenausgleich)을 거쳐 1953년 포괄적 사회개혁 성명에 따라 이루어진 1957년과 1959년의 연금개혁이었다(김수행 외 2006, 148－149). 개정된 연금보험은 연금수준을 임금상승에 연계시키는 '슬라이드' 제도를 통해 연금의 실질가치를 확보하고, 의무가입의 대상을 확대하며, 기존의 적립방식을 부과방식으로 대폭 변경한 것을 핵심 내용으로 하였다.

연금개혁은 이후에도 지속적으로 이루어져 1972년에 남성 63세, 여성 60세를 연금수령 최소연령으로 규정하고, 자영업자와 가정주부에게

도 공적 연금가입의 자유를 부여했으며,[2)] 25년 동안 보험료를 납부했을 경우 연금수령이 가능하도록 보완되었다. 또한 1977년까지 여러 차례의 개정을 통해 순수한 부과방식으로 전환되었고, 1978년에는 슬라이드제의 적용이 일정 기간 중지되는 등 후퇴한 면도 없지 않았으나, 1개월의 적립금만 남기고 연금 총액을 현역 보험가입자의 보험료로 전액 충당하는 세대 간 계약원칙이 완성되었다(김수행 외 2006, 149).

케인즈주의적 동의구조에는 또한 공동결정법과 같은 산업관계의 제도화도 중요했다. 독일의 공동결정법을 구체적으로 보면, 1951년 아데나워의 조력으로 의회를 통과한 탄광 및 철강산업의 공동결정법이 기업체의 감독위원회에 노동과 자본의 동등한 대표성을 보장하고, 경영위원회에 한 사람의 노동감독관의 참여를 보장하였다. 이후 1976년에는 2,000명 이상의 모든 기업체에 감독위원회의 노사동등 대표성을 인정하는 방향으로 확대되기도 했다(김수행 외 2006, 149－150).

케인즈주의적 동의 시대를 거치는 동안 독일의 양대 정당은 더욱 두드러지게 국민정당(Volkspartei) 화하고 중도통합정당(catch－all party) 화했다. 그 절정은 노동자 가정의 양대 정당 지지율이 약 40%로 근사치를 이룬 1970년대 말이었다(Schmitt 1992, 157). 이러한 점에서 볼 때 <표 6>에서 7% 안팎으로 나타난 1990년도 양대 정당에 대한 노동자 계층의 지지율 차이는 1970년 말 이후 다시 벌어진 이념갈등을 표현하는 것으로 볼 수 있다. 이것은 케인즈주의에 머문 사민당과 달리 신자유주의 정책으로 전환한 기민/기사연의 정책에서 비롯된 것이었다.

1980년대는 1970년대에 배태된 경제위기의 영향이 직접적으로 나타나고 그에 따라 신자유주의적 처방이 본격화된 시기였다. 실제 독일의 사회경제 지수가 악화일로를 보였으며, 1990년의 독일 통일에 따른 경제적 충격도 위기의식을 부추겼다. 실업률은 1990년대 중반까지 서독

지역에서만 11%대에 이르렀으며, 물가인상률도 1990년대 중반에 다소 잡혀가기 시작했지만 1990년대 초반까지 4% 내지 5%대를 유지해 왔다(Friedrich und Kraft 2000, 292). 국내 총생산 성장률도 1970년대에 이미 둔화되기 시작하여 1990년대 중후반에 다시 상승하기 시작했으나 전반적으로 부진을 면치 못했다. 통일의 충격 또한 적지 않아 통일 이후 구동독 지역의 경제성장률과 실업문제 등은 독일 전체에 심각한 영향을 미칠 수 있는 수준이었다.

독일의 신보수주의 사회정책은 구성원칙의 측면에서 연대원칙보다 보조원칙을 강조하고 목적원칙보다 인과원칙을 강조했다(Hickel 1984, XI-XIII). 여기에서 보조원칙이란 '자구에 대한 원조'를 보장하고 국가를 '최후의 결손보정' 기구로 보는 '후생과 구제의 원칙(Fürsorge-prinzip)'을 의미하는 것으로 시장매개적인 소득안정에 중점을 두는 반면, 연대원칙은 상호 원조의 공급과 양육 등 '보호와 부양의 원칙(Versorgungsprinzip)'을 말한다. 인과원칙은 동일한 문제일지라도 원인이 다르면 달리 취급한다는 원칙으로 보조원칙과 마찬가지로 시장경제적 조정을 근거짓는 반면, 목적원칙은 원인과 무관하게 곤궁상태의 해결을 필수적으로 보는 입장이다.

보수주의적 이데올로기에 기초한 이러한 정책 전환은 구체적으로 이윤추구의 보장, 사회보장권의 제한, 노동조합 이익대표권의 제한, 사회정책과 가족정책의 사회화 축소와 민영화를 내용으로 하였으며, 이 조치의 일환으로 이미 1982년도에 사회보험에 대한 보험료의 비율이 34%에 달하게 되었다(Eichner 1986, 90). 또한 1980년대 이후 재개된 민영화는 1987년 베바(VEBA)의 추가적 완전 민영화를 비롯해 1988년 피악(VIAG)과 폴크스바겐(Volkswagen) 그리고 1989년 자츠기터(Satzgitter AG) 등 주요 공기업들을 망라했다.[3]

이상에서 본 바와 같이 1980년대부터 현 적녹연정이 출범하기 전까지 이르는 시기에는 독일 자본주의 경제의 위기에 즈음하여 사민당의 케인즈주의가 지속되는 반면, 기민/기사연의 신보수주의 정치가 시작되어 신자유주의적 구조조정이 본격화되었다. 그에 따라 <표 7> 에서 보는 바와 같이 사민당 지지자들의 이념성향은 1979년 이후 다시 좌편향으로 돌아서는 계기가 되었다.

〈표 7〉 사민당 지지자들의 이념 경향(%)

	1976	1979	1986
좌	7	2	8
중도 좌	52	34	41
중도	33	54	37
중도 우	6	7	10
우	2	3	4

자료 : Schmitt 1992, 142.

그러나 1990년대 이후는 사민당의 '현대적 경제정당' 화가 시작됨으로써 양대 정당의 이념성향은 다시금 신자유주의적으로 수렴되는 추세를 보이기 시작했다. 무엇보다 독일 사민당은 두 단계를 거쳐 좌파 국민정당에서 '현대적 경제정당' 으로 전화해 갔다. 강령적 차원에서 이루어진 첫 번째 행보는 '민주적 사회주의(Demokratischer Sozialismus)' 를 핵심 개념으로 하는 1989년 베를린 강령의 제정이다(Vorstand der SPD 1999). 그리고 두 번째 행보는 강령적 수정을 거친 것은 아니지만 연립정부의 새로운 정책강령에 해당하는 1999년 블레어-슈뢰더 성명(Blair-Schröder Papers)이다.

'민주적 사회주의' 를 주창한 베를린 강령은 '사회적 정의' 를 구체적 정치목표로 제시함으로써 적어도 이념적으로는 브란트(W. Brandt) 이후의 좌파 국민정당으로서의 정체성을 완전히 탈피한 것은 아니라고 할 수 있다. 베를린 강령에서 언급되는 '사회적 정의'는 "재산과 소득 및 권력의 분배에서 더 많은 평등을 요구"한다고 규정되었다. 그러나 이 '민주적 사회주의' 강령도 '사회적 정의'라는 정치적 목표를 구체적 실천목표로 제시한 것이 아니라 추상적 규범으로만 제시한 것이었으며, 한 걸음 더 나아가 경제적 사안들뿐만 아니라 새로운 가치들에 있어서조차 경쟁 및 시장의 개념과 타협하기 시작했다. 더욱이 통일 이후 1990년대에는 정의의 이러한 개념에 대한 언급조차 줄어들다가 1998년 연방의회 선거 당시에는 전혀 사용되지 않았다(Jun und Celikates 2000, 1518). 추상적 규범으로 제시된 '민주적 사회주의'가 정책적 실천으로 이어지면서 일정한 모순을 일으킨 것이라고 할 수 있다.

그러나 강령과 실천 간의 이러한 모순도 재해석을 통해 보완될 수 있는 여지를 갖는 것이었다. 블레어-슈뢰더 성명이 갖는 의미는 바로 이 재해석이었다. '시장의 조정기능이 정치에 의해 방해되어서는 안 되며 오히려 보완되어야 한다'는 취지의 이 성명서는 베를린 강령의 결과적 평등 개념의 여지마저 포기한 것으로서, 이는 곧 강령과 정부정책 간의 괴리를 후자에 맞추는 방향으로 해소한 것이며, '현대적 경제정당'화로의 노선변화를 완성한 것이라 할 수 있다(Oberreuter 2001, 207). 또한 선거전략과 관련해 사민당은 이 성명을 통하여 재집권을 위한 '상이한 이해관계들의 느슨한 결합체'로 변해 간 것이었다(Dörre 1999, 6-7).

전후 복구기 이후 1970년대까지의 합의정치가 케인즈주의적 동의구조였다면, 1990년대 이후의 합의정치는 영국 노동당과 마찬가지로 독일 사민당이 보수진영의 정책을 수용함으로써 이루어진 신자유주의적 동의구조라고 할 수 있다. 그러나 신자유주의적 합의정치는 비록 1980

년대의 간극을 메우기는 했지만 녹색당과 민사당으로의 좌파 유권자들의 이탈뿐만 아니라(아래 <표 8> 과 <표 9> 참조) 투표에서의 기권도 아울러 초래하여 정치적 무관심층을 확대하기도 했음을 주목할 필요가 있다 (독일 : 1987년 84.3%, 2002년 79.1%, 2005년 77.7%).[4]

3. 재통일 이후 이념갈등의 변화

독일의 사회계급적 이념갈등의 양상은 1990년 독일의 재통일 이후 지역갈등과 융합되었으며, 특히 시간이 흐르면서 사회경제적 통일의 지연에 따라 새로운 지역갈등으로 전화하는 모습을 보였다.[5] 통일 직후 좌파 성향 지지자 비율은 <표 8> 에서 보는 바와 같이 민사당이 압도적으로 높았으며, 녹색당과 사민당은 서독에 비해 약간 높은 정도를 보였다. 적어도 민사당의 표밭은 좌파성향 유권자들에게 대부분 의존하고 있었다고 할 수 있다.

〈표 8〉 정당별 좌파 성향 지지자들의 비율(%, 1990)

	민사당	녹색당	사민당	자민당	기민/기사연
서독 지역	–	57.0	45.3	13.7	2.8
동독 지역	84.8	50.9	39.9	17.3	12.2

자료 : Schmitt 1992, 143.

그러나 구동독지역의 정당 지지율 분포에 한정해서 보면 지역적 투표경향이 부각되어 왔음을 알 수 있다. 2002년도에 잠시 주춤하기는 했지만, 1994년 이후 연방 선거에서 민사당 지지율은 지속적으로 상승하여 2005년도에 25.4%를 차지하여 근소한 차이지만 기민연을 누르고 제2

〈표 9〉 구동독지역 연방의회 선거(%)

	기민연	사민당	자민당	동맹 '90/녹색당	민사당
1990	41.8	24.3	12.9	6.1	11.1
1994	38.5	31.5	3.5	4.3	19.8
1998	27.6	35.6	3.6	5.2	19.5
2002	28.3	39.7	6.4	4.7	16.9
2005	25.3	30.5	7.9	5.1	25.4

자료 : Statistisches Bundesamt 자료 종합

당이 되는 놀라운 결과를 보였다(< 표 9> 참조).

주 및 시의회 선거를 보면 이러한 경향참조은 더욱 두드러진다(< 표 10> 참조). 특히 동베를린 지역에서 민사당은 1995년 이후 제1당을 유지하고 있으며, 작센과 메클렌부르크-포어폼머른 지역에서만 가장 최근 선거에서 하락세를 보였을 뿐, 모든 지역에서 전반적인 상승세를 보여왔다. 그 중에서도 브란덴부르크 주에서 민사당은 1999년과 2004년에 모두 제2당을 차지했으며, 특히 2004년에는 28.0%를 획득하여 31.9%를 획득한 사민당을 바싹 추격했다. 작센-안할트 주에서도 민사당은 2002년에 21.0%를 차지해 2위를 차지한 사민당과 불과 0.3% 포인트의 차이를 보였을 뿐이다. 튀링엔 주도 민사당의 약진이 두드러졌다. 지속적으로 큰 폭의 상승세를 보인 민사당이 2004년에 26.1%를 얻어 2위를 차지한 것이다.

이러한 선거결과는 사회경제적 통합에 대한 구동독 주민들의 의식에 잘 반영되어 있다. 경제가 상호 근접해 가고 있다고 느끼는 구동독 주민은 오히려 24%에서 18%로 줄어들었으며, 자신을 통일독일의 국민이 아니라 구동독 인민으로 느끼는 사람들의 비율은 거꾸로 36%에서 52%로 늘어났다(Frankfurter Allgemeine Zeitung, 1993. 5. 19). 이것은 단기적으로 실질소득이 향상되었음에도 불구하고 구동 · 서독 임금수준의 동일

〈표 10〉 동베를린과 구동독 5개 주 지방선거(%)

주, 동베를린	연 도	기민연	사민당	자민당	동맹' 90/녹색당	민사당
Mecklenburg – Vorpommern	1990	38.3	27.0	5.5	4.2	15.7
	1994	37.7	29.5	3.8	3.7	22.7
	1998	30.2	34.3	1.6	2.7	24.4
	2002	31.4	40.6	4.7	2.6	16.4
Brandenburg	1990	29.5	38.2	6.6	9.2	13.4
	1994	18.7	54.1	2.2	2.9	18.7
	1999	26.6	39.3	1.9	1.9	23.3
	2004	19.4	31.9	3.3	3.6	28.0
Sachsen–Anhalt	1990	39.0	26.0	13.5	5.3	12.0
	1994	34.4	34.0	3.6	5.1	19.9
	1998	22.0	35.9	4.2	3.2	19.6
	2002	38.2	21.3	13.1	2.1	21.0
Thüringen	1990	45.4	22.8	9.3	6.5	9.7
	1994	42.6	29.6	3.2	4.5	16.6
	1999	51.0	18.5	1.1	1.9	21.3
	2004	43.0	14.5	3.6	4.5	26.1
Sachsen	1990	54.4	19.1	5.3	5.6	10.2
	1994	58.1	16.6	1.7	4.1	16.5
	1999	56.9	10.7	1.1	2.6	22.2
	2002	33.6	33.3	7.3	4.6	16.2
Berlin–Ost	1990	25.0	32.1	5.6	9.8	23.6
	1995	23.6	20.2	–	10.0	36.3
	2001	12.4	23.2	5.3	5.9	47.6
	2006	11.4	29.8	4.0	11.2	34.3

http://en.wikipedia.org/wiki/Elections_in_Germany (검색일 : 2006년 7월 11일)

화 지체와 고용구조의 불균형에 따라 서독자본주의 선택의 주 이유였던 사회안전망과 소득향상에 대한 장기적 전망의 퇴색이 가져온 결과였다.

실제 구동 · 서독 주민들의 임금격차는 매우 심각한 수준으로 남아 있다. < 표 11> 에서 보다시피 통일 직후인 1991년에 구동독지역의 월평균 임금수준은 구서독지역의 절반에 못 미쳤다. 이와 비교해 보면 5년

후인 1996년에 생산직과 사무직이 모두 70%를 넘어 각각 73.8%와 71.7%로 나타나 일정하게 큰 폭의 상승세를 보였다고 할 수 있다. 그러나 1996년도에 생산직과 사무직 모두 70%선을 넘은 후에는(생산직은 1994년부터 70.2% 이상, 사무직은 1996년부터 71.7% 이상) 다시 상승하지 않고 있다는 사실을 경시해서는 안 된다(<그림 1> 참조). 2001년에 생산직은 오히려 감소하여 73.6%를 보였으며, 사무직은 소폭 상승하여 73.3%를 보였다. 그리고 2005년에는 2001년에 비해 구동독지역의 임금은 생산직의 경우 불과 1.0% 포인트, 사무직의 경우 0.9% 포인트만 구서독 지역 수준으로 더 접근해 갔다.

〈표 11〉 동 · 서독 월평균 임금수준 비교(EURO : 제조업, 무역, 상업, 금융보험)

종사상 지위	1991		1996		2001		2005	
	서독	동독	서독	동독	서독	동독	서독	동독
생산직	1,862	918	2,202	1,626	2,440	1,795	2,626	1,960
사무직	2,277	955	2,778	1,993	3,167	2,321	3,538	2,626

자료 : Statistisches Bundesamt

〈그림 1〉 구서독지역 대비 구동독지역 임금수준
(% : 제조업, 무역, 상업, 금융보험)

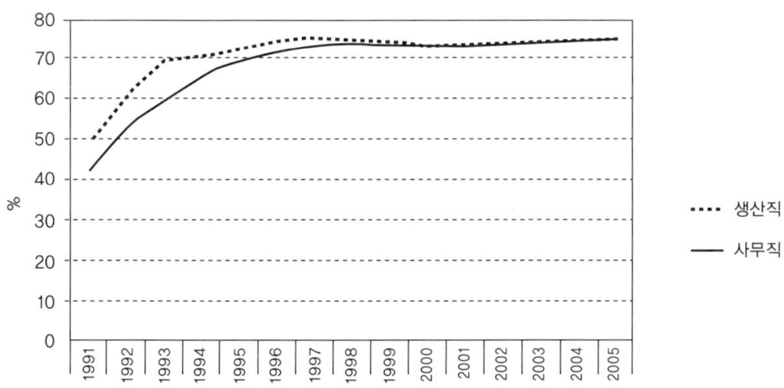

실업과 관련해서도 1994년 12월까지 구동독지역 광공업부문에서 70%의 일자리가 상실되었으며(Nolte und Sitte 1995, 31), 1996년 구동독지역 실업률은 예상치(15.9%)를 넘어 16.7%(구서독지역 10.1%)에 달했고, 1998년에는 구서독지역(10.5%)의 거의 두 배에 가까운 19.5%를 기록했다(<표 12> 참조). 그 이후 2005년 현재에 이르기까지 구동독지역의 실업률은 크게 나아지지 않은 상태에서 구서독지역의 두 배 가까운 수치를 유지하고 있다.

〈표 12〉 동서독 실업률 비교(연평균, %)

	1991	1993	1996	1998	2002	2005
구동독지역	10.3	15.8	16.7	19.5	17.9	18.8
구서독지역	6.3	8.2	10.1	10.5	8.1	9.9
전국	7.3	10.5	11.5	12.3	10.1	11.7

자료 : Statistisches Bundesamt

IV. 결론

영국과 독일의 이념갈등은 광공업분야의 축소와 서비스업의 확대 및 노동자층의 다양화에도 영향을 받았지만 양당의 합의정치에 의해 크게 완화되었다. 제2차 세계대전 이후 1960년대 초중반까지 이어지는 사민주의적 혹은 케인즈주의적 합의가 그 첫 번째이고, 1990년대 후반 이후의 신자유주의적 합의가 그 두 번째이다. 두 차례의 유가파동과 산업구조의 변동이 본격화된 1970년대에도 사민주의적 합의는 비록 이전처럼 공고하지는 않았지만 영국에서 버츠켈리즘의 형태로 유지되었으며, 독일에서도 사민당-자민당 연정을 통해 정책적으로 유지되고 양대 정당의 거의 동일한 노동자층 지지율로 나타났다.

이러한 합의정치와 그에 따른 이념갈등의 완화는 두 국가에서 모두 양대 정당의 실용주의적 성격에서 비롯되었다고 할 수 있다. 전후 복구기의 경제성장과 사회안정이라는 시대적 과제 앞에서 양대 정당들은 합의에 도달했던 것이다. 그리고 이러한 합의정치는 또한 역사적으로 영국의 산업민주주의 추구와 독일의 라쌀적 국가 의존성이라는 특수하면서도 계급화해적 일반성을 띤 사회이념적 특징에도 기인했다.

그러나 신자유주의 정치가 본격화된 1979년 이후 영국과 1983년 이후 독일에서 사정은 달라졌다. 영국과 독일에서 보수당 정부와 보수-자유 연정이 각각 출범함으로써 민영화와 탈규제를 내용으로 하는 신자유주의 정치가 가속화된 반면, 노동당과 사민당은 여전히 케인즈주의적 입장을 고수하고 있었기 때문이다. 그에 따라 이 시기에 양국의 이념적 간격은 다시 벌어지기 시작했다. 이 간극이 다시 좁아진 것은 신자유주의적 합의정치가 시작되면서부터였다. 케인즈주의를 포기한 노동당과 사민당이 신자유주의를 채택함으로써 양대 정당의 정책은 다시 수렴해 갔고 지지층 분포도 다시 근접해 가기 시작한 것이다.

그렇지만 후반의 신자유주의적 합의정치는 사민주의적 합의정치와는 사뭇 다른 사회문제를 파생시키고 있다. 합의정치라는 형식에서는 동일하지만 사민주의적 합의정치가 이룩한 사회안정망들을 축소함으로써 내용면에서는 충돌하기 때문이다. 따라서 양대 정당의 지지율 분포는 다시 유사해져 갔지만 전통적인 지지자층의 기권이 증가함으로써 투표참여율 하락으로 표현되는 정치 무관심은 증가했다.

한편 재통일이라는 특수성을 가진 독일의 경우는 기존의 이념갈등이 완화되는 대신 동서독 간 사회경제적 통합의 지연에 따른 지역 간 갈등이 새롭게 중첩되는 현상을 보였다. 특히 2005년 선거에서 민사당은 구동독 지역 전체에서 제2당으로 부상했으며, 동베를린에서는 제1당의 위치를 유지했다. 기존 정당정치에 대한 혐오감의 증대와 함께 지역갈등의 심화가 새로운 사회문제로 부상하고 있는 것이다.

영국과 독일의 경험에 비추어 볼 때, 사회계급에 따른 이념적 갈등은 주로 양대 정당의 정치적 갈등과 밀접한 관계가 있음을 알 수 있다. 양대 정당이 이념적 갈등과 정쟁을 심화할수록 사회적 갈등은 그만큼 악화되는 반면, 합의정치로 국가 정책을 해결해 가면 사회적 갈등도 완화된다는 것이다. 그러나 갈등의 완화와 사회적 통합은 합의정치의 내용에 따라서도 영향을 받는다. 신자유주의적 합의정치가 사민주의적 합의정치에 비해 갈등완화 효과가 적었다는 것이 그 증거이다. 따라서 여론을 살피고 민생을 돌보는 합의정치가 사회적 통합의 필수요건이라 할 수 있다.

참고문헌

김수행 · 정병기 · 홍태영. 2006. 『제3의 길과 신자유주의 : 영국, 독일, 프랑스를 중심으로』, 개정판. 서울 : 서울대학교출판부.

정병기. 1997. "현실사회주의 붕괴와 통일 이후의 구동독 : 개혁과 통일의 갈등." 『이론』(여름호), 61-86.

정병기. 2002. "라쌀의 국가관과 독일사민당에 대한 라쌀주의의 영향과 의미." 『한국정치학회보』 제36집 2호, 285-301.

Andersen, Uwe und Wichard Woyke, Hrsg. 2003. *Handwörterbuch des politischen Systems*. Bonn : Bundeszentrale für politische Bildung.

Bentley, Roy, Alan Dobson, Maggie Grant and David Robert. 1999. *British Politics in Focus*. Ormskirk : Causeway Press.

Budge, Ian, Ivor Crewe, David McKay and Ken Newton. 1998. *The New British Politics*. Harlow : Longman.

Bundeszentrale für politische Bildung. 2000. *Wirtschaft heute*. Bonn : Bundeszentrale für politische Bildung.

Butler, David and Donald Stokes. 1971. *Political Change in Britain*. London : Penguin.

Curtice, J. and B. Seyd. 2003. "Is there a Crisis of Political Participation?" *British Social Attitudes, The 20th Report*. London : Sage.

Cusak, Thomas R. and Wlof-Dieter Eberwein. 1993. "The Endless Election : 1990 in the GDR." *in* Dirk Berg-Schlosser and Ralf Rytlewski, Hrsg. *Political Culture in Germany*, 188-212. London : Macmillan.

Datenreport 2004, Köln : Bundeszentrale für politische Bildung.

Datenreport 2006, Köln : Bundeszentrale für politische Bildung.

Denver, David. 1994. *Elections and Voting Behaviour in Britain*. 2nd edition. London : Harvester Wheatsheaf.

Dörre, Klaus. 1999. "Die SPD in der Zerreißprobe : Auf dem 'Dritten Weg'." in Klaus Dörre, Leo Panitch und Bodo Zeuner, u. a. *Die Strategie der 'Neuen Mitte' : Verabschiedet sich die moderne Sozialdemokratie als Reformpartei?*, 6–24. Hamburg : VSA.

Eichner, Harald. 1986. *Zwischen Privatisierung und Solidarität*. Berlin : Neue Gesellschaft.

Evans, Geoffrey, Anthony Heath and Clive Payne. 1999. "Class : Labour as a Catch–All Party?" in Norris and Evans, eds. *Critical Elections : British Parties and Voters in Long–term Perspective*, 87–101. London: Sage.

Frankfurter Allgemeine Zeitung, 1993. 5. 19.

Friedrich, Horst und Maria Kraft. 2000. "Gesamtwirtschaftliche Entwicklung und Wirtschaftspolitik." in Helmut Keim und Heiko Steffens, Hrsg. *Wirtschaft Deutschland : Daten–Analysen–Fakten*, 291–356. Köln : Wirtschaftsverlag Bachem.

Halsey, A. H. 1987. "Society and Class." in Martin Burch and Michael Moran, eds. *British Politics : A Reader*, 27–41. Manchester University Press.

Heath, A. R. Jowell, and J. Curtice, G. Evans, J. Field and S. Witherspoon. 1991. *Understanding Political Change : the British Voter 1964–1987*. Oxford : Pergamon Press.

Hickel, Rudolf. 1984. "Sozialpolitik in Geschichte, Theorie und Praxis." in Karl Diehl und Paul Mombert, Hrsg. *Sozialpolitik : Ausgewählte Lesestücke zum Studium der politischen Ökonomie*, V–LIV. Frankfurt a. M., Berlin und Wien : Ullstein.

http://en.wikipedia.org/wiki/Elections_in_Germany(검색일 : 2006년 7월 11일).

http://stat.tagesschau.de/wahlarchiv/wid246/umfragejob0.shtml(검색일 : 2005년 9월 19일).

Jun, Uwe und Robin Celikates. 2000. "Die Transformation der Sozialdemokratie: Der Dritte Weg, New Labour und die SPD." *Zeitschrift für Politikwissenschaft*, Jg. 10, Nr. 4, 1501–1530.

Kavanagh, Dennis, and David Richards, Martin Smith, and Andrew Geddes. 2006. *British Politics*. Oxford : Oxford University Press.

Klingemann, Hans–Dieter. 1969. *Bestimmungsgründe der Wahlentscheidung : Eine regionale Wahlanalyse*. Meisenheim am Glan: Anton Hain.

Lipset, Samuel and Stein Rokkan. 1967. "Cleavage Structures, Party Systems and Voter Alignments : An Introduction." in Lipset and Rokkan, eds. *Party Systems and Voter Alignments*, 1-64. New York: Macmillan.

Nolte, Dirk und Ralf Sitte. 1995. "Aufschwung Ost : Bilanz und Ausblick." in Dirk Nolte, Ralf Sitte und Alexandra Wagner, Hrsg. *Wirtschaftliche und soziale Einheit Deutschlands*. Eine Bilanz, 27-47. Köln : Bund-Verlag.

Oberender, Peter und Michaela Volk. 1990. "Soziale Sicherung zwischen staatlicher Vorsorge und Eigenverantwortung." in Ulrich Sarcinelli, Hrsg. *Demokratische Streitkultur : Theoretische Grundpositionen und Handlungsalternativen in Politikfeldern*, 311-329. Bonn: Bundeszentrale für politische Bildung.

Pulzer, P. G. 1967. *Political Representation and Elections*. London : Allen & Unwin.

Sanders, David. 1997. "Voting and the electorate." in Dunleavy, *et al.*, eds. *Developments in British Politics* 5. London : Macmillan.

Schmitt, Hermann. 1992. "Die Sozialdemokratische Partei Deutschlands." in Alf Minrzel und Heinrich Oberreuter, Hrsg. *Parteien in der Bundesrepublik Deutschland*, 133-171. Köln : Bundeszentrale für politische Bildung.

Schultze, Rainer-Olaf. 1995. "Widersprüchliches, Ungleichzeitiges und kein Ende in Sicht : Die Bundestagswahl vom 16. Oktober 1994." *Zeitschrift für Parlamentsfragen*, Jg. 26, Nr. 2, 325-352.

Statistisches Bundesamt, 선거와 인구 자료.

Strachey, R. 1928. *The Cause*. London : Virago.

Usher, K. 2003. "Is Rising Inequality a Problem? The UK Experience." in Browne and Diamond, eds. *Rethinking Social Democracy*. London : Policy Network.

Vorstand der SPD, Hrsg. 1999. *Grundsatzprogramm der Sozialdemokratischen Partei Deutschlands*. Bonn.

White, S. 2001. *New Labour : The Progressive Future?*. Basingstoke : Palgrave.

Winter, Thomas von. 1996. "Wählerverhalten in den östlichen Bundesländern : Wahlsoziologische Erklärungsmodelle auf dem Prüfstand." *Zeitschrift für Parlamentsfragen*, Jg. 27, Nr. 2, 298-316.

3장 주

1) 1966년부터 보수당의 정책적 입장은 버츠켈리즘으로부터 조금씩 벗어나 우경화되기 시작했다. 노동당 역시 1974년 선거 강령에서 좌파적 성향이 강하게 표출되었으나 역시 가장 좌파적 색채가 강했던 것은 1980년대 초부터 1992년 선거까지였다(Budge *et al.* 1998, 411−412).
2) 1968년에 일반 노동자와 달리 사무직 노동자들은 연금의무 가입대상에서 제외되었으며, 자영업자는 처음부터 의무가입 대상이 아니었다(Oberender und Volk 1990, 313−314).
3) 민영화는 1990년대 이후에도 지속적으로 진행되어 이후 사민당의 신자유주의화를 증명하는 한 요소이기도 하다. 즉, 1990년대에도 1994년과 1997년 두 차례에 걸친 루프트한자 항공사(Deutsche Lufthansa AG)의 민영화와 1996년과 1998년 역시 두 차례에 걸친 텔레콤(Deutsche Telekom AG)의 민영화가 이루어졌다(Bundeszentrale für politische Bildung 2000, 196).
4) 투표참여율 저하는 영국에서 더욱 심각하여 1987년 75.3%였는 데 비해 2001년에는 역사상 처음으로 60% 이하로 내려간 59.4%였으며, 2005년에도 61.3%로 대단히 낮은 수준을 보였다.
5) 물론 동독과 사회주의 이념의 결합으로 민사당 지지가 높아졌다는 분석도 가능하다. 실제 1994년 민사당 지지자들의 약 80%가 자신들을 '독일인' 이라기보다 '동독인', 즉 '독일민주주의공화국 국민' 으로 느끼고 있다는 사실이 이를 입증한다. 동독 전체로 볼 때 이 비중은 약 1/3에 해당하며, 이들은 적어도 1994년 당시까지 여전히 사회주의 이념을 공유하고 있었다고 해석할 수 있다(Winter 1996, 315). 그러나 1990년 3월에 치러진 최초의 자유선거인 인민의회 선거 당시 93.4%에 달했던 투표참여율이 같은 해 말에 치러진 통일 후 연방의회 선거에서는 74.7%로 약 20% 포인트 낮아졌으며, 그와 함께 기민연과 자민당의 지지율은 53.3%에서 54.7%로 약간 상승한 결과를 보인 반면, 민사당의 지지율은 16.4%에서 11.1%로 상당한 폭의 감소를 보였다는

사실도 참조할 필요가 있다. 통일과정에서 사회주의 체제 내 개혁의 실종과 대안부재에 실망한 사회주의 지지자들은 투표에 참여하지 않았다고 볼 수 있다는 것이다(정병기 1997).

04 한국 보혁갈등에 관한 일 고찰 : ‘포스트 민주화 패러다임’의 부재를 중심으로

박효종(서울대학교)

I. 문제의 제기

민주화 이후 한국사회 전반에 걸쳐 나타나고 있는 가장 큰 균열점은 보혁갈등이다. 이 보혁갈등은 그 강도와 범위에 있어 지역갈등의 수준을 넘어선 것으로 생각된다. 최근 진행중인 보혁갈등을 지켜보면서 해방 직후에 벌어진 좌우익 갈등을 상기하는 시각들이 적지 않다. 해방 후의 좌우익갈등과 지금의 보혁갈등이 그 격렬성과 강도에 있어 유사한 것은 사실이다. 그러나 “똑같이 반복되는 역사가 없다”는 속언에 유의해 본다면 갈등의 상황과 논리는 다르다. 해방 당시의 격렬했던 좌우갈등이 냉전이 시작되는 길목에서 외부로부터 유입된 외생적 갈등의 성격이 짙었다면, 지금은 탈냉전상황에서 국가공동체 발전과 연계된 자생적인 갈등의 성격이 크다. 또 당시 보혁갈등의 초점이 국가수립을 둘러싼 ‘건국형 어젠다' 의 성격을 가지고 있었다면 지금은 건국과 산업화 및 민주화를 거친 다음 민주화 이후의 국가적 패러다임을 어떻게 만들 것인가 하는 문제에 대한 고민에서 연유하고 있다고 할 것이다.

민주화 이후의 보혁갈등의 격렬성을 감안할 때, 우리에겐 자유주의가 최종적으로 사회주의를 제압하고 승리한다는 후쿠야마(F. Fukuyama)의 '역사의 종언론(end of history)' 도 특별한 의미를 갖지 못하고 오히려 "정의는 갈등(justice is conflict)"이라고 설파한 고대 그리스 철학자인 헤라클레이토스의 '갈등론' (S. Hampshire 2000)이 훨씬 체감 있게 다가오는 실정이다. 생각해 보면 좌파와 우파의 개념이 프랑스혁명의회에서 그 좌석에 따라 은유적으로 만들어진 후 각 나라마다 그 독특한 상황과 역사적 역동성에 따라 갈등의 성격과 강도가 정해졌다. 그렇다면 한국적 상황에서 특이한 점은 무엇인가? 1960년 전 건국을 매개로 하여 불거진 좌우갈등은 특히 6 · 25 전쟁 이후 민주화 시대 이전까지 수면 이하로 억제되어 있었다고 할 수 있을 것이다. 그러나 민주화 이후 억제되었던 보혁갈등이 수면 위로 부상하면서 봇물처럼 터져나오고 있다.

민주화 이후 나타난 보혁갈등의 양상은 일단 그 유형을 보면 비교적 단순하다. 진보가 특정 어젠다를 설정하고 그것을 공적 담론의 형태로 내놓으면 보수가 이에 반응하는 방식이 그것이다. 갈등의 강도는 보수가 비판하며 반응하는 수위와 정도가 얼마나 격렬하냐에 따라 결정되어 왔다. 이번 논문에서는 그러한 유형에 주목하면서도 보혁이 충돌했던 의제의 성격을 조망하는 데 분석의 초점을 맞추고자 한다. 즉 '미래지향형' 이기보다 '과거지향형' 인 진보가 어젠다를 설정하고 그것을 공론화하면 '자기 주도형(proactive)' 이기보다 '반응형(reactive)' 인 보수가 대응하는 방식과 수준이 바로 갈등의 강도와 성격을 결정하였다는 점을 상정한다. 다음에 특히 의제설정 능력을 가진 집권진보가 내놓은 의제가 보수로부터 공감을 얻을 수 있는 '공익성의 의제'로 평가받기보다 왜 보수로부터 비판과 반격을 받을 만큼 '당파성의 의제'로 투영되어 왔는지를 점검하고자 한다. 이와 관련, 진보의제의 성격을 분석적으로 조명하는 것이 주요 목표이다. 그러한 논의를 기반으로 본 논문에서는 진보와 보수가 시대정신에 입각한 '포스트민주화 패러다임'을 구축하는 데 성공하려면 '개혁'과 '보존'의 의미가 더불어 충분히 담겨 있는 어떤 것이어야 한다는 점을 강조할 예정이다.

Ⅱ. 진보와 보수의 의미

다원주의 민주체제 하에서 진행되는 정치의 역동성은 근본적으로 개인이나 집단이 시시각각 쟁점으로 부상하고 있는 각종 정치적 현안들에 대해 자기 자신의 입장과 견해를 분명히 밝히는 데서 출발한다. 그러나 모든 행위주체들이 동일한 세계관이나 가치관을 가지고 있는 것은 아니기 때문에 다양하거나 심지어 모순관계를 이루는 이해관계와 가치관 사이에는 갈등과 경쟁이 벌어진다. 바로 이러한 정치 · 사회적 경합상황이야말로 길버트(W. S. Gilbert)가 『이올란테』를 썼을 때 비교적 정확하게 염두에 두고 있었던 내용으로 보인다.

> 항상 생각건대
> 이 얼마나 재미있는 일인가.
> 자연은 고안해놓기를, 모든 소년 소녀,

이 세상에 태어나
일부는 자유주의로
그게 아니면 보수주의로

물론 “정당제는 타고난 것이어서 지지경향에 따라 형성되는 보편적 정당균열이 있을 것”이라고 생각했던 길버트는 19세기 영국에 대해 언급하고 있었다. 상황이 20세기 한국이었더라면 분명 그 명칭과 강조점들이 달랐을 것이다. 즉 해방 후 한국이었다면 좌익과 우익의 갈등상황에 주목하였을 가능성이 높다. 그러나 최근 자주 대립각을 보이는 한국의 ‘열린우리당’과 ‘한나라당’의 경우, 자유주의와 보수주의처럼 확연히 구분되는 두 개의 독립적인 이념과 가치관으로 나누어질 수 있을지는 의문이다. 한 걸음 더 나아가 정당의 실제 이름은 기회주의적이어서 표방하고자 하는 강령이나 가치관 혹은 주장을 나타내는 것이 아니라, 단지 옥캄(W. Occam)과 같은 유명론자들(nominalists)이 말하는 명목상의 이름이라는 사실을 명심할 필요가 있다.

이승만 정부 시절에는 ‘자유당’과 ‘민주당’이 경쟁하고 있었다. 그러나 ‘자유당원들’이라고 해서 ‘민주당원’보다 더 자유를 존중한 것도 아니었고, 또 ‘민주당원’이라고 해서 ‘자유당원’보다 더 특별히 민주주의를 소중히 생각한 것도 아니다. 오히려 ‘자유당’은 그 이름에 걸맞지 않게 더 자유를 억압했고 ‘민주당’은 집권한 후 민주주의의 기본 원칙인 국민의 여망을 저버리고 분당(分黨)의 길로 접어들었다. 그런가 하면 최근의 사정이라고 해서 달라진 것도 아니다. ‘열린우리당원’이라고 해서 ‘한나라당원’보다 더 열린 마음을 가지고 있는 것도 아니고, ‘한나라당원’ 역시 ‘열린우리당원’들보다 더 우리나라를 생각하는 마음이 간절한 것도 아니다. 이처럼 표방하는 가치와 행동이 일치하지 않아 ‘열린우리당' 은 '닫힌 남의당' 으로, 또 '한나라당' 은 '딴나라당' 으로 냉소적으로 불리기도 한다. 그러나 길버트가 근대 다원주의 정치에서 자유주의와 보수주의라는 두 성향이 기본적인 것이고, 모든 정치적 입장이나 가치관이 이 두 가지로 간추려질 수 있다고 주장한 것은 한국적 상황에 비추어 볼 때 크게 틀렸다고는 말할 수 없을 것이다.

1. 보 · 혁은 경합적 관계

우리는 정치적 이념과 가치관 및 세계관이 하나의 범주로 환원될 수 없다는 사실에 주목할 필요가 있다. 일부 정치학자들은 특히 소련과 동유럽의 국가사회주의 체제의 특징과 관련, 오랫동안 '일당국가(one-party state)' 라는 개념을 사용해 온 적이 있지만, 그것은 사실 '고래를 물고기로 분류하는 것' 처럼 개념상의 오류에 불과하다. '당(黨)' 을 의미하는 영어의 party라는 단어는 '부분' 을 뜻하는 pars라는 라틴어의 어원에서 연유한 것으로 동일한 종류의 다른 부분이 있다는 것을 전제로 한다. 이 사실이 정치에 있어 갖는 함의는 무엇인가. 고대 아테네 민주주의의 전통에 유의해 볼 때, 이성적 존재들의 상호작용이라고 할 수 있는 정치의 본질은 '토론' 과 '설득' 에 있으며, 따라서 이것이 가능하려면 '독불장군(獨不將軍)' 처럼 혼자서 독백하기보다는 더불어 토론하고 설득할 대상이 있어야 한다. 21세기에도 건재하고 있는 북한의 노동당처럼 권력을 독점하고 내부에서만 제한적으로 대화가 허용되는 정당이 있다면, 다원주의정치나 민주정치와는 거리가 먼 전제정(專制政, tyranny)의 성격을 지니고 있는 전체주의(totalitarianism)일 수밖에 없다. 모든 자유민주주의 국가에는 적어도 두 개의 지배정당이 있고 그 주변에 여러 개의 정당과 일군의 정치분파들이 선거에서 치열한 양상을 보이며 경쟁하게 마련이다.

보수와 진보는 다원주의 정당정치가 시현하는 역동성의 과정에서 중요한 역할을 한다. 그러나 한국사회에서 보수와 진보를 이해할 때 하나의 친숙한 고정관념과 같은 것이 있다. 일반적으로 보수주의자들은 '변화'를 싫어하고 진보주의자들은 '변화'를 좋아한다는 것이 그것이다. 혹은 보수는 '보존'을 좋아하지만 진보는 '보존'을 싫어한다는 의견도 같은 내용을 담고 있다.[1] 이러한 관점이 유의미하다면 보혁(保革)은 '생물학적 토대'를 갖는다고 말할 수 있을 것이다. 즉 젊은이들은 변화를 바라고 진취적 태도를 보이지만, 나이가 들어가면서 점점 호기심이 줄어들고 변화를 싫어한다. 따라서 생물학적 관점에서 본 개인은 진보적 성향과 보수적 성향을 다 같이 갖는 존재라고 할 수 있다.

그렇다면 개인의 차원과는 구분되는 정부나 정당의 경우는 어떠한가. 그들은 '생물학적 토대'보다는 '이익체계'에 토대를 갖고 있어 그 함의하는 바가 다를 수밖에 없다. 개인들이나 집단들의 이익을 수렴하고 대변하는 것이 정치나 정당의 기능이 아니겠는가? 이러한 관점에서 보았을 때, 예를 들면 가진 사람들이 보수적 성향을 노정하는 데 비하여 가지지 못한 사람들은 진보적이거나 사회주의적 성향을 보인다고 말할 수 있을 것이다. 두말 할 나위없이 이런 유형의 고전적인 정치인식은 마르크시스트들에 의하여 '현대화'되었다고 할 수 있다. 마르크시스트나 네오·마르크시스트들은 현대 자본주의 국가가 암암리에 이루어지는 부르주아지와 프롤레타리아 간의 계급투쟁의 장에 불과하다고 주장해왔기 때문이다. 하지만 이런 주장의 아킬레스건은 두 가지 차원에서 지적될 수 있다. 첫째로 전쟁의 성격을 갖는 계급투쟁에서는 한편이 다른 상대편을 완전히 패배시키려고 하는 데 반해, 다원주의 사회에서의 정치적 논쟁은 스포츠와 같이 각자가 서로를 필요로 하는 경쟁의 형태라는 점이다. 은유적으로 말해 상대팀 없이 축구경기를 할 수 있겠는가? 이와 마찬가지로 경쟁하는 정당 없이 정치를 할 수는 없는 노릇이다. 그러므로 보혁갈등을 계급투쟁의 범주로 볼 경우의 종착점은 다원주의 정치를 종식시키고 하나의 일원주의적 공동체를 만들고자 하는 시도로 구체화될 수밖에 없을 것이다.

보혁갈등이 단지 빈부의 갈등이나 계급의 갈등만을 반영한다는 주장의 두 번째 문제점은 많은 노동자들이 예측과는 달리 보수성향의 정당에 투표하는 반면, 중산층이나 부유층가운데 적지않은 사람들이 평등이라는 기치 아래 부의 재분배를 표방하고 있는 복지국가에 공감하고 있는 현실에서 기인한다. 이 역설적 현실을 어떻게 설명할 수 있겠는가. 물론 '허위의식(false consciousness)' 의 결과라고 지적하는 것이 불가능하지는 않을 것이다. 하지만 이런 '허위의식' 이 사회전반적으로 확산되어 있다면 '허위의식' 이상의 어떤 실질적 현상으로 보아야 하지 않겠는가.

2. 정치는 '보존' 과 '개혁' 의 문제

역사적으로 볼 때, 프랑스의 혁명의회에 배치된 당파적인 좌석에 기초해서 생겨난 은유현상이라고 할 수 있는 좌파와 우파는 혁명과 안정 혹은 진보와 보수를 상징하게 되었다. 거기에서 유래되어 나온 하나의 선입관(先入觀)과 같은 지적 경향이 있다면, 지금 한국에서 유행하고 있는 것처럼, '보수정치' 는 과거를 보존하고 '진보정치' 는 개혁을 하는 것으로 인식되고 있다는 점이다. 그러나 이러한 이분법적 발상이야말로 현실과 맞지 않는 관념적 구분이기 때문에 보수와 진보의 진정한 의미를 충실히 반영하기보다는 왜곡하고 있다고 생각된다. 현실정치에서 진보주의자가 대체로 개혁을 선호하고 또 보수주의자는 전통을 고수한다는 공식이 거시적 차원에서 볼 때 크게 틀렸다고 말할 필요는 없겠지만, 그러나 그렇다고 해서 그 이상의 특별한 의미를 갖는다고 말하기도 어렵다. 보수나 우익의 정치를 한다고 해서 그것이 반드시 변화와 개혁을 배제하는 것으로 볼 필요는 없기 때문이다. 그것은 진보나 사회주의 정치라고 해서 과거와 전통의 존중과 보존을 무조건 배제하지 않는 것과 마찬가지이다. 서구에서 집권해 온 보수당 정부나 사회당 정부의 정치 행태는 이 사실을 입증하고 있다. 이 점은 또한 한국의 상황에서도 예외는 아니다. 민주화 이전의 한국정치를 우파 보수주의자들이 주도한 정치라고 했을 때, 거기에는 많은 개혁적 조치들이 있었다. 예를 들면, 이승만을 비롯한 대한민국의 국가건설자들은 "바꿀 것은 바꾸는(mutandis mutatis)" 그런 변화의 정치를 건국초부터 해왔다. 그들은 자유민주주의를 보존하는 데 목적이 있는 보수성향의 국가보안법만 만든 것이 아니라 지주층의 기득권을 무력화시키는 개혁성향의 농지개혁도 단행했기 때문이다.

엄밀한 의미에서 볼 때 과거와 전통을 백안시하고 변화만능주의를 표방하는 것만큼이나 변화를 배제하고 전통이나 과거를 이상화하거나 성역화하는 것은 '산 정치'가 아니라 '죽은 정치'라고 할 수 있다. 굳이 버크(E. Burke)의 표현을 원용하지 않더라도 정치가 바람직한 성격을 유지하려면 이미 '그 자체로(ipso facto)' '보존'과 '개혁'이라는 두 가지 개념범주에 닻을 내려야 할 필요가 있다.

3. 진보와 보수의 근본적 차이 : '미래'냐 '현재'냐

지난 논의에서는 정치가 보혁의 요소를 같이 가지고 있음을 지적했다. 하지만 그렇다고 해서 정치의 비전에서 보수와 진보가 아무런 차이가 없다고 한다면 그것 역시 비합리적인 발상일 것이다. 사실 양자 사이에는 일반 사람들이 체감할 만큼 확연한 편차가 있다. 그것이 무엇인가. 보수와 진보가 '보존과 개혁'의 어젠다를 더불어 갖고 있다는 점에서 공통점이 있다고 해도 '보존'과 '개혁'에 임하는 준거와 기준이 다르다는 점에 주목할 필요가 있다. 한국 보수주의의 특징과 철학은 우리에게 비교적 알려진 것이다. 한국의 보수주의자들은 현재나 과거의 상황에 불만이나 원한을 품고 보다 정의롭고 바람직하다고 생각되는 미래의 설계도에 따라 사회를 개조하려고 시도하는 '대규모의 사회공학적 방식(grand-scale social engineering)'을 경계해 왔다. 그러나 그렇다고 해서 그들은 어떠한 대가를 지불하더라도 현상(status quo)을 유지하려고 하는 일념에서 개혁의 기획일체를 맹목적으로 거부하는 경직된 '현상 고집자'와는 분명히 구분되어야 할 것이다.

건국 이후 한국사회에서 권력을 잡은 보수주의자들은 많았지만, 그런 교조적인 보수주의자보다는 개혁적 성향의 보수주의자였기 때문이다. 건국에 헌신한 이승만과 산업화를 이룬 박정희야말로 이에 대한 인상적인 사례가 아닐 수 없다. 그들은 명실공히 우파 보수주의자들이었다. 하지만 동시에 그들은 "위대한 개혁의 법칙에 따르지 않으면 안 된다"라고 생각한 유연한 보수주의자였으며, 또한 "무언가의 개혁에의 수단을 갖지 않은 국가는 자기 보존의 수단을 갖지 못한다"고 믿고 있던 부류의 개화된 보수주의자였다. 다만 개혁과 관련, 한국의 보수주의자들이 시현한 철학의 특징이 있다면, 개혁의 기준이 현재에서 멀리 떨어져 있는 '완벽한 사회' 나 '정의롭고 평등한 사회' 혹은 '민족혼이 살아 꿈틀거리는 사회' 와 같은 '미래형' 의 추상적인 개념이 아니라 '현재' 의 처지와 조건의 개선이라는 실존적 개념에서 출발한다는 점이다.

한국의 좌파 진보주의자들이나 사회주의자들은 어떠한가? 그들이 지향하는 목표나 세계관이 미래형이어서 현상타파와 개혁을 외친다는 점에서 정체성을 확인할 수 있다. 개혁을 갈구하는 진보주의자들의 집념이 매우 두드러지기 때문에 그들을 보면 '영원한 혁명' 을 외치는 혁명주의자와 마찬가지로 '영원한 개혁주의자' 와 같다는 느낌을 떨칠 수 없다. 그러나 그들이 표방하는 개혁에는 보수주의자들이 선호하는 개혁과는 다른 특징과 면모를 찾아볼 수 있다. 그것은 '미래' 에 초점을 맞추는 나머지 '현재' 를 등한시한다는 점이다. 노무현 정부에서 볼 수 있는 것처럼 한국의 집권 진보주의자들이 과도할 정도로 '과거' 청산에 초점을 맞추고 있는 것도 사실은 '미래' 에 강한 지향을 두고 있기 때문이다. '과거' 가 잘못되었기 때문에 '미래' 를 올바로 지향할 수 없다는 논리가 기저에 깔려 있으며, 따라서 '미래' 를 올바로 건설하려면 '과거' 부터 바로 세워야 한다는 철학이 힘을 얻고 있는 것이다.

한국의 진보주의자들이 현재의 정치나 경제, 현재의 삶 등, 현재와 관련된 것들에 대하여 무관심한 태도를 보이는 것은 우연한 일이 아니라 그들의 철학적 기초에서 도출되어 나오는 필연적 현상이다. 삶의 기복을 초월하여 '실존(實存)의 정치' 보다 훨씬 광대한 무엇, 즉 '영원히 보다 나은 사회', 혹은 '완전히 정의롭고 경제적으로 평등한 사회' 에 대한 믿음에 기초해 있기 때문이다. 이와 더불어 가능하다면 평등주의적이고 재분배적인 개혁을 선호하는 경향이 현저하다. 문제는 그것이 어떤 것이든 간에 '완전히 정의로운 사회' 나 '빈부차이가 없는 평등한 사회'와 같은 것을 지향하는 정치 비전은 가치관과 이해관계가 치열하게 경합하는 '역동적인 정치(dynamic politics)', 혹은 '경쟁적인 다원주의 정치' 혹은 상대방과 겨루는 '아고니스틱 정치(agonistic politics)'[2]를 절실한 것으로 생각하지 않게 된다는 점에 있다. 또 단순히 경쟁적인 정치의 필요성을 인정하지 않는다는 수준을 넘어서서 아예 낭비적인 것이나 소모적인 것으로 치부한다.

노무현 정부가 각종 개혁 어젠다를 추진하면서 국민적 합의보다 일방적 강행을 철칙으로 삼는 것도 같은 맥락이다. "우리가 많이 고민했으니 긴 말 말고 따라오라"는 폐쇄적 오만이 엿보이는 것이야말로 바로 좌파 진보정치의 논리적 귀결이 아닐 수 없다. 또 부동산관계법과 정책을 입안하면서 헌법처럼 바꾸기 어려운 것으로 만들겠다는 경직된 발상도 같은 의미로 이해된다. 뿐만 아니라 5 · 31 지방선거를 포함하여 갖가지 재 · 보궐선거의 혹독한 패배에도 일희일비하지 않을 정도로 초연한 태도를 보이려는 노력도 집권좌파의 지향이 '역사'에 있을지언정 '현실정치'에 있지 않다는 반증이다. 이처럼 우파 보수정치나 개혁이 '현실형 프로젝트'라면 좌파 진보정치나 개혁은 '완전미래형 프로젝트'의 일종인 셈이다.

여기서 '현재'를 빼놓고 '과거'와 '미래'에 집착하는 한국의 좌파 진보 정치 비전이 문제가 될 수 있는 것은 민주주의가 함의하는 현실주의 정치관과 상치될 가능성이 크기 때문이다. 민주주의가 표방하는 정치 비전의 특징이라면, 국가나 정치는 사회의 구성원들이 '미래'나 '과거'가 아닌 '현재'의 상황에서 갖게 되는 필요와 가치관 및 요구에 '우선적으로' 혹은 '직견적으로(prima facie)' 반응한다는 데서 그 존재이유와 의미를 찾는다는 사실이다. 말하자면 '지금'과 '여기서' 이루어지는 문제와 관심사에 주목하는 '실존주의 정치(existentialist politics)'가 바로 민주정치의 본질이다. 그러나 과거가 비정상적이라고 하여 과거 교정에 집착한다든지 혹은 '이상사회 건설'이라는 거대 담론에 의하여 미래에 초점을 맞춘다고 할 경우, 그것 자체를 문제삼을 필요는 없겠으나 그것이 현실정치에 미치는 파장은 중대한 관심사항이 아닐 수 없다. 즉 '현재'를 소홀히 한다는 점이야말로 좌파 진보주의 정치 비전에서 나오는 하나의 흠결로서, 그것이 민주정치의 의제와 조응할 수 있는지 문제가 되는 것이다. 민주정치란 '미래'나 '과거'에 천착하기보다는 어디까지나 '현재'의 흐름을 존중하면서 가치를 권위적으로 배분하는 어떤 현상이 아니겠는가.

은유적으로 말하자면, 미래에 천착하는 사람은 "어디 두고 보자"라고 말하며 과거지향적인 사람은 "한을 잊을 수 없다"라고 말한다. 현재에 중점을 두는 사람은 "중요한 것은 지금이야, 이 바보야"라고 말한다. 대한민국 과거의 비정상과 기회주의, 분열주의에 회한을 품고 미래의 정의로운 사회건설에 배타적 관심을 갖는 한국 좌파 진보의 초현실주의적 어젠다가 보수주의자들로부터 실사구시가 아니며, '뜬구름잡기'와 같은 어떤 것이라는 강력한 비판을 받은 것은 이러한 맥락에서이다. 동시에 "과거의 열매만 따먹고 미래를 위해 현재에 씨를 뿌리지 않는 집권세력"이라며 냉소적 평가를 받고 있는 논리적 근거도 바로 여기에 있다.

Ⅲ. 한국 진보주의의 두 가지 '가치결핍'

진보주의자들의 담론은 그 호응성이나 대중성은 논외로 치더라도 거대 담론의 성격을 지닌다는 점이 특징이다. 진보의제들은 공론화되는 데 성공했지만, 그 의제들을 관통하고 있는 결함에 주목할 필요가 있다. 우리는 이들 진보 어젠다의 결함과 문제점을 '결여'와 '과잉'의 범주로 나누어 평가하고자 한다. 이번 항목의 초점은 결여의 범주로서, 이와 관련, '헌법적 애국주의'와 '문명사적 가치' 문제가 논의될 것이다.

1. '헌법적 애국주의'의 결핍

민주화 이후 현실정치의 흐름은 우파 보수의 퇴조와 좌파 진보의 도약으로 특징지어질 만하다. 진보가 주도한 정치적 담론은 전적으로 '개혁'으로 요약될 수 있다. '개혁'은 김영삼 정부 때부터 시작된 화두 겸 정치적 어젠다로서 김대중 정부가 들어서면서 본격적으로 추진되었고, 노무현 정부에서 활성화된 좌파 진보정치의 절정을 이루고 있다고 할 수 있다.

1) 386 좌파 진보

오늘날 진보는 '386 진보'라고 해도 과언이 아닐 정도로 그들의 활약은 눈부시다. 이들은 명실공히 1980년대 학생운동을 대변하고 있는 세력이다. 그렇다면 386세대는 어떤 정체성의 세대일까? 386 진보세대의 정체성은 한마디로 다중적이다. 일단 전쟁을 모르는 세대라는 특징을 갖는다. 6 · 25를 체험하지 않았기 때문이다. 또한 경제성장의 혜택을 받으면서 성장해 자신감이 강하다. 민주화를 자신들의 투쟁으로 이루었다는 자부심도 있다. 그런가 하면 학창시절 저항운동에 투신함으로써 대학을 다녔으면서도 문(文) · 사(史) · 철(哲)의 교양과 전문적 지식습

득을 등한히 한 세대이기도 하다. 이들은 민주화 이후 정치권을 비롯한 법조계, 교육계, 언론계, 출판계 심지어 중 · 고등학교 학생들을 위한 논술시장까지 장악하는 등 막강한 '파워그룹' 으로 성장했다. 오늘날 미국에 대한 자주외교, 한국방위의 토착화, 동북아에서의 균형외교론, 같은 민족국가로서 북한에 대한 포용론이 공적 담론으로 부상하고 있는 상황에서 '한국형 자주민족주의' 의 전도사를 자처하는 386 진보세대의 역할은 절대적이다.

하지만 '자주민족주의' 로 무장한 386 진보주의가 대한민국사를 "잘못된 어두운 역사"로 매도하면서 건국의 정당성부터 부정하는 '부친살해(patricide)' 라는 독특한 담론을 통하여 생명력을 얻기 시작했다는 사실은 하나의 아이러니가 아닐 수 없다. 그들은 정부수립은 물론 산업화 등 민주화 이외에 한국이 이룩한 모든 것들을 '성취' 라기보다는 '문제점' 이나 '비정상적인 현상' 으로 판독하고 있다.

민주화 이후의 상황에서 386 진보가 도약기를 맞게 된 이유는 무엇이었을까? 몇 가지로 나누어 생각해 볼 수 있을 것이다. 무엇보다도 한국이 직면한 독특한 지리적 및 지정학적 상황을 그 현저한 이유로 꼽을 수 있을 것이다. 세계적 탈냉전추세에도 불구하고 분단의 냉전상태의 지속은 한국의 좌파 진보에게 초조함과 불안감을 안겨주었고, 이 문제를 풀기 위해서는 북한에 대한 기존의 적대적 인식과 접근방식을 바꾸어야 한다는 절박감에 시달리고 있었다. 그들은 북한을 안보적 관심의 대상보다는 민족주의적 관점에서 보아야 할 필요성을 제기했다. 이러한 인식변화에는 북한의 '우리식 사회주의' 에 대한 '이념적인 친화성(ideological affinity)' 이 주요 요인이었고, 한편 한반도에서 전쟁이 날 경우 한국이 1차적 희생자가 될 수밖에 없을 것이라는 우려도 작용했다.

민주화 이후에 386 진보가 활성화된 두 번째 이유라면 한국이 해방 이후부터 견지해 왔던 미국과의 '특별한 관계'에서 비롯된 것이라고 할 수 있다. 한미동맹에 의해 한국에 5만 명의 병력을 주둔시키고 있는 미국은 '해방자'이면서도 '점령자'이고 '수호자'이면서도 '분할자'라는 독특한 역할모델로 인식되었다. 미국은 '보호자'이고 '동맹자'이면서 '경쟁자'이기도 하고 또 '억압자'이기도 했으며, 한편 이 모든 것들을 하나로 묶은, 이른바 '야누스'와 같은 존재였다. 반세기 이상 지속되고 있는 한미동맹관계의 복합적 성격을 볼 때, 동반자관계와 억압관계, 복종, 감사와 질투, 우호관계와 경쟁 등 애증의 요소가 섞여 있었던 것은 당연한 일이다. 그러나 미국은 '좋은 것'이라는 인식만을 가지고 살았던 기성 우파 보수와 달리 젊은 좌파 진보에게 미국은 '좋은 것'과 '나쁜 것'을 가지고 있는 이율배반적인 존재, 혹은 '좋은 것'보다 '나쁜 것'을 더 많이 가지고 있는 위선적 존재로 투영되기 시작한 것이다. 특히 386 진보세대에게 미국은 인권이나 공정성 등 '자유민주주의적 가치의 기수'라기보다는 우월한 힘을 바탕으로 자국의 국가이익을 약자에게 강요하는 '제국주의자'로 보여졌다. 한국의 안보를 보장함으로써 경제발전과 민주화를 가능케 한 '시혜자'라기보다는 5 · 18 광주민주화 운동을 억압한 군부정권과 결탁한 세력, 혹은 북한에 대한 한국의 포용정책에 동참하지 않음으로써 남북화해와 통합 및 협력을 방해하는 배후세력이라는 인식이 퍼져나갔다.

마지막으로 386 진보 생명력의 가장 중요한 요인으로 들 수 있는 것은 청산되지 않은 친일잔재와 단독정부 수립 등 광복 60년이 될 때까지 해결되지 않은 미완결의 '국가적 어젠다'가 남아 있다는 문제의식의 광범위한 확산이었다. 좌파 진보주의자들은 기성 보수세대의 건국과 산업화에 관한 인식과 평가를 크게 문제삼았다. 대한민국의 정통성과 국가정체성에 대하여 본격적으로 문제제기를 한 386 진보세대야말로 반공주의나 권위주의 유산은 물론, 그보다 훨씬 거슬러 올라가는 친일유산이나 친미주의와도 '포괄적'이며 '조직적'으로 대결한 세대라고 평가할 수 있을 것이다. 이들은 산업불모지에서 맨손으로 '한강의 기적'을 일구어내는 데 주도적 역할을 했다는 자부심을 가지고 있는 자신들 부모세대의 자기 만족에 대하여 냉소적이었다. 그런가 하면 안보의 보장자로서 미국과의 동맹관계에 대하여 불신을 표시하는 한편, 한반도 적화를 포기하지 않아 지속될 수밖에 없었던 북한과의 적대적 관계에서 불가피한 것으로 인식되었던 반공주의를 혐오하였다. 뿐만 아니라 군부권위주의 정치나 권위주의 질서에 대하여 취했던 보수세대의 묵인이나 침묵을 비굴한 것으로 단정하였다.

한걸음 더 나아가 386 좌파 진보는 한국이 그동안 이룩해 놓은 근대화의 가치가 사실은 친일, 반공, 반북, 친미, 왜곡된 산업화를 교묘하게 결합해 놓은 것에 불과한 것이라고 주장하면서 그 가치를 평가절하하였다. 그들은 민주화 시대를 맞아 '절차민주주의(procedural democracy)'의 복원이나 '민주주의의 공고화(consolidation of democracy)'에 힘을 쏟기보다는 기존의 친일 · 친미 · 반북 보수주의 패러다임의 변혁을 요구하는 대안세력으로 자처하였다. 그 화두는 민족주의였다. 권위주의, 친미주의, 보수주의로 특징지어지는 기존의 질서체제를 탈권위적 진보주의, 반미민족주의 및 친북민족주의로 대체하겠다는 것이 그들의 목표였기 때문이다. 이처럼 민주화 이전까지 우파 보수가 안주해 왔던 패러다임에 대한 좌파 진보의 문제제기로 인하여 민주화 이후에 한국사회에서는 심각한 이념적 논쟁과 세대 간 갈등이 촉발되었다.

2) '헌법적 애국주의'와 '공적 이성' 및 자유적 가치들

민주화 이후 권력의 흐름을 주도한 386 좌파 진보주의자들의 입장을 어떻게 평가할 것인가? 좌파 진보 개혁주의가 민주화 이후 활성화된 데는 분명히 '시대적 요청' 이나 '시대정신' 과 같은 것이 있었다고 생각한다. 이들이 건국이나 산업화를 비판적으로 바라보고 개혁을 외친 것은 그 모순점과 더불어 치유책도 찾아냄으로써 한국을 '정상국가' 로 올려놓아야한다는 절박감이 작용하고 있었기 때문이다. 하지만 이들이 건국과 산업화와 관련, 문제를 제기하고 개혁을 외치는 과정에서 나타난 하나의 현저한 경향은 이른바 '헌법적 애국주의' 가 결여되어 있다는 사실이다.

'헌법적 애국주의(Verfassungspatriotimus, constitutional patriotism)' 란 무엇인가. 하버마스(J. Habermas)는 피나 땅보다는 헌법에 기초한 자유주의적 가치에 대한 충성을 '헌법적 애국주의' 라고 규정한 바 있다. 이 개념은 롤즈(J. Rawls 1993)가 말하는 '공적 이성(public reason)' 의 범주에 포함되며, '중첩적 합의(overlapping consensus)' 의 근거가 된다. 이 '공적 이성' 을 통해 '순리적 다원주의(reasonable pluralism)' 에 근거한 자유민주주의 공동체 구성원들의 합의가 가능하다는 것이 롤즈의 생각이다. '헌법적 애국주의' 는 '공적 이성' 의 개념과 아울러 서구 민주주의 못지않게 한국에도 별 무리 없이 원용될 수 있는 가치평가적 개념이라고 생각한다. 한국의 경우, '헌법적 가치' 를 말한다면 전형적으로 자유와 민주주의, 인권 및 시장경제를 들 수 있을 것이다. 그렇다면 386 진보세대는 이들 '자유적 가치(liberal values)' 를 어떻게 받아들이고 있는가? 그들은 권력을 잡기 이전부터 민주주의와 자유의 가치, 인권 및 시장경제를 이해하고 받아들인다고 공언해 왔지만 정작 그들이 받아들이고 있다고 주장하는 민주주의와 자유, 인권 및 시장경제는 대한민국 헌법에 기초하고 있는 '헌법적 핵심 가치(constitutional essentials)' 에 대한 공감과 수용 및 헌신에서 기인한 것이라기보다는 '임기응변' 과 '기회주의' 및 '전략적' 성격이 강하다. 군부권위주의 세력과의 투쟁에서 살아남고 혹은 승리하기 위해 진정성이나 '소울' 없이 '임기응변' 으로 차용하거나 '기회주의' 나 '전략적 행위' 를 통해 체득한 가치 이상의 의미를 투영하고 있지 못하기 때문이다.

386 진보가 이러한 '헌법적 가치' 나 '자유적 가치' 와 괴리를 보이는 이유는 무엇인가? 그들이 1980년대의 민중운동과 학생운동을 벌이면서 흡입했던 민중민주주의나 주체사상, 반자본주의로 특징지어지는 이념적 성향은 뿌리깊은 것이었기 때문이다. 따라서 헌법을 수호하겠다고 서약하며 권력을 잡은 후에도 1980년대의 비전을 버리지 못한 채 오히려 개혁의 이름으로 그것을 정당화 내지 심화시키는 데 안간힘을 써왔다. 여기서의 문제는 그들이 내세우는 개혁 어젠다에는 '헌법적 가치' 에 대한 존경이나 승복보다는 억압, 투쟁, 해방이라는 세 가지 주제로 움직이는 변주곡과 같은 '사회주의 이념' 과 그와 유기적으로 결합된 '통일민족주의' 에 대한 집념이 돋보인다는 점이다. 따라서 그들은 인권이나 민주주의의 기수로 자처하고 또 '자주민족주의' 에 대한 자긍심도 넘쳐흘렀지만 헌법에서 나오는 '자유적 가치' 에 대한 헌신이나 애착과는 관계가 없었다.

특히 운동권 386은 시대가 변했는데 '성찰하는 386' 이 되지 못했다. 이제 386은 시대가 변했음을 알아야 한다. 시대가 변했으면 자신도 변해야 한다. 봄이 왔는데 겨울외투를 계속 껴입고 있는 사람이 있는가. 그들은 민주화를 이루었다는 자부심에 취하기보다 무엇이 자신들에게 부족했는지를 성찰해야 한다. 성찰할 거리는 많다. 우선 자신이 누리는 특혜와 특권이 어디서 나왔는지를 생각해야 한다. 건국과 산업화가 없었던들 어떻게 오늘의 입신양명이 가능했겠는가? 그들은 학생시절 데모와 시위로 일관하는 나머지 문 · 사 · 철의 전통과 교양을 배우지 못했거나 흡입하지 못했으며 헌법적 가치의 소중함을 몰랐다. 다만 독재가 나쁘다는 것만을 알았을 뿐, 남한의 독재와 북한의 수령체제가 얼마나 질적으로 다른지 알지 못했다. 그렇기에 386에게는 북한의 '우리식 사회주의', '유훈통치', 심지어 '선군정치'에 대한 환상도 남아 있다. 1980년대의 저항적 지식패러다임에서 한발자국도 나아가지 못했으면서도 민주화가 그들의 지적결손이나 주체사상의 편력까지 '세탁'할 수 있다고 생각하고 있다면 착각이다. 대한민국의 건국과 산업화는 비판하면서 북한의 반인권적 전제정에는 우호적이었다면 분명 잘못이다. 그럼에도 386 가운데 소수만이 주체사상이 잘못되었다고 고백했을 뿐, 나머지는 말이 없다.

뿐만 아니라 이 '헌법적 애국주의'의 결여는 민주화 이후 정치권력을 장악하게 된 진보주의자들로 하여금 나라를 경영하는 데 있어 점차 두려움을 갖는 것을 잊어버리게 만들게 된 것 같다는 느낌을 떨칠 수 없다. '헌법적 가치'나 '입헌주의', '정치적 금기사항'에 대한 의식이 실종되었다는 의구심을 가질 만한 사태들이 집권진보가 주도하는 담론과 정치현장에서 자주 벌어지고 있기 때문이다. 과거의 억압적인 보수정권과는 달리 '선출된 권력'이기 때문에 개혁의제를 설정하면 그 목적이 '절대선'이므로 어떤 일을 하더라도 헌법적 가치에 의하여 제약을 받을 필요가 없다는 이른바 '마키아벨리적 사고'에 함몰되기에 이른 것이다.

헌법재판소가 행정수도 이전을 위헌적인 것으로 판정하자 그 결정을 존중하기보다는 보수성향의 재판관들이 다수이기 때문에 그런 결과가 나온 것이라고 여당 국회의원들이 공격하고 나서는 사태가 벌어졌다. 권력의 '핵심적 이익' 앞에는 헌법을 수호하는 최후의 보루로서 헌법재판소의 권능에 대한 존경심도 창백해진 것이다. 또 한동안 장기 공석사태를 빚어왔던 헌법재판소장의 문제도 집권진보의 '헌법적 가치'에 대한 몰이해 때문에 초래된 것으로 보인다. 그밖에도 인사문제, 부동산 문제, 교육문제 등 거의 모든 문제에서 헌법은 정치적 판단의 핵심적 기준이 되지 못했다. 사실 최근 보혁갈등의 쟁점이 된 많은 문제들은 진보주의자들이 '헌법적 가치'에 대한 존경심 혹은 헌법에 대한 두려움 없이 단순히 정치를 '가능성의 예술(art of the possible)'로만 접근하고 있기 때문에 초래된 현상이라고 보수주의자들은 생각하고 있다.

2. '문명사적 가치'의 결핍

북한에 대한 비교적 유연한 전략적 사고는 진보주의자들의 이니셔티브에서 비롯된 것이다. 북한은 같은 민족이면서도 예측불가능한 방식으로 나라를 운영해 왔다. 북한이 미사일을 발사하고 핵실험을 할 정도로 핵문제에 대하여 그토록 집착하고 있는 모습을 보면 '불량국가'나 '비정상국가'의 원형을 보는 듯하다. 이와 관련, 많은 의견과 추측 및 분석들이 난무하고 있으나 그 이유가 어떻든 북핵문제처럼 한반도가 직면해 있는 독특하면서도 시대착오적인 상황을 적나라하게 반영하고 있는 현상도 없을 것이다. 이미 오래 전에 세계는 탈냉전시대에 진입했는데 유독 한반도만 냉전상태에서 벗어나고 있지 못한 것이다.

1) '민족공조'와 유화정책

2000년 6 · 15 남북정상회담은 대북화해협력정책이 본격화되는 계기를 마련한 정치적 사건이었다. 정상회담 이후에 전개된 남북 간에 경제 · 문화 및 인적 교류분야에 있어서는 나름대로 진전이 이루어지기도 했다. 개성공단이나 이산가족 상봉, 비료 및 식량지원 등이 그 현저한 사례들로 꼽힌다. 하지만 그럼에도 불구하고 포용정책이 보혁갈등의 핵심이라고 할 만큼 우파 보수로부터 신랄한 비판의 대상이 되고 있는 이유는 무엇인가? 나그네의 외투를 '강풍' 으로 벗기느냐 아니면 '햇볕' 으로 벗기느냐 하는 식으로 바람과 해가 경쟁했다는 이솝우화의 이야기를 한 국가의 정책기조로 삼으며 요지부동의 철칙으로 옹호해 왔기 때문이다. 이를 조금이라도 반대하거나 문제를 제기하는 보수에 대하여 '냉전세력' 이니 '수구' 니 하며 몰아세웠다. 물론 그 결과는 참담했다. 북한의 미사일발사와 핵실험은 대북정책의 총체적 실패를 입증하는 것이기 때문이다. 사실 햇볕정책이란 햇볕도 보낼 수 있고 강풍도 보낼 수 있는 힘을 가진 우월한 상황에서 정부가 반정부 게릴라와 같은 반란세력을 평정하고자 할 때 실효성이 있는 것이지, 자신을 지킬 능력도 있고 또 결의도 충만한 북한과 같은 주권국가에는 무용지물이다. 개성공단이니 비료 및 식량지원 등 남한이 할 수 있는 데까지 다 해놓고 생명의 위협까지 당하고 있는 현실에 대하여 보수는 절망하고 있는 것이다. 포용정책의 결과 한반도에서 전쟁의 위협이 줄어들었다고 자랑해 온 진보 대북정책자들이 문제점을 지적해 온 보수주의자들을 일부러 속인 것이라고 말하기는 어렵겠지만 스스로 속은 결과가 된 것이다.

대북포용정책의 문제점은 그것이 심화되면 심화될수록 남한이 '수동적 입장' 이 되고 반대로 북한이 '주도적 입장' 이 되는 역설적 결과를 초래하고 있다는 점에 있다. 여기에는 "남북관계만 잘 되면 다른 것은 깽판쳐도 된다"는 심리가 단순히 노무현 대통령의 마음뿐만 아니라 좌파 진보의 사고안에 자리 잡고 있기 때문이다. 따라서 대북관계에서 여유있게 기다리거나 밀고 당기고 하면서 남북관계를 유연하게 통제할 수 있는 이니셔티브를 가지지 못한 것은 집권 좌파 진보의 '자주민족주의' 에서 비롯된 실패라고 할 수밖에 없다. 북한은 이 사실을 정확하게 꿰뚫고 있었기 때문에 남한의 지원을 받으면서도 지원의 규모와 시기, 방법을 자신들이 당당하게 일방적으로 결정하는 상황이 되었다. 남한의 지원을 받아주는 것이 남한 정부에 대한 하나의 협상 레버리지가 된 것은 아이러니가 아닐 수 없다.

집권진보가 주도한 대북포용정책의 거시적 방향이 틀렸다고 단언할 수 있는지는 불분명하지만 그 이상의 평가를 하기란 힘들다. 정책추진의 방법과 전략은 민족 전체의 장기적 이익보다 정권의 단기적 이익 극대화에 집착하는 오류를 범했기 때문이다. 다시 말해 대북정책과 대내정책을 유기적으로 연계한 것이 오늘날 대북문제나 핵문제가 난마처럼 얽히게 된 결정적 화근이 되었다고 할 것이다. 이러한 수세적 상황 때문에 처음에는 상대방에 대하여 일방적으로 협력하더라도 그후부터는 상대방의 협력적 행동에 대하여 보상하고 나쁜 행동에 대하여 제재하는 등 남북 간에 기본적으로 견지해야 할 이른바 '티포태(tit for tat)'와 같은 '상호주의'를 지킬 수 없었으며, 일방적으로 북한에 끌려다니는 상황에 직면하게 된 것이다.[3] 그 결과 진보주의자들은 '대북포용정책'이 '대북유화정책'으로 변질되었다는 보수주의자들의 비난으로부터 자유로울 수 없었다. 따라서 대북포용정책이 비겁한 '유화정책'이 아니라 한국이 주도권을 쥔 '능동적 포용정책'임을 보여주는 것이 지금 이 시점에서 진보주의자들에게 가장 시급한 일이다.

2) '세계사적 가치'와 '문명사적 가치들'

이번에는 보다 본질적으로 대북포용정책을 추진해 나가는 데 좌파진보가 간과해 왔던 원칙과 가치관 및 철학의 문제를 점검해 보자. 남북한 간의 관계개선과 통합과정은 '몰가치적(沒價値的)인' 단순한 평화정착이나 화해협력을 일구어내는 데 초점을 맞추기보다 '문명사적인 흐름과 가치'에 적극 조응해야 한다는 점이 중요하다. 즉 남북한 간 협력과 화해는 국제공동체에서 존중되는 보편적 기준과 가치에 '상치' 되는 방향이 아니라 '합치' 되는 방향으로 진행되어야 한다는 의미이다. 오늘날 국제공동체에서 '문명사적 패러다임' 으로 정착되어 있고 이심전심으로 공유하고 있는 가치들이 있다면 무엇인가? 두말할 나위없이 대량살상무기의 확산 금지, 시장경제, 인권, 민주주의 등을 들 수 있을 것이다. 이 사실이 각별히 중시되어야 하는 이유는 남북 간 화해나 협력 및 통합이 명시적으로 이러한 보편적 가치와 문명사적 기준에 '친화적인' 방향으로 진행되지 않으면 국제공동체에서 남한과 북한이 함께 고립되거나 따돌림을 받는, 이른바 '불량국가' 로 동반추락할 위험이 있기 때문이다. 한국의 경제력이 세계 제11위권이라고 하지만, 그 능력을 볼 때 북한의 경제를 재생시키고 주민들의 삶의 질을 일정수준으로 보장하는 데는 턱없이 부족하다. 이 사실에 관한 한, 특히 독일이 반면교사라고 할 수 있을 것이다. 따라서 우리는 미국과 일본, 유럽 등 경제력과 정치 · 외교력이 막강한 서방국가들과 국제공동체의 도움 없이 한국 자력만으로 성공적인 북한경제 회생이나 평화정착을 이루어내기가 어렵다는 점을 진보주의자들은 알아야 할 것이다.

이러한 관점에서 볼 때, 남북관계와 한미동맹 또는 민족공조와 국제공조를 '제로섬' 관계나 서로 상반되는 관계로 조망하는 시각은 남북문제나 북한핵문제의 본질을 올바로 파악하고 있는 것이 아니다. 국제공동체와의 협력은 우리 민족의 통합과 생존 및 번영에 있어 '필요조건' 인 동시에 '충분조건' 이다. '닫힌 민족주의' 가 아니라 '열린 민족주의' 가 요청되는 것도 바로 이 때문이다. 상호주의가 적절하게 가미된 실용적이며 유연한 '국익민족주의' 가 아니라 감상적이고 감정적인 '통일민족주의' 나 근본주의 성향의 '자주민족주의' 를 내세우며 남북문제를 접근한다면 민족의 활로를 찾기는커녕 오히려 스스로 걸림돌을 조성하는 결과를 초래할 수도 있다. 같은 맥락에서 햇볕정책이든 대북포용정책이든 한국 혼자서 할 수 있는 것이 아니다. 능력도 부족하고 여건도 여의치 못하다. 문제의 관건은 결국 국제공동체를 어떤 방식으로든지 설득해서 우리의 포용정책에 끌어들이느냐에 있다. 그것이 가능할 때 비로소 대북포용정책은 성공할 수 있기 때문에 국제공조가 필수적이라는 사실을 간과해서는 곤란하다.

3) 한미동맹

한미동맹은 대한민국 외교의 기본축이었다. 또한 지난 반세기 냉전 대결구조에서 한국에 시장경제와 자유민주주의가 발전할 수 있도록 '안보우산'을 제공해 준 것도 한미동맹이다. 미국과 동맹관계를 맺은 어느 나라를 보아도 한국처럼 그렇게 괄목할 만한 경제성장과 민주발전을 일구어낸 나라를 찾아보기 힘들다. 그럼에도 한편 요즈음처럼 한미동맹의 의미에 대해 진보와 보수가 갑론을박을 벌이며 고민했던 시기도 없었던 것 같다.

생각해 보면 한미동맹은 지난 50년간 대한민국의 존립과 번영을 가능하게 했던 '등뼈(backbone)'와 같은 것이었고, 한일관계나 한중관계와 같은 다른 대외관계는 보완적이며 보조적인 역할에 머물렀다. 물론 국제환경이 달라지면 동맹의 목표도 달라져야 한다. 동맹은 '국가이익'을 위해 상호 간에 맺는 것이기 때문이다. 국가이익(national interest)이란 '항구적'이기보다는 시대상황에 따라 달라지는 '유동적인' 것으로 한미동맹도 여기서 예외는 아닐 것이다. 그러나 동맹을 지킬 것인가 아니면 허물 것인가 하는 문제는 감상적 '통일민족주의'나 '이념적 친북주의'보다는 냉철한 국익판단 위에서 이루어져야 한다.

현재 대북문제에 있어 한미 간에 시각의 차이가 있는 것은 사실이다. 한미 양국은 혈맹이며 동맹국이기는 하지만 그 양국이 그동안 직면하고 경험해 온 국내외적 정치 · 안보환경이 상당 수준 상이하기 때문에 양 국가의 국가이익에 있어서 편차가 있다는 것은 자연스러운 현상이기도 하다. 한국에 있어서는 1990년대 후반 이후 문명사의 흐름에서 낙후되어 있었던 한반도 냉전갈등 상태를 벗어나 어떻게 화해협력과 평화통일로 나아가느냐 하는 문제가 주된 관심사였다. 그 결과 구체화된 것이 대북포용정책이다. 미국의 국가적 관심사는 달랐다. 특히 최근 알카에다에 의한 충격적인 9 · 11 테러 공격 이후 테러 방지와 이를 위한 전 세계적인 민주주의 확산이 국가의 '핵심적 이익(vital interest)' 으로 부상했기 때문이다. 하지만 이런 차이가 있다고 해서 한미동맹이 그 존재의미를 상실하는 것은 아니다. 지금이 바야흐로 냉전이 종식된 탈냉전시대라면 앞으로 다가오는 21세기에 한미동맹은 한반도의 탈냉전화를 이끌어내고 평화를 정착시키는 데 중요한 버팀목과 도구가 되어야 한다.

이 시점에서 우려되는 것은 좌파 진보주의자들이 거론하는 "대미자주냐 아니면 대미의존"이냐 하는 문제제기 방식이다. 이것은 전형적으로 근본주의 성향의 공리공론화의 방식에 다름아니다. 우리는 북한핵, 전시작전통제권, 한미 FTA문제 등에 대하여 이런 방식으로 물음을 제기하고 해법을 추구하기보다는 국가이익과 민족이익을 극대화하는 방향에서 접근해야 한다. 한반도 주변에 강대국들이 엄존함으로써 한국이 고립된 상태로 '정치적 자주' 와 '경제적 번영' 을 도모하기 어려운 지정학적 상황에 처해 있는 현실을 직시한다면 "자주냐 의존이냐"보다 "국리민복(國利民福) 의 본질이 무엇이냐" 혹은 "부국강병(富國强兵) 의 지름길이 무엇이냐" 하는 문제가 핵심적 사안이 되어야 한다. 따라서 '자주국방' 이니 '균형외교' 니 하는 공허한 감상적 민족주의 수사로 한미동맹이라는 안보중추를 흔들거나 한미동맹을 '계륵(鷄肋)' 과 같은 것으로 만들어서는 곤란하다.

Ⅳ. 한국 진보주의의 두 가지 '가치과잉'

"과하면 부족함만 못하다"는 고전적 준칙이 있다. 진보주의자들은 민주화 이후 담론형성과 의제를 주도했지만 결핍된 부분 못지않게 과잉부분이 있었다. '과잉'에는 절제가 요구된다. 더욱이 집권진보는 의제설정을 할 수 있는 특권적 입장에 있기 때문에 자기 절제는 더욱 필요하다고 할 수 있다. 특히 두 가지 성향을 중심으로 과잉부분을 짚어가고자 한다.

1. 이상주의를 넘어선 '초현실주의' 과잉

민주화 이후 진보주의자들은 '개혁'을 외치며 권력을 잡았고, 또 권력을 잡은 다음에도 "첫째도 개혁, 둘째도 개혁" 하는 식으로 끊임없이 개혁을 외쳐왔다. 하지만 개혁 어젠다마다 심각한 보혁갈등을 야기했을지언정 제대로 이루어진 개혁이 없었다. 그 이유는 무엇인가?

1) '창조적 파괴'보다 '파괴적 파괴'로 나타난 개혁의제들

진보개혁의 실패는 진보주의자들의 독특한 정치 비전에서 비롯된 것으로 보여진다. 무엇보다도 진보주의자들은 현실정치의 성격에 대하여 그다지 고민하지 않는 입장이다. 어떤 이상이나 추상적 구호든 신념으로 변환시키기만 하면 일정한 정치적 역동성을 발휘할 수 있다고 믿고 있기 때문이다. 그러나 그것은 자칫하면 엄연한 정치현실을 외면하는 '초현실주의 행동'이 된다는 것이 문제이다. 정치란 무엇인가? 정치가 이상(理想)을 향하여 나아가는 성격을 지니고 있는 것은 사실이지만, 그렇다고 해서 '역사에 잠들기'를 원하거나 '역사에 기억되기'만을 고집한다든지, 혹은 선거결과에 초연한 듯한 모습을 보일 정도로 지나치게 '꿈'에 취해 정치의 현실성을 간과하거나 경시한다면 심각한 결과를 초래한다. 집권진보는 바로 이런 모습을 보인 것이다.

현실정치의 중요한 기능 가운데 하나는 두말할 나위없이 '통합', 즉 '묶는 것'이다. 그럼에도 개혁을 통해 잘못된 과거를 바로잡고 현실을 바꾸어야 한다는 생각에 사로잡혀 있던 노무현 정부의 집권진보에 있어서는 정치와 사회의 다양하거나 심지어 상호 모순적인 움직임을 '통일된 전체'로서 유기적으로 일관성 있게 묶으려는 노력이 없었다. 진보주의자들은 자주 박정희의 유신체제를 '파시즘'이라고 비판해 왔다. 나쁜 뜻으로 쓰이는 '파시즘(fascism)'이라는 말의 라틴어 어원적 의미는 '묶는다'는 뜻이다. 물론 권위주의 시대에는 이 '묶는 것'에 대하여 과도하게 집착한 나머지 획일적이고 억압적인 방식을 사용함으로써 일부 진보로부터 '파시스트'라는 비아냥을 듣는지 모른다. 그렇지만 민주화 시대에 들어와 '묶는 것'의 문제는 정치를 하는 사람들이면 제일 먼저 관심을 가져야 할 어젠다이다. 민주화는 가치와 이익의 다양화를 보장할 뿐만 아니라 촉진함으로써 갈등의 투명화와 공개화를 초래하기 때문이다.

문제는 진보주의자들이 '통합'을 소홀히 했을 뿐만 아니라 오히려 '분열'을 의도적이며 전략적으로 조장하고 이용한 측면이 농후하다는 점이다. 사실 집권진보는 '통합적 어젠다' 보다 '분열적 어젠다' 를 내놓기 일쑤였다. 부동산 문제, 경제양극화 문제, 노사문제, 교육정책에서 보듯이 구성원들을 '강자' 와 '약자', '가진 자' 와 '못 가진 자' 로 양분하고 이분법적 선택을 강요해 왔다. 이러한 분열정책은 다분히 "나누어 다스려라(divide et impera)"라고 하는, 이른바 '분할(分割) 지배' 의 고전적 준칙을 상기시킬 정도로 정략적인 것이었다. 전시작전통제권 문제와 같은 쟁점을 예컨대 "자주냐 아니면 의존이냐" 하는 식의 민족주의 문제로 단순화하면, 집권진보의 저조한 지지율과는 관계없이 '민족' 과 '반민족' 이라는 양자택일의 문제로 귀결시켜 단번에 박빙의 승부로 바꾸어 놓을 수 있다고 계산한 듯하다. 하지만 국가경쟁력의 순위는 추락하고 중국의 동북공정, 일본의 우경화 등 국제정세는 긴박하게 돌아가는데, '진보형 초현실주의' 에 빠져 '통합적 어젠다' 는 안중에 없이 '분열적 어젠다' 에만 몰두하여 정치적 이득을 취하려고 한다면 책임 있는 집권진보의 도리로 평가받기 어려울 것이다.

진보가 주장하는 개혁이 그 자체로 시대착오적인 발상은 아니다. 한국이 선진공동체로 도약하는 데 있어서 각종 개혁을 절실히 필요로 하고 있는 것은 사실이다. 그러나 개혁을 추진하는 데 있어서 이른바 '단서조항(proviso)' 과 같은 것이 있다는 사실을 소홀히 한 것이 진보의 실책이었다. 새로운 정책, 새로운 제도, 새로운 법, 새로운 조직들을 위한 구체적이고 창조적인 계획과 행동이 완비되고 그들을 추진하는 가운데 낡은 멍에와 질곡이 서서히 파괴되어 나가는 방식의 '창조적 파괴(creative destruction)' 라면 보수주의자들이 그렇게 질색을 했을 리도 없다. 그러나 보수주의자들이 크게 우려했던 부분은 집권진보의 개혁이 질서와 전통, 제도 등 단순히 기존의 것이었다는 이유만으로 파괴에만 역점을 두는 '파괴적 파괴(destructive destruction)' 에 불과하다는 점에 있었다.

파괴는 있되 새로운 희망은 보이지 않아 개혁이라고 믿었던 것이 공허한 실체를 드러내고 있기 때문이다. 이것은 농지개혁이건 혹은 재벌개혁이건 집권보수가 과거 건국과 산업화시기에 감행했던 '창조적 개혁' 과 대비되는 것이다.

2) 주목받는 '박정희 담론'

상기 논의와 관련, 최근 주목을 받고 있는 '박정희 담론' 을 반추해 볼 필요가 있다. 진보주의자들이 가지고 있는 비현실적이며 심지어 초현실주의적인 정치 비전에 중요한 '안티테제' 의 함의를 가지고 있기 때문이다. 요즈음 박정희를 다루는 많은 책과 논문들이 쏟아져 나오고 있을 뿐만 아니라 학계에서도 그에 대한 논쟁은 뜨겁다.[4)]

'박정희 담론' 의 실체는 무엇인가? 정치와 권력에 관한 집권진보의 비전에 많은 사람들이 실망하고 싫증을 내고 있는 것이 주요 원인이라고 생각된다. 그동안 전통적인 '박정희 담론' 의 내용은 비교적 우리에게 친숙한 것이었다. 정치는 죽이고 경제는 살렸다든지, 민주주의는 후퇴했는데 경제는 기적을 만들어냈다는 것이 바로 그것이다. 그래서 한동안 '박정희 담론' 은 경제개발과 민주주의에 대한 관계를 정립하는 데 맞추어졌다. 진보의 비판적 시각은 민주주의의 퇴영(退嬰)을 겨냥하고 있었다. 민주주의와 경제개발을 적어도 동시에 추진할 수도 있고 혹은 경제개발보다 민주주의를 선행시킬 수도 있었는데 왜 못 했냐는 것이다. 민중부문에 대하여 억압과 배제를 강요한다면 누군들 경제개발을 못 하겠느냐 하는 시각도 한동안 유행했다. 그러나 이에 대한 보수의 반론도 힘을 얻고 있다. '선(先)경제개발 · 후(後)정치발전론' 으로 특징지어지는 박정희의 선택은 선견지명을 가진 탁월한 선택이었다는 것이다. 또 독재를 한다고 해서 경제개발을 성공시킨 사례는 거의 없다는 것도 진

보가 대답하기 어려운 부분이다.[5)]

그러나 지금 부상하고 있는 '박정희 담론'의 핵심은 민주주의와 산업화에 대한 관계보다는 정치의 본질에 관한 문제이다. 우리는 민주화 이후 각종 자유와 권리에 익숙해졌고 또 선거민주주의를 통해 5년마다 정권교체를 이루며 개혁을 약속한 진보주의자들이 10년에 걸쳐 권력을 행사하는 등 민주화가 공고화되는 단계에 진입해 있다. 역설적인 것은 그러한 민주주의의 결실이 풍요로움과 만족감을 주기보다 오히려 "정치란 무엇인가" 하는 절박한 질문을 제기하게 만드는 계기가 되었다는 사실이다. 민주화 시대 이후 권력을 잡은 진보주의자들은 '참여민주주의'니, '토론민주주의'니, '분권(分權)'과 '협치(協治)'와 같은 매력적인 개념들을 대량으로 만들어내기는 했지만 정작 정치의 본질은 실종된 것 같다는 보수의 비판으로부터 자유로울 수 없었다. 지금의 진보정치는 누가 뭐래도 비현실적인 이상과 꿈, 소신을 내세우고 사람들을 끌어모으는 '마케팅 정치'이다. 감성이든 이벤트든 무슨 방법을 써서라도 유권자들로부터 멋있게 보이고 표를 얻는 '이미지 정치'가 어느 새 정치의 본질이 된 것이다.

박정희는 거버넌스의 본질이 먹고 살게 해주는 일에 있다고 믿었다. 잘 살게 해주는 것이 정치의 '효과'가 아니라 정치의 '본질'이라고 파악한 것이다. 정경분리(政經分離)에 익숙한 시각에서는 흔히 먹고 사는 문제는 경제영역으로 치부하고 정치는 개혁의 문제, 권력유지의 문제 혹은 정의집행의 문제라고 이해한다. 물론 정치를 경제와 따로 떼어서 생각했던 고전적 비전이 없었던 것은 아니다. 고대 아테네 사람들이 이해했던 정치의 본질은 토론과 협의였고, 또 웅변이고 수사였다. 그래서 정치는 여가를 가진 성인 남자들의 활동무대였다. 경제는 노예나 여자들의 일이었던 것이다. 이미 어원부터가 그렇다. 영어 economy의 어원이 된 경제는 집을 의미하는 oikos와 nomos의 합성어이다. 오늘날의 언어로 하면 '가정경제'인 셈이다. 이에 비하면 정치를 뜻하는 politics는 국가를 의미하는 polis에서 나온 것이다. 국가공동체에 관한 관심사로서 정의나 거대 담론을 말하고 추상적인 이상(理想)과 고담준론(高談峻論)을 전개하는 것을 정치의 영역으로 파악한 것이다.[6] 아마도 21세기의 한국의 진보주의자들은 본의 아니게 그런 정치 비전을 이어받고 있는지 모른다.

박정희는 그런 거버넌스의 비전을 바꾸었다. 정치의 존재이유는 공허한 말과 명분 및 비현실적 이상으로 국민들의 기대를 부풀리는 데 있는 것이 아니라 사람들의 현실적 필요를 직시하고 배고픔을 채워주는 데 있다고 본 것이다. 그럴싸한 말만 하는 것, 이상과 개혁만 부르짖는 것, 사람들의 표심만 잡으려고 이미지 관리에 '올인'하는 것, 그런 것들은 정치의 '주변머리'일지언정 '속알머리'는 아니라고 생각한 것이다. 따라서 '박정희 담론'을 둘러싼 공방은 '형이상학적(形而上學的) 정치 비전'과 '형이하학적(形而下學的) 정치 비전'의 대비가 아니라 '비현실적인 이상정치'와 '실사구시의 현실정치'의 대립으로 보아야 할 것이다.

'박정희 담론'이 유행하는 또 다른 이유가 있다면 진보 리더십에 관한 함의일 것이다. 리더십 문제와 관련, 플라톤은 『이상국가』의 한 대목에서 의미심장한 말을 하고 있다. "용기나 지혜는 국가의 어느 한 부분에만 있어도 그 국가를 용기 있는 국가나 지혜 있는 국가로 만든다." 이 점에서 주목할 것은 '지혜로운 국가'나 '용기 있는 국가'를 만들기 위해 요구되는 소수 엘리트 혹은 리더의 역할이다. 박정희는 절체절명의 국가적 상황에서 평균수준을 훨씬 넘어가는 탁월한 리더십을 발휘한 것으로 평가받는다. 이 점은 박정희 비판자나 지지자 모두 공감하는 부분이다. 이런 지도자와 리더십에 대한 시대적 요구와 국민적 욕구를 지금 집권진보가 충족시키고 있지 못하기 때문에 '박정희 담론'은 매슬로우(A. Maslow 1970)의 용어로 표현하면 정치공동체의 이른바 '결여욕구(deficiency needs)'를 대변하는 측면이 있다고 할 것이다.

민주화가 된 다음 진보와 보수는 '포스트 민주화'의 담론과 실사구시적 이상(理想)에 굶주려 있다. 그것은 '민주화'라는 하나의 국가적 어젠다가 실현된 다음에 느끼는 허무함에서 비롯된 것으로, 그리스 신화에 나오는 시지프스가 산 정상에 돌을 올려놓은 다음 그 돌이 굴러 떨어짐으로써 느끼는 허탈감과 같은 것이다. '박정희 담론'이야말로 바로 '포스트 민주화' 담론의 후보로 떠오르고 있는 것은 아닐까? 이것은 '민주주의의 질'에 고민하고 있는 시대상을 반영하는 것이다. 우리는 박정희의 정치를 보고 '국민에 의(依)한 정치'를 했다고 평가할 수는 없을 것이다. 그렇다고 '국민을 위(爲)한 정치'를 했다고 말할 수 있을 것인가? 물론 그렇다고 주장하는 보수도 많지만 동의하지 않는 진보도 적지 않다. 분명한 것은 '국민을 향(向)한 실존의 정치'를 했다는 점이다. 그것은 공동체의 구성원들이 현재의 상황에서 갖는 필요와 욕구에 적극적으로 반응하며 대응하는 정치였다. 결국 '박정희 담론'은 '포스트 민주화'의 시대에도 '민주화 시대'의 낡은 거버넌스만을 고집하는 진보정치와 집권진보주의자들에 대해 일종의 경종을 울리고 있는 것이다.

2. '르쌍티망'의 과잉

한국의 좌파 진보주의자들에게는 뿌리깊은 '한(恨)'이나 '회한(悔恨)'과 같은 것이 있다. 특히 노무현 대통령과 더불어 그 권력을 공유한 386 진보는 단순하지만 아주 강력하고 사납기 짝이 없는 '회한의 감정'

과 같은 것을 공유하고 있는데, 이 회한의 감정이야말로 이른바 '르쌍티망(ressentiment, resentment)'으로 규정할 수 있을 것이다. '르쌍티망'은 프리드리히 니체가 말한 '격분(激憤)'의 감정으로서, 사느냐 죽느냐의 갈림길에서 생겨난 것처럼 강렬하다고 할 수 있다. 한국 좌파 진보의 경우, 이것은 건국 이후부터 민주화 이전까지 박해와 박탈, 추방, 억압의 대상으로 낙인찍혀 정치와 사회의 '메인스트림'과 '이스테빌리시먼트'에서 소외된 채 정치와 사회의 주변부를 배회하면서 소외를 곱씹고 학대를 받고 있었기 때문에 억울하다는 감정에서 비롯된 것이다.

그렇다면 좌파 진보주의자들의 '르쌍티망'은 언제부터 시작되었을까? 이 '한'의 감정은 건국부터 시작된 것이다. 한국의 좌파는 5·10 선거부터 배제되었다는 것이다. 물론 그 뿐만은 아니다. 특히 좌파 진보가 가지고 있는 '르쌍티망'의 근거는 다음의 세 가지이다. 첫째, 대한민국 건국 초기에 친일파가 청산되지 않고 청산작업이 오히려 친일파에 의하여 방해를 받았다는 것이다. 둘째, 통일국가 수립은커녕 건국과정에서 좌파 진보의 몫이 배제되었다는 것이다. 셋째, 권위주의로부터 비롯된 피해의식이다. 즉 반공독재와 개발독재 및 군부정권에서 희생자였다는 것이다.

물론 이러한 좌파 진보의 주장에 일정수준 정당성이 있는 것은 사실이다. 특히 그들이 반공 권위주의 아래서 박해를 받고 희생자가 되었다는 대목은 집권했던 보수들이 반성하고 경청해야 할 대목이다. 하지만 집권보수가 퇴진하고 진보가 권력을 잡아 가치의 권위적 배분자로서 '강자'가 된 상황에서조차 스스로를 '피해자'와 '약자'로 생각하고 처신해 온 것은 정체성 혼란의 문제를 야기시킬 만큼 심각한 사안이 아닐 수 없다.

1) 5 · 10 선거의 의미

좌파 진보의 '르쌍티망'과 관련, 두 가지 문제를 짚을 필요가 있다. 하나는 5 · 10 선거에 관한 평가문제이고, 또 하나는 '반공국가'에 대한 문제이다. 우선 5 · 10 선거에 관한 한, 좌파 진보는 자신들이 정치적으로 배제된 선거라고 주장한다. 물론 이 선거는 1945년 8월 해방 이후 극심한 좌우익 대결을 겪고 있던 남한 사회에서 미군정 주도로 행해진 한국 최초의 선거였다. 그러나 대부분의 신생국에서 그러했던 것처럼 5 · 10 선거도 선거나 정당정치의 민주적 경험이 전무했던 사회에서 치러진 첫 번째 선거였고, 또 남한 내에서 좌익계열의 무력투쟁이 전개되고 있는 와중에서 실시되었다는 점에서 선진국의 평화로운 정상적인 선거와는 달랐다는 것도 사실이다.

하지만 그렇다고 해서 이 사실이 좌파 진보의 주장처럼 선거의 정당성에 관한 전반적 평가에 부정적 요소로 작용할 이유는 없다고 생각한다. 무엇보다 5 · 10 선거가 '이념적으로'는 한계가 있는 선거였다는 견해는 어떤가? 이 선거에서 "통일국가 수립이냐 분단국가 수립이냐" 혹은 "자본주의 체제냐 아니면 사회주의 체제냐" 하는 문제가 건국의제에서 배제된 제한적 의미의 선거였다는 주장(정영국 1998, 236)이 핵심이다. 그런가 하면 그와 연장선상에서 "중도, 좌익, 단정반대 우익이 선거라는 경기에 참여하였고 또 미군정이 절차적 민주성을 보장하였더라면 5 · 10 선거에서 실제 무더기로 진출한 극우 분단세력은 참패했을 것이고 오히려 좌익과 중도세력이 집권세력이 되었을 것"이라는 주장(강정구 1993, 28)도 나온다. 이러한 주장은 중도계 인사들이 대거 선거에 불참했다는 사실에서 일부 설득력을 얻는 측면이 있다.[7]

하지만 좌파 진보의 이러한 평가가 지니는 한계가 분명하다고 생각되는 이유는 평가의 잣대가 좌편향적이라 할 만큼 공정치 못하기 때문이다. 남북한의 체제 선택은 분명히 자유선택의 의미를 갖는다. 공동체 구성원들 사이에 의견과 가치관이 상충하는 상황에서 이를 해결하는 절차적인 집단선택의 방식은 공정한 자유선거이다. 사실 이 점과 관련, 1947년 11월 14일 유엔총회는 유엔감시하의 총선거를 결의하였다. 북한은 이 유엔결의안을 거부한 반면, 남한은 그 총선거를 받아들였다는 점에서 자유민주주의의 절차와 가치를 받아들인다는 점을 분명히 하였다. 자유민주주의 선택에 관한 한 그보다 더 명쾌한 결의와 의사표명이 어디 있단 말인가?

이미 한반도에서는 남과 북이 지리적으로 뿐만 아니라 이념적으로 나누어지는 조짐이 현저해짐에 따라 자유민주주의와 전체주의적 사회주의 간에 선택의 의미는 분명해졌다. 또한 5 · 10 선거 이전에도 많은 사람들이 자신들이 원하는 체제에 따라 남과 북을 선택하는 경우도 많았다. 이것은 투표소에서 '손으로 하는 선거(voting with hands)'가 아니라 타이브(C. Tiebout 1956)의 표현을 원용한다면 '발로 하는 선거(voting with feet)'가 이루어졌다는 의미이다. 북한의 체제를 선호하는 지식인과 교수 · 학생들은 대거 북으로 갔고, 또 남한의 체제를 동경하는 사람들은 북에 있던 재산을 버리고 남으로 왔다. 그 결과 북한에서 내려온 사람들은 남한 사회에서의 이방인의 범주인 '피난민'이 되고 '삼팔따라지'로 불리는 가혹한 운명을 감수했다. 그런데 왜 5 · 10 선거에서 "자유민주주의 체제냐 아니면 전체주의 사회체제냐" 하는 문제를 또 물어보아야 했단 말인가.

보다 중요한 문제는 왜 우파 보수가 건국과정에서 좌파나 사회주의 세력이 참여하지 않았다는 점에 대해 '정당성' 문제에 직면해야 하며 혹은 방어적이 되어야 하느냐 하는 점이다. 이미 좌파나 사회주의 세력은 북한 인민민주주의 정권의 주도세력이 되었다. 그런데도 남한의 자유민주주의 하에서도 그들이 일정한 지분이나 특정한 몫을 가졌어야 한다고 주장한다면, 그것은 일종의 '균형감각(sense of equilibrium)'이 상실되거나 '각자에게 돌아가야 할 공정한 몫에 대한 감각(voluntas jus suum cuique tribuendi)'이 결여된 왜곡된 발상이 아닐 수 없다. 만일 그렇다면 북한의 인민민주주의 공화국에서도 보수주의자들이나 자유민주주의자들의 정당한 몫이 보장되어야 한다고는 왜 생각하지 못하는가.[8] 한반도가 자유민주주의와 인민민주주의로 나누어지면서 좌파 전체주의자들과 공산주의자들이 북한에서 흑백선거를 통해 둥지를 틀었다면, 자유민주주의자들이나 우파 보수주의자들이 절차민주주의를 통해 대한민국의 민주공화정에 중추세력이 된 것은 불공정한 일이라기보다 너무나 당연한 일이다.

2) '반공국가'

반공국가에 관한 진보주의자들의 '르쌍티망'은 대단하다. 이 반공국가를 어떻게 보아야 할까? 반공주의는 오늘날 '보수의 아킬레스건'으로 낙인찍혀 진보로부터 공격을 받고 있지만, 사실 반공주의는 자유민주국가를 세우고 운영하는 과정에서 보수가 떨칠 수 없었던 두려움을 반영한다. 건국 보수와 산업화 보수는 무엇에 대한 두려움을 갖고 자유민주주의 국가를 세우고 운영해 왔을까? 그것은 공산주의, 혹은 보다 더 정확하게 말하자면 전제정의 국가사회주의에 대한 두려움이었다. 남한의 자유민주주의 공화국 수립을 집요하게 방해한 것이 바로 공산주의자들이었기 때문이다. 그들은 북한에서 공산주의 정권을 수립한 것으로 만족하지 않고 남한까지 공산화하기를 원했다. 이승만 정부는 대한민국 정부수립 이후 최대의 위기였던 여수순천반란사건을 진압한 후 반공국가의 틀을 확립하게 된다. 그 계기가 국가보안법 제정이다. 국가보안법 제정은 한국 자유민주주의가 살아남기 위한 최소한의 방어조치로서 반공의 제도화를 위한 법률적 근거를 확보하기 위한 노력의 일환이었다.

주지하는 바와 같이 '결사의 자유' 와 '사상의 자유' 및 '표현의 자유' 를 보장하는 자유민주주의는 전통적으로 일련의 딜레마에 직면해 왔다. 그것은 모든 사람에게 기본적 권리와 자유를 인정하는 자유민주주의가 관용을 옹호하지 않는 사람들을 관용할 수 있을까 하는 문제로서, 자유민주주의를 반대하는 사람들에게 '사상의 자유' 와 '결사의 자유' 를 허용할 수 있을까 하는 문제이기도 했다. 이 문제가 심각한 이유는 자유민주주의의 근본적 가치를 부정하는 사람들이 자유민주주의의 절차와 제도를 이용하여 집권세력이 되었을 때 자유민주주의는 고사되거나 종식될 위기를 맞게 되기 때문이다.

자유민주주의가 살아남고 융성하려면 거기에 알맞은 토양과 조건들이 갖추어져야 한다. 그 중 하나가 자유민주주의나 절차민주주의의 가치와 철학을 공유하는 사람들의 숫자가 다수여야 한다는 점이다. 자유민주주의는 절차를 중시하고 이성과 설득의 힘을 신봉한다. 하지만 절차주의를 존중하지 않고 '이성의 힘' 이나 '설득의 힘' 보다 '폭력의 힘' 과 '공포의 효율성' 을 믿는 사람들의 공동체에서 자유민주주의는 번영하기는커녕 살아남기조차 힘들다. 그러므로 이러한 사실을 감안하면 자유민주주의를 모든 유형의 사람들을 가리지 않고 목적지까지 태우고 가는 '에스컬레이트' 처럼 모든 가치에서 초연할 뿐만 아니라 모든 가치를 아우를 수 있을 정도로 '몰가치적' 이며 '대승적(大乘的) 차원' 의 중립적 독트린으로 생각하는 것은 잘못이다. 자유민주주의에는 최소한으로 공유되는 가치가 밑받침이 되어야 하는 등 일정한 방어장치가 요구되기 때문이다. 국가보안법은 바로 자유민주주의의 가치를 받아들이지 않고 그 제도에 무임승차하면서 반자유민주주의 가치를 전파하는 사람들을 추방하기 위해 만들어진 통제 메커니즘이다.

물론 반공주의에는 오 · 남용이 많았다. 정적을 제거하는 수단이나 억압의 도구가 되기도 했기 때문이다. 이 점에 대해 집권했던 보수는 충분히 반성해야 한다(박효종 2005a). 그러나 그렇다고 해서 반공주의가 그 자체로 잘못되었다거나 자유민주주의를 무력화시킬 정도로 '악의 화신'이라고 비하할 수는 없는 일이다. 반공주의가 아니라 오히려 공산주의가 잘못되었다는 것은 1980년대 말에 이루어진 소련과 동구의 대변혁이 입증하지 않았던가? 또한 엄밀한 의미에서 볼 때, 우리에게 '반공주의'의 구도가 굳어진 것은 정부수립보다는 6 · 25 전쟁이 그 결정적 계기가 된 것으로 보는 것이 타당하다. 한국의 반공주의가 해방공간의 갈등에서 비롯된 것이 사실이지만 보다 6 · 25의 경험과 참상에 의해서 강화된 것으로 보아야하기 때문이다.

6 · 25를 겪은 국민들에게 그 전쟁은 단순한 민족상잔의 비극이 아닌 그 이상의 어떤 것이었다. 한반도를 전체주의 방식으로 통치하려는 공산주의자들의 남침에 대하여 자유민주주의를 수호하겠다는 의지로 목숨과 피를 흘렸기 때문이다. 만일 6 · 25가 발발하지 않았다면 한국의 반공주의는 대만의 경우처럼 공산당도 제도적으로 허용하는 '연성 반공주의(soft anti-communism)'로 작동했을 가능성이 크다. 그러나 '죽음의 행진'이나 대량학살 등 6 · 25의 참상을 통해 공산주의자들의 야만적 행동을 실존적으로 체험한 보수주의자들은 "공산주의만은 안 된다"는 생각을 하게 되었고, 이 '강성 반공주의(hard anti-communism)'는 이승만 정부시절 자유당과 민주당 등 여야는 물론 민심과 언론 및 여론의 강력한 지지를 받는 가치관이 되었다. 특히 이 사실은 5 · 16 쿠데타 이후 야당이 대통령 후보로 나선 박정희의 과거를 문제삼은 데서도 여실히 들

어난다. 이것은 전제정의 공산주의에 대한 공포가 한국 자유민주주의에 대한 '등뼈(backbone)'를 이루어 왔음을 보여주는 것이다.

3) 화해의 어젠다

'부친살해(patricide)'야말로 386 집권진보의 '르쌍티망'을 구성하고 있는 요소라고 생각한다. '부친살해' 현상은 오이디프스가 자신의 아버지를 부지불식간에 살해한 그리스 신화에서 유래한다. 한국적 상황에서 건국세대와 산업화세대의 정당성을 근본적으로 부정하며 대한민국이 '정상화된 국가'가 아니라는 인식에 바탕을 둔 '살부의식'은 386 정체성의 한 특징이 되었다. 관심의 초점은 그들이 기득권세력이나 친일파세력, 혹은 독재세력과의 결별을 외치며 '역사 바로 세우기'나 과거사 규명에 힘을 쏟고 있지만 대한민국 과거와 화해하지 않고 살 수 있는가 하는 점이다.

사실 집권진보의 '살부의식'에 대하여 야권보수가 가지는 회한도 적지 않으며, 그것이 보혁갈등을 격렬하게 만드는 주요 원인이 되고 있다. 역대 보수가 땀흘려 이룩한 성취를 최대한 향유하면서도 '잘못된 부끄러운 역사'로 매도하는 위선성과 정작 자신들은 미래세대를 위해 씨를 뿌리지도, 야당 서울시장의 청계천 복원처럼 당대에 꽃을 피우지도 못하는 무능성이 비판의 대상이 된 것이다. 갈등과 분열을 부채질하고 자유시장 원리에 역행함으로써 국가잠재력을 떨어뜨려 놓았다는 비난도 비등하고 있다. 예를 들면 현재 국가부채는 약 280조이다. 그 가운데 약 반에 해당하는 액수는 참여정부 출범 후 3년 사이에 늘어난 부채로서 건국 이후 노정부 출범 전까지 집권했던 역대 정부가 졌던 국가부채의 두 배에 해당하는 수치이다. 또 좌파 진보는 민주화 세력으로서 물질적 보상도 받았다.

하지만 그럼에도 현재의 상황을 보면 386세대는 민주화의 실적에 취했는지, 아니면 '르쌍티망'에서 벗어나지 못했는지 과거와 화해하고 싶다는 말은 하면서도 행동은 취하지 않고 있다. 문제는 현대사 문제에 고민하고 파행의 역사를 정상으로 돌려놓겠다는 것을 명분으로 일제잔재 청산과 독재정권 잔재 청산 등을 내세워 왔지만 건국 보수나 산업화 보수의 정당성을 '포괄적으로' 부정하는 한, '살부의식'이 주는 압박감에서 벗어날 수 없다는 점이다. 보수주의자의 관점에서 이 문제가 심각하다고 느끼는 것은 부친을 살해한 것에 대하여 반성적 성찰을 하지 않거나 화해를 시도하지 않을 때 부친세대가 혼신의 힘을 다하여 나름대로 개척해 놓았던 '헌법적 가치'나 '자유적 가치'도 아울러 실종될 가능성이 우려되기 때문이다. 부친 보수세대는 건국과 산업화를 통하여 북한과의 치열한 체제경쟁에서 우위를 점했으며, 그 결과 현대판 전제정이라고 할 수 있는 북한에 비하여 자유와 자율을 풍요롭게 향유할 수 있는 공동체의 기초를 일구어냈다. 386 진보주의자들은 건국독재와 개발독재의 부당성을 고발하면서 민주주의를 살렸다고 강변할는지 모르나, '민주화'란 '건국'과 '산업화'에서 비롯된 열매이며, 특히 민주화 열기의 주역인 중산층이 산업화에서 기인한 결과라는 사실을 '의도적'으로 그리고 '의식적'으로 외면하고 있다는 보수주의자들에 의한 비판에 어떻게 대응할 수 있을 것인가?

집권 386 진보가 아버지를 죽였다는 '살부의식'에서 벗어나려면 어떤 형태로든 대한민국 과거와 화해하는 것이 중요하다. 문제는 이 시점에서 친일(親日), 친미(親美), 단정(單政), 반공(反共), 권위주의(權威主義)로 규정하고 단죄해 온 보수 한국의 과거와 화해하고자 하는 진정한 용의를 가지고 있는가 하는 점이다. 이제까지의 행태를 보면 과거와 화해하고 싶다기보다는 진실을 밝혀보아야 하겠다는 생각이 우선인 듯하다. 적어도 현재로서 그들에게는 '과거와의 화해' 보다는 '과거와의 결별' 을 통하여 자신들의 정당성을 부각시키는 데 역점을 두고 있는지 모른다.

하지만 대한민국 과거와 화해할 의사가 없다면 보수를 '경쟁자' 로 보기보다 '적' 으로 간주하며 대립각을 세우겠다는 의미가 되는 것이며, 따라서 보수도 방어적 차원에서 비우호적인 태도를 취할 수밖에 없을 것이다.[9] 당연히 보혁갈등은 더욱 가열될 전망이다. 당장 심각한 것은 '르쌍티망' 과 보복감에 사로잡힌 진보가 어떻게 매력적인 '포스트 민주화 패러다임' 을 구축할 수 있을까 하는 문제이다. 물론 그보다 더욱 심각한 문제가 있다. '포스트 민주화 패러다임' 이 구축되지 못한다면 우리 정치공동체는 어떤 방향성을 가지고 운영될 것인가 하는 불확실성에 관한 것이다. 그냥 해묵은 '민주화 패러다임' 으로 살아가야 할 것인가? 그 경우 집권진보는 1류국가에 대한 꿈을 접고 2류국가를 고집스럽게 지향하고 있는 '구태진보' 라는 낙인에서 벗어나기 힘들 것이다.

V. 보수의 역할 : 보수는 '포스트 민주화 패러다임' 을 만들 수 있는가?

보수의 문제는 무엇인가? 집권진보가 실패하는 사이 야권보수는 그만큼 성공했는가? 양자가 '시소게임' 과 같은 관계라면 집권진보가 실패한 만큼 야권보수는 성공했어야 옳다. 문제는 집권진보는 실패했지만 야권보수가 승리를 구가한 것은 아니라는 점에 있다. 오히려 진보가 실패하는 동안 보수도 같이 실패했다는 평가까지 나오고 있다. 물론 엄밀한 의미에서 보수도 동반추락했는지는 불분명하지만, 승리를 구가한 것이 아니라 계속해서 힘든 싸움을 해온 것이 분명하다. 기껏해야 반사이익 정도나 건졌을까?

보수, 특히 한나라당으로 대변되는 정치보수는 집권진보의 실패에도 불구하고 국가의 지향점과 운영방식에 대한 새로운 비전을 보여주지 못했다. 진보가 권력을 잡은 다음부터 각종 의제를 내놓는 동안 보수는 진보담론에 대하여 비판하고 항의했을망정 '미래한국의 청사진'이나 '포스트 민주화 청사진'을 국민들에게 제대로 제시한 적이 없다. 대통령과 열린우리당 등, 집권진보가 내놓은 의제에 끌려다니기에 바쁜 '반응형 보수'가 된 것이다. 그나마 참신하고 치밀한 논리로 반론을 제시하지 못한 채 '조 · 중 · 동'의 사설을 다시 읽어주거나 재탕하는 수준의 반대, "지렁이도 밟으면 굼틀거린다"는 준칙을 방불케 할 만큼 공격적인 여당의 공세에 대해 상상력이 빈곤한 야당의 반대에 지나지 않았다.

1. '시대정신'을 만들고 있지 못한 '반응형 보수'

야권보수의 의제설정 능력 부재의 원인은 무엇일까? 이것은 단순히 '가치를 권위적으로 배분할' 권력을 갖지 못했다든지 혹은 과거 집권 경험 때문에 '바닷가에 놀러온 사람'처럼 한가하게 행동하며 치열한 투쟁의지를 찾아보기가 힘들다는, 이른바 '웰빙야당'의 체질에서만 비롯된 것은 아니라고 생각된다. 물론 어떻게 하면 대권을 차지할까 노심초사하며 권력 찾아오기에 온통 정신이 팔린 것도 한 원인일 것이다. 혹은 비정치적인 보수의 분투에 '무임승차(free riding)'하거나 '편의승차(easy riding)' 하려 한 것도 그 역량부족을 악화시킨 원인으로 작용했다. 하지만 이것들은 각기 한 '원인'이 될 수는 있겠지만 '가장 중요한 원인'은 아니다. 가장 중요한 원인이라면 진보 패러다임을 뛰어넘어 일반사람들의 마음과 영혼까지 사로잡을 수 있는 국가발전의 비전, 즉 감동적인 '포스트 민주화 패러다임'을 내놓지 못한 데 있다. '시대정신'을 정성껏 읽으려는 노력이 턱없이 부족했을 뿐만 아니라, 더욱 심각한 것은 '시대정신'을 자기 주도적으로 만들고자 하는 노력이 없었다는 점이다.

'시대정신'을 제대로 읽거나 '시대정신'을 만들려면 야권보수나 한나라당이 심기일전해야 한다. 보수가 질적으로 환골탈태해야 한다는 의미이다. 이것은 진보, 특히 집권진보가 변해야 한다는 것과는 다른 함의를 지닌다. 분명히 진보는 민족공조만을 외치는 '외눈박이 자주민족주의자'에서 '헌법적 애국주의자'로, 현실정치를 소홀히 하는 '초현실주의자'에서 '실사구시적 현실주의자로', '르쌍티망'에 사로잡힌 '한의 진보'에서 '따뜻한 진보'로 진화해야 한다. 진보에게 변해야 한다고 주문하는 것은 "성공보다 더 큰 실패는 없다"는 준칙에 입각한 것이다. 집권하기 전의 진보는 자기 비판적 속성도 가지고 있었고 비전을 제시했으나, 집권한 후의 진보는 어느덧 그 진보성을 잃어버리고 1980년대의 구(舊) 패러다임을 수정하지 않은 채 금과옥조로 삼는 등 '진보하지 않는 진보' 혹은 '구태진보'라는 소리를 들어야 했다. 집권진보는 '시대정신'을 만들기는커녕 '시대정신'을 제대로 읽는 데도 실패했기 때문이다. 무엇이 진보의 눈을 멀게 했을까? 권력일까, 아니면 '한'일까? 권력 때문에 도덕적 해이가 생긴 것인가, 아니면 국정운영에 준비가 되어 있지 않은 '아마추어 진보'였기 때문인가? 혹은 '르쌍티망'을 극복하지 못했던 '회한의 진보'였기 때문인가? 그것도 아니라면 아마도 이 모든 것들이 어우러져 불거진, 이른바 '복합적 실패'라고 보아야 할 것이다.

그 결과 각종 선거가 있을 때마다 정치탄핵이라는 혹평을 받을 정도로 완패했다.

그러나 보수에게 변하라고 주문하는 것은 다르다. 보수는 야당으로 있으면서 '성공학'을 쓴 것이 아니라 '실패학'을 썼기 때문이다. 즉 "실패가 성공의 어머니"가 되어야 하는데 그렇지 못하고 "실패가 또 다른 실패를 낳는", 즉 "실패가 실패의 어머니"가 되는 악순환을 거듭했기 때문이다. 따라서 '성공학'을 쓰기 위해서는 야권보수는 단순히 자정구호를 외치는 것을 넘어서서 그 이상의 어떤 것을 해야 한다.

생각해 보면 과거 한국의 보수는 보존만 한 것이 아니라 과감한 개혁을 했다. 즉 개혁을 회피하거나 못한 것은 아니라는 의미이다. 보수가 나라를 운영하는데 '아마추어'가 아닌 '프로'의 실적을 남긴 것은 건국과 산업화 과정에서 놀라운 개혁능력을 보여주었기 때문이다. 이승만 정부의 농지개혁은 현저한 사례가 아닐 수 없다. 저개발국가가 안정된 형태로 자유민주주의를 하려면 우선 땅을 가지고 있으면서도 농사를 짓지 않는 특권계급으로서 지주층을 자연스럽게 '구조적으로' 소멸시키는 농지개혁을 해야 한다. 농지개혁이 되지 않은 상황에서 민주주의를 하게 되면 지주는 수구 기득권 세력이 되는 반면, 농민은 불만세력이 될 수밖에 없다. 여기에 공산주의나 이슬람 원리주의와 같은 요소들이 파고들어 가면 항구적인 체제갈등이 생기고, 그 결과 자유민주주의는 안정성을 잃게 된다. 남미 대부분의 국가, 필리핀 그리고 파키스탄 등이 이에 대한 대표적인 경우라고 할 수 있다. 한국의 이승만은 지주출신 정치세력의 반발과 저항을 극복하고 6 · 25 남침 전에 농지개혁을 단행했다.

자유민주주의에서 이 개혁의 문제가 어려운 것은 재산권이나 절차민주주의의 틀 내에서 개혁을 성공시켜야 한다는 문제가 있기 때문이다. 따라서 관련 당사자들로부터 설득과 동의를 얻는 과정이 필수적인데,

그것은 특히 막강한 '파워그룹' 인 지주층의 동의가 있어야 하기 때문에 어렵다. 이 문제는 약간 과장하자면 노예해방을 하는 데 있어서 노예주들의 동의와 설득이 있어야 한다는 문제와 유사하다. 미국의 경우에도 이 노예해방의 문제는 광활한 농토를 가지고 있는 남부 노예주들에 대한 설득과 동의를 얻어내는 일이 불가능했기 때문에 피비린내 나는 잔인한 전쟁으로 귀결된 것이다.

물론 "재산은 도둑질"이라는 푸르동(P. J. Proudhon)의 준칙을 신봉하는 국가사회주의 국가에서 농지개혁은 용이하다. 재산권을 원천적으로 인정하지 않는 사회인만큼 농지와 관련, 무상몰수와 무상분배를 하면 그만이기 때문이다. 또한 지주는 이미 무력화되었기 때문에 지주로부터의 저항도 별로 없다. 그러나 자유민주주의 국가에서 농지개혁은 엄청난 정치력과 협상력을 요구한다. 지주층은 강력한 기득권층이 되어 있기 때문이다. 이승만의 제1공화국은 이러한 상황에서 참으로 힘든 개혁 어젠다를 성공시킨 것이다. 물론 농지개혁이 '사회정의' 나 '교정적 정의' 실현의 의미를 갖는 것도 사실이다. 하지만 한국의 경우, 그것을 넘어서서 1960년대에 본격적인 경제개발을 하는 데 있어 중요한 초석으로 작용하게 되었음을 각별히 강조할 필요가 있다. 토지를 상실함으로써 '지대추구자(rent-seeker)' 로서 취할 수 있는 이익의 기반을 상실한 지주들은 불가피한 대안으로 자본가로 변신할 수밖에 없었기 때문이다.

그런가 하면 박정희의 개혁은 어떠했나? 이승만 개혁 못지않게 기억할 만한 보수의 개혁이라면 산업화 초기의 박정희의 개혁을 들 수 있다. 박정희는 5 · 16 쿠데타에 성공하자마자 재벌개혁의 일환으로 부정축재자들을 처벌했다. 하지만 이 처벌은 '징벌적 개혁' 이 아니었고, 더더욱 '파괴적 파괴' 가 아니었으며, 오히려 '창조적 파괴' 와 같은 것이었다. 그것은 기업가들과 맺은 일종의 '뉴딜(new deal)' 성격의 '새로운 협약' 이었기 때문이다. 이것을 계기로 그동안 '수입대체산업화' 에 역점을 두면서 국내시장에 안주하며 정치적 연계에 의하여 특혜를 누리던 기업들은 부가가치를 창출하는 방향으로 태도를 바꾸었다. 1960년대에 추진한 '수출지향 산업화' 는 당시에는 이름조차 변변치 못했던 산업화 전략이었던 반면, 오히려 '수입대체산업화' 가 주요 전략이었던 것이다. 하지만 발전전략을 암중모색하는 가운데 정부가 강력하게 추진한 '수출지향산업화' 는 국내시장에 머물고 있던 기업들에 해외시장으로 눈을 돌리게 했고 국제경쟁력을 갖도록 강요했다. 기업이 국내가 아닌 해외에서 물건을 팔려면 품질과 가격경쟁력 이외에 다른 (정치적) 요소로 승부할 수는 없었다. 바로 이러한 개혁으로 인하여 한국 기업은 국제경쟁력을 갖추게 되었고, 나중에 한국을 11대 무역국으로 올려놓는 데 견인차 노릇을 하게 되었다. 박정희는 '수입대체산업화' 가 발전전략의 대세였던 상황에서 '수출지향산업화' 라는 시대정신을 만든 것이다. 여기에 기업은 순응했고 또 창조적으로 '기업가정신(entrepreneurship)' 을 발휘하며 적응했다.

2. 보수의 '르쌍티망'

그런 보수주의자들이 10년 전부터 활력을 잃은 것이다. 산업화 시대에 시대정신을 주도했던 그들이 민주화 시대에 들어서면서 인권이나 자율에 대한 패러다임을 개발하지 못했고, 또 세계가 탈냉전시대로 접어드는 시점에서 냉전체제였던 한반도에 탈냉전 흐름을 주도하려는 시도를 하지 못했다. 즉 대북정책에서 탈냉전 이니셔티브를 취할 수 있다고 생각지 못한 것이다. 또 미국에 대해서도 새로운 탈냉전시대에 걸맞는 새로운 동반자관계를 만드는 데 필요한 비전을 갖지 못했다. 결국 한반도의 냉전체제를 탈냉전체제로 바꿀 수 있다는 '정치적 상상력'을 발휘하지 못한 것이다.

그 도덕적 해이를 틈타 진보주의자들은 대북포용이라는 새로운 패러다임을 만드는 데 성공했다. 물론 대북포용정책이 '지속가능한 패러다임'으로 작용하고 있는지는 의문이다. '대북포용정책'은 '대북유화정책'으로 변질되었고, 미국에 대하여 할 말은 하겠다는 '대미자주정책'은 안 할 말까지 하게 되는 '반미자주정책'으로 변질되고 있기 때문이다. 그러나 진보의 실패는 그렇다고 치더라도 보수가 해야 할 몫은 따로 있는 법인데, 그것을 해내지 못한 것까지 면책될 수 있는 것은 아니다.

보수주의자들의 문제는 어젠다를 주도적으로 선점하지 못하고 진보의 어젠다에 따라가면서 반응하는 방식에 있었다. 반응하는 접근방식의 한계는 분명하게 드러났다. 야권보수는 국가보안법 폐지를 반대하고 사학법을 반대하고 전시작전통제권 환수를 반대해 왔다. 물론 반론제기는 의미있고 중요한 것이기는 하지만, 반대하는 것만으로는 부족할 수밖에 없다. 매력적인 대안이 없는 한 '반대를 위한 반대'라는 비판으로부터 자유롭지 못하기 때문이다. 그런데 보수는 왜 반대만 하고 건설적 대안은 내놓지 못했을까?

민주화 시대에 들어오면서 보수가 의제설정 능력이나 개혁능력을 상실한 것은 단순한 역량부족 때문만도 아니고, 또 단순히 두 번 대선에서 패배해서만도 아니다. 물론 집권을 못했으니 개혁능력이나 의제설정 능력을 보여줄 기회는 집권진보보다 적었거나 아예 없었는지 모른다. 그러나 그렇다고 하더라도 적어도 개혁의제나 설정할 의제는 명확하게 가지고 있어야 하지 않았던가? 개혁의제는 시대정신의 올바른 판독이나 시대정신의 창조에서 나올 수 있다. 물론 누구나 시대정신을 바로 읽거나 시대정신을 만들 수 있기를 바라지만 그것이 가능하려면, 즉 개혁의 제가 가능하려면 과거에 대한 반성, 집권했을 때의 반성에서부터 시작되어야 하는 것이다.

상기의 논의를 통하여 좌파 진보에게 있어 민족주의가 넘쳐흐르는 반면 '헌법적 애국주의'가 부족한 것이 흠결이라고 했지만, 그렇다면 우파 보수에게는 '헌법적 애국주의'가 충분했는가? 그렇다고 답변하기는 어려울 것이다. 보수가 집권했을 때 저지른 권력의 전횡이나 독재는 헌법적 가치에 반하는 것이었다. 또한 인권에 관한 경시경향도 역시 '헌법적 가치'와 '자유적 가치'에 상치되는 것이었다. 그러므로 한때 재야진보는 독재와 권위주의에 함몰된 집권보수에 대해 "진짜 반체제세력은 그들"이라고 냉소하지 않았던가?

그런가 하면 우파 보수의 '르쌍티망'은 없었던가? 집권보수주의자들은 과연 '온정적'이고 '따뜻'했던가? 좌파 진보를 이해하고 관용을 베푸는 '온정적 보수(compassionate conservatist)'가 되었던가? 유감스럽게도 그렇지 못했다. 민족역사상 유례가 없는 6 · 25의 참상을 겪은 다음, 또 그 후에도 집요하게 계속되는 북한의 도발과 공세 때문에 반공주의를 '최선의 선택'을 넘어서서 '최종적 선택'으로 받아들였고, 좌파 진보주의자들을 징벌하는 어젠다를 고집했다. 같은 맥락에서 북한을 적대적 존재으로만 간주했지 포용할 생각은 미처 하지 못한 것이다. 북한 권력층을 포용할 수는 없겠지만 북한주민들을 한민족으로 포용할 수 있다는 생각을 하지 못한 것은 보수의 한계였다.

결국 이런 '보수형 르쌍티망'으로 인해 '햇볕정책'으로 대변되는 대북포용정책은 진보주의자들의 '브랜드네임'이 되고 말았다. 우파 보수는 냉전논리에 익숙한 나머지 탈냉전의 시대정신을 빨리 읽지 못한 것이다. 미국에 대해서도 마찬가지이다. 냉전시대의 파트너십에 연연하다 보니 탈냉전에 적합한 파트너십을 개발하는 데 소홀했던 것이다. 이것은 모두 북한 공산주의자들에 대한 보수의 '르쌍티망'이 너무 깊었던 데서 나타나는 현상이 아닐 수 없다. 보수는 진보에 비해 현실적이었으나 너무 현실에 치중하다 보니 이상을 바라보지 못한 것이다. 집권진보가 이 틈새를 비집고 들어와 '자주국방'이니 '균형자론'이니 하는 초현실주의적인 담론을 마구 쏟아내는 것을 그저 바라볼 수밖에 없었다.

보수가 과거를 진정으로 반성하면 시대정신을 제대로 읽을 수 있을 뿐만 아니라 시대정신을 창조할 수도 있을 것이라는 생각이 든다. 그 경우 집권 좌파 진보가 들고 나오는 이슈를 뛰어넘는 미래의 국가상과 국리민복(國利民福)에 보다 본질적인 의제를 창출할 수 있을 것이고, 또 수권 이후의 희망도 보여줄 수 있을 것이다. 반대로 과거를 제대로 반성하지 못하면 시대정신을 창조하기는커녕 시대정신을 제대로 읽을 수조차 없으며, 지금처럼 의제설정 능력을 상실한 채 오로지 '반대'와 '저항'에 의해서만 자기 정체성을 확인하는 신세를 벗어날 수 없을 것이다.

3. '뉴라이트', '선진화' 및 '공동체적 자유주의'

최근 들어와 보수의 부흥 움직임이 활발하다. 보수일각에서 '뉴라이트'도 출현했고 또 새로운 어젠다를 내놓는다는 차원에서 '선진화'니 '공동체적 자유주의'니 하는 개념들이 나오고 있다. 그러나 아직까지는 암중모색하는 단계에 불과하며, 시대적 패러다임으로서 체득화되고 구체화된 것이 아니라 이론화 · 추상화 단계를 벗어나고 있지 못하고 있다. 아카데믹한 보수가 내놓는 '선진화'에는 아직 충분한 대중성과 '소울'이 담겨져 있지 않다는 의미이다. 또 '공동체적 자유주의'라고 하지만 사람들은 갸우뚱거릴 뿐, 체감을 하고 있지는 못하다. 보수주의자들은 '이론'보다는 '행동'으로 무엇을 보여줄 수 있어야 한다. 여기서 중요한 것은 이론보다도 그 이론과 비전을 구체화할 수 있는 인물의 등장이다. 영국에서 보수주의의 부활로 읽혀지는 '신보수주의'가 바로 그렇다. 마가레트 대처를 거론하지 않고 어떻게 영국의 '신보수주의'를 말할 수 있겠는가? 혹은 미국의 레이건을 빼놓고 어떻게 미국의 '레이거노믹스'나 '신자유주의'를 이해할 수 있겠는가? 한국의 경우도 마찬가지이다. 한국의 진보주의는 김대중의 대북포용정책을 빼놓고는 그 진정한 정체성과 의미를 알아들을 수 없지 않겠는가? 사실 민주화 이후 한국에서 진보주의의 융성을 말하지만, 그가 집권해서 햇볕정책을 펴지 않았다면 어떻게 진보주의의 활성화를 말할 수 있을 것인가? 제2의 건국을 말하고 또 "6 · 25는 실패한 통일시도"라고 말한 것이 진보의 주요 패러다임 내용이 되었다.

이와 마찬가지로 어떤 이념이든 이론 자체보다 그것을 구체화할 수 있는 인물, 즉 이른바 '화신(化身)'이 있어야 그 이념이 살아 숨쉴 수 있다. 한국에서 보수주의의 매력과 신뢰감을 말할 때도 위대한 비전과 정치력을 가진 두 사람, 즉 이승만과 박정희 같은 존재가 있었기 때문에 가능한 일이었다. 건국세력이 적지 않았지만 이승만 없이는 그 의미가 바래질 수밖에 없으며, 산업화세력은 많았지만 박정희 없이 그 의미는 약하다.

한국에서 보수주의는 역사적으로 볼 때, 그 매력과 헤게모니가 이론에서 비롯된 것이 아니다. 먼저 행동을 통하여 그 진가가 나타나고 그 다음에 이론화가 이루어졌다. 예를 들면 '근대화 이론'이 나온 다음에 '근대화'가 된 것이 아니고 '근대화 작업'이 이루어지면서 '근대화 이론'이 구체화되고 정제화된 것이 아니겠는가? 따라서 한국 보수주의가 중흥을 지향한다고 할 때, '프랙티컬한 보수'가 되어야지 '아카데믹한 보수'로 만족해서는 곤란하다. '이론적 보수'보다, 혹은 그에 못지않게 '실용적 보수'가 융성해야 할 이유가 바로 여기에 있다. 이것은 마차와 말의 관계와 다를 바 없다. 말이 마차를 끄는 것이지 마차가 말을 끄는 것은 아니기 때문이다.

이런 관점에서 볼 때, '보수의 실패'와 '보수의 무력함'은 이론실패의 측면이 없는 것은 아니겠지만, 그보다는 시대정신에 순응하는 것을 넘어서서 시대정신을 만들어낸 '제2의 이승만'이나 '제2의 박정희'를 배출해내지 못했기 때문이다. 보수가 성공하려면 '위대한 보수 이론'보다 '위대한 보수 정치인'을 내놓을 수 있어야 한다. 이론의 힘으로 사람들의 마음과 영혼을 사로잡는 데는 한계가 있다. '공동체적 자유주의'라고 한다면 어떤 사람들은 '네모난 삼각형'처럼 모순이라고 비아냥거린다. 이처럼 패러다임이 이론으로만 되어 있을 때, 그 이론을 논파할 수 있는 또 다른 이론이나 비판은 항상 존재하게 마련이다. 그러므로 '선진화'나 '공동체적 자유주의'도 참신한 개념임에 틀림없지만 이론적으로는 언제나 그런 운명에 처할 수 있다. 따라서 이러한 문제를 극복하려면 이론의 차원을 아우르면서도 그것을 넘어가는 현실적 차원에서 접근해야 한다. 이 점에서 '제논의 역설(paradox of Zenon)'은 반면교사가 아닐 수 없다. 현실에서는 늦게 출발한 아킬레스가 빨리 출발한 거북이를 얼마든지 따라잡을 수 있지만 제논의 이론세계에서는 그것이 불가능하다. 그러므로 이러한 문제에서 해법을 보여주려면 이론에 지나치게 탐닉하기보다 행동으로 말해야 한다. 바로 이 점이야말로 보수가 '이론주의'가 아니라 '실증주의' 혹은 '실용주의'가 되어야 하는 이유라고 할 것이다.

따라서 보수가 새로운 중흥시대를 열려면 '선진화'나 '공동체적 자유주의'를 이론화하는 데 골몰하기보다 '공동체적 자유주의'를 체득하고 그것을 전도할 '위대한 보수주의자'를 배출하거나 선보여야 한다. 물론 그렇다고 해서 이론화가 중요하지 않다는 의미는 아니다. 비전 정립은 중요하다. 비전과 원칙을 갖지 못하면 항상 "좌로 갔다 우로 갔다" 하는 식의 '우왕좌왕(右往左往)'이나 좌와도 부딪치고 우와도 부딪치는 식의 '좌충우돌(左衝右突)'이 벌어질 수밖에 없다. 보수가 필요로 하는 것은 '반응형'의 범주를 넘어서서 '자기 주도적으로' 어떤 것을 보여주는 것이다. 이런 점에서 획기적인 어떤 비전을 정교화할 수 있는 이론적 노력이 필요한 것은 사실이다.

그러나 이론은 보수의 중흥에 '필요조건'은 되지만 '충분조건'은 될 수 없다. 그 이론을 체득하고 그것을 온몸으로 보여줄 수 있는 사람이 있어야하기 때문이다. 한미동맹은 '자주'가 중심이 아니고 '국익'이 중심이 되어야 한다고 말하는 것도 중요하지만, 그것을 설득력 있게 말할 수 있는 '위대한 의사소통자(grand communicator)'로서 보수주의자의 출현이 더욱 중요하다. 양극 화해법의 중심은 '배분'이 아니라 '성장'이라고 단순히 주장하기보다 그것을 대중적으로 설득력 있게 말할 수 있는 '보수형 의사소통자'가 필요하다. 국가보안법 폐지를 반대하기 전에 보안법은 이런 이유 때문에 존치되거나 개혁되어야 한다고 대중적으로 말할 수 있는 보수주의자가 요구된다. 보수가 매력적인 것이 되려면 단순한 이론보다 그 이론을 매력적인 것으로 만들 수 있는 사람이 있어야 한다.

그 이유는 무엇인가? 그것은 우리나라에서 '메시지 불신'보다 '메신저 불신'이 높기 때문이다. 진보가 집권에 성공한 것도 진보 자체가 가지고 있는 '메시지'의 매력보다는 그 '메시지'를 실천할 만큼 깨끗하고 개혁을 할 만한 '메신저'에 대한 신뢰 덕분이다. 이제 보수도 단순히 보수 메시지를 만들고 정교화하는 데 주력하기보다 그 '메시지'를 전하는 탁월한 '메신저'를 양성하는 데 힘을 쏟아야 한다. 바로 신뢰할 만한 '메신저'를 만드는 것이야말로 보수가 '지속가능한 포스트 민주화 패러다임 구축'에 성공하는 지름길이라고 생각된다.

Ⅵ. 결어

한국의 좌파 진보는 10년간 집권하면서 수많은 개혁의제들을 선점하고 하루가 멀다 하고 새로운 개념들을 쏟아냈다. '자주', '포용', '협치', '혁신', '화해', '균형발전' 등 참신한 느낌을 주는 신조어(新造語)들이 그 과정에서 무수히 만들어졌고, 이런 개념들은 권토중래를 노리고 있던 보수를 압도하고 주눅들게 했다. 하지만 지금 이 시점에서 볼 때, 좌파 진보는 그리스 신화에 나오는 '벌을 받는 다나오의 딸들'처럼 '깨진 항아리에 물을 붓고 있었음'이 분명해졌다. 수풀을 우거지게 할 만큼 생명력은 풍부하나 결실은 없는 잡초처럼 집권 진보주의자들은 사나운 기세로 개혁을 외치고 추진했으나 결실은 별로 없었다. '아마추어 진보'였기 때문일까? 반드시 그런 것만은 아니다.

집권진보의 실패에는 단순한 '아마추어리즘'을 넘어 보다 심각한 요인들이 있었다. '헌법적 애국주의'의 결여, 문명사적 가치의 결핍, 초현실주의적인 정치 비전과 '르쌍티망'과 같은 회한의 감정들이 이런 허망한 결과를 가져오는 데 크게 일조한 것이다. 개혁의 이름으로 많은 '징벌적 어젠다'를 만들어내면서 보수주의자들과 수없이 일전을 불사

했다. 보수와의 '진지전(war of position)'에서 패배보다는 승리한 것이 많았으나 '상처뿐인 영광'을 방불케 하는 '불임(不姙)의 진보'가 된 것이다. 그들은 우파 보수의 건국과 산업화를 신랄하게 비판해 왔으나 '제2의 건국'이나 '제2의 한강의 기적'과 같은 것들을 만들어내는 데는 역부족이었다. 그러나 그렇다고 해서 대한민국의 과거 자체나 그 과거를 일구어 온 우파 보수와 화해할 마음도 없었다. 그 결과 그들은 "자신의 꼬리를 뜯어먹고 사는 뱀"을 뜻하는 그리스 신화의 '우로브로스(ouro-bros)'와 비슷한 존재로 전락하고 말았다. 물론 한국의 좌파가 그런 '우로브로스'와 다른 점이 있다면, 대한민국의 역사를 "잘못된 어두운 역사"라고 함으로서 '자신의 꼬리'보다는 '자신의 머리'를 뜯어먹고 사는 뱀과 같은 존재가 된 것이다.

그들은 한때 억압과 독재, 권위주의 시대에 '민주화'라는 시대정신을 읽었고, 혹은 산업화 패러다임이 횡행하는 상황에서 인권과 복지, 분배, 노동3권이라는 패러다임을 비전으로 만들어냈다. 그러나 그럼에도 불구하고 그러한 패러다임을 화두로 집권한 지 수년이 흘러간 상황에서 과거 보수주의자들의 열매와 실적만 따먹고 미래를 위해 씨를 뿌리고 있지 않아 "잃어버린 10년"을 초래했다는 비판을 받고 있다. 보수정부가 땀흘려 이룩한 성취를 누리면서도 그들을 존경하기는커녕 매도하고 있다. 그리고 보면 좌파 진보는 우파 보수와의 수많은 '전투'에서 이긴 것이 분명하지만 '전쟁'에서 이겼는지는 불분명하다. 오히려 '전쟁'에서 지고 있다는 평가가 지금으로서는 우세하다.

그렇다면 우파 보수의 문제는 무엇인가? 무엇보다도 한국 보수의 의제설정 능력의 상실은 큰 문제가 아닐 수 없다. 또한 이 점이야말로 '진보의 실패'를 '보수의 성공'으로 바꾸어 놓지 못한 주요 이유이기도 하다. 사실 양자의 관계는 '제로섬(zero-sum)' 관계가 아니겠는가? 그러나 엄밀한 의미에서 보았을 때, 의제설정 능력의 상실은 '보수의 실패'나 '보수 무기력'의 '원인'이 아니라 '결과'일 뿐이다. 근본적 원인이라면 '시대정신'을 읽을 수 있을 뿐만 아니라, 한걸음 더 나아가 '시대정신'을 만들어낼 수 있었던 능력을 상실한 것을 꼽아야 한다.

생각해 보면 한국의 보수주의자들은 건국과 산업화 과정에서 단순히 시대정신을 읽는 것을 넘어서서 시대정신을 '자기 주도적으로' 만들어냈다. 해방공간에서 불거진 "불확실한 통일정부냐 아니면 확실한 자유민주주의 단독정부냐" 하는 문제에서 이승만을 비롯한 보수주의자들은 단독정부 수립이라는 시대정신을 만들어냈고, 박정희로 대변되는 보수주의자들은 "산업화냐 아니면 민주주의냐" 하는 선택의 기로에서 산업화를 시대정신으로 선택했다. 그러나 민주화 시대에 이르러 보수는 진보에게 뒤처지기 시작했다. 우파 보수는 좌파 진보에게 '권력'만 빼앗긴 것이 아니라 '시대정신 판독능력'을 비롯하여 '시대정신 창조능력'까지 빼앗겼다. 그 결과 무기력한 '반응형 보수'로 전락한 것이다.

지금 보수주의자들은 만시지탄(晩時之歎)의 느낌은 있으나 미래한국의 미래상인 '포스트 민주화 시대정신'을 만드느라 부산하다. '뉴라이트'가 나오는가 하면 '선진화'와 '공동체적 자유주의' 담론이 유력한 대안으로 떠오르기 시작했다. 하지만 유의할 점이 있다. 새로운 패러다임은 이론으로만 되는 것은 아니라는 사실이다. '정신'이 들어 있지 않거나 '소울'이 부족한 이론은 창백한 추상화일 뿐이다. 그것은 은유적으로 말하자면 '향기 없는 조화(造花)'와 유사하기 때문이다. 이 점을 강조하는 이유는 그동안 보수가 진보에 비해 국민들로부터 신임을 잃은 이유는 '메시지' 때문이 아니라 그 메시지를 전하는 '메신저' 문제 때문이라고 보아야 하기 때문이다. 한동안 사람들은 같은 말이라도 진보가 말하면 믿고 보수가 말하면 믿지 않았다. 심지어 보수가 "콩으로 메주를 쑨다"고 하면 믿지 않지만 진보가 "팥으로 메주를 쑨다"고 해도 믿을 정도였다. 물론 그동안 '진보의 실패'로 인해 이러한 경향이 많이 달라졌다고 하지만 '메신저' 불신문제는 아직도 심각하다고 보아야 한다. 그러므로 보수가 매력적인 '포스트 민주화 패러다임'을 만들고자 한다면 '선진화'니 '공동체적 자유주의'니 하는 이론의 정교화보다, 아니 그에 못지않게 그것을 체득한 위대한 보수주의자들을 산출해야 할 것이다.

앞으로 특히 2007년 대선을 앞두고 보혁갈등은 더욱 치열해질 전망이다. 갈등 자체가 나쁜 것은 물론 아니다. 갈등은 보다 나은 것을 위한 성장통(成長痛)일 수 있기 때문이다. 이미 헤라클레이토스는 "전쟁이 모든 것의 아버지"라고 설파하지 않았던가? 전쟁을 통해서 정제될 것은 정제되고 파괴될 것은 파괴되기 때문이다. '다른 조건이 같다면(ceteris paribus)' 평화는 전쟁보다 바람직하다. 그러나 모든 조건이 같은 것이 아니라면 사정은 달라진다. 무조건 평화와 조용함이 바람직하지 않은 이유가 바로 여기에 있다. 공동묘지에서의 '평화'와 '조용함'이 시장에서의 '말싸움'과 '떠들썩함'에 비하여 과연 어떤 특별한 의미가 있겠는가?

그러나 정작 중요한 문제는 전쟁 그 자체가 아니라 전쟁의 성격과 질이다. 이 맥락에서 우리는 묻고 싶다. 무엇을 위한 보혁갈등인가? 권력장악을 위한 보혁갈등이라면, 민주사회에서 불가피한 현상이기는 하나 그리 대단하거나 큰 가치를 지니고 있는 것은 아닐 것이다. 권력을 위한 승패는 민주사회에서 '병가지상사(兵家之常事)'처럼 일상적인 것이다. '화무십일홍(花無十日紅)'이요 '권불십년(權不十年)' 아니겠는가? 그러나 현 시점에서 우리가 겪고 있는 보혁갈등이 단순한 권력쟁취를 넘어서서 민주화 이후 한국사회가 절실하게 갈구하고 있는 '포스트 민주화 패러다임' 구축을 위한 갈등이라면 옥동자를 낳기 위한 산모의 산고(産苦)에 비견될 수 있을 것이며, 꽃을 피우기 위해 밤새 울었던 소쩍

새의 울음소리처럼 의미가 충만할 것이다.

우리 모두 치열하게 전개되고 있는 보혁갈등이 단순한 권력쟁취를 위한 살바싸움의 범주를 넘어서서 매력적인 '포스트 민주화 패러다임'을 위한 유의미한 갈등이 될 수 있도록 두 손 모아 기원하자.

참고문헌

강정구. 1993. "5 · 10선거와 5 · 30선거의 비교연구." 『한국과 국제정치』 제9권 봄 · 여름.

김일영. 2004. 『건국과 부국 : 방일영문화재단 한국현대사 강좌 4』. 서울 : 생각의 나무.

권태준. 2006. 『한국의 세기 뛰어넘기』. 서울 : 나남출판.

박효종. 2005a. "보수의 칠거지악." 박효종 외. 『한국의 보수를 논한다』. 서울 : 바오출판사.

______. 2005b. 『민주주의와 권위』. 서울 : 서울대학교출판사.

이문열. 2006. "이문열에게 듣는다." 중앙일보 9월18일자 대담기사.

진덕규. 2006. 『한국정치와 환상의 늪』. 서울 : 학문과 사상사.

정영국. 1998. "정치사회의 유동성과 제헌국회선거." 한국정신문화연구원 현대사연구소 편. 『한국현대사의 재인식 2 : 정부수립과 제헌국회』. 서울 : 도서출판 오름.

Axerlod, R. 1984. *The Evolution of Cooperation*. New York : Basic Books.

Gray, J. 2000. *Two Faces of Liberalism*. New York : The New Press.

Hampshire, S. 2000. *Justice is Conflict*. Princeton : Princeton University Press.

Maslow, A. 1970. *Motivation and Personality*. 2nd ed. New York : Harper and Row.

Mouffe, C. 2000. "For an Agonistic Model of Democracy" in N. O'Sullivan, ed., *Political Theory in Transition*. London : Routledge, 113–30.

Rawls, J. 1993. *Political Liberalism*. New York : Columbia University Press.

Tiebout, C. 1956. "A. Pure Theory of Local Expenditure." *Journal of Political Economy* 64, 416–24.

4장 주

1) 예를 들면, 진덕규 교수(2006, 66－67)은 보혁을 다음과 같이 규정하고 있다. "보수주의자는 보수주의의 기반인 전통이나 과거의 역사에 가치를 부여하면서 개인적으로는 전통과 예절 그리고 관습을 지키는 일에 관심을 기울이게 된다. (중략) 진보주의자들은 미래에 대해 강한 기대감과 확신을 가지고 있다. 그들은 미래는 진보적 변혁을 통해서만 얻어질 수 있으며, 역사는 진보에 의해 축적되는 전개과정이라고 생각한다."

2) '아고니스틱 정치'에 관한 한, 무페(C. Mouffe 2000, 126)의 개념정의를 참조할 것. '아고니즘'이란 그리스 사회에서 경쟁자를 뜻했던 '아곤'에서 나온 개념으로 자신과는 다른 입장의 상대방을 자유주의에서 말하는 단순한 '경쟁자'가 아닌 '적(adversary)'으로 간주한다. 그러나 이 '적'은 상호 간에 공통된 가치관과 기본을 공유하고 있는 존재이다. 중요한 것은 다원주의 사회에서 흔히 볼 수 있는 사람들 사이의 가치관이나 이해관계의 차이가 '심의'나 '합리적 토의'에 의해서 해소될 수 없다고 상정한다는 점이다. 이 점에서 심의에 의해 합의가 가능하다고 믿는 롤즈나 하버마스와는 다르다.

3) 이 '티포태' 전략은 악셀로드(R. Axelrod 1984)가 개념화한 것으로 다음과 같은 네 가지 특징을 갖는다. 우선 처음에는 상대방에 대하여 협력한다(nice). 두 번째는 상대방의 비협력에 대하여 비협력으로 응수한다(provocable). 세 번째로는 상대방이 다시 협력하면 이를 용서한다(forgiving). 마지막으로는 명쾌하다(clear)는 점이다.

4) 박정희에 관한 책들은 보수와 진보를 막론하고 최근 많이 발간되고 있다. 김정렴. 2006. 『김정렴 회고록 : 최빈국에서 선진국 문턱까지』. 서울 : 랜덤하우스 중앙 ; 박진환. 2005. 『박정희 대통령의 한국경제 근대화와 새마을 운동』. 서울 : (사)박정희 대통령 기념사업회 ; 김용환. 2006. 『개발년대와 IMF 위기시의 재정 · 금융정책 비사』. 서울 : 매일경제신문사 2006 ; 김용서 외.

2006. 『박정희 시대의 재조명』. 서울 : 전통과 현대 ; 오원철. 2006. 『박정희는 어떻게 경제강국 만들었나』. 서울 : 동서문화사 ; 김성진. 2006. 『박정희를 말하다 : 그의 개혁 정치, 그리고 과잉충성』. 서울 : 삶과 꿈.

5) 민주주의와 경제개발과의 관계를 잘 정리해 놓은 것으로 김일영(2004, 443-457)의 논의를 참고할 것. 여기서는 진보와 보수의 입장을 쟁점별로 부각시키고 있음.

6) 이와 관련, 권태준 교수(2000, 16)는 다음과 같은 지적을 하고 있다. "진정한 민주적 정치과정은 거대 쟁점에 대해 거대 담론으로 시비를 가리기에 적합지 않은 무대이다. 이런 거대 담론의 무대에는 풀뿌리 민중의 일상적 문제는 하찮은 것으로 치부될 뿐만 아니라 그들이 자신들의 목소리를 감해내기도 어려운 자리이니 말이다."

7) 좌파(남노당)는 선거에 참여할 수 없었고, 중간파(민족자주연맹)와 우파의 일부(한독당)는 적어도 '공식적'으로는 선거에 참여하기를 거부한 가운데 한민당과 이승만 세력(독촉) 그리고 무소속이 대거 참여하여 남한에서만 치러진 선거였기 때문이다.

8) 이 점은 최근 작가 이문열(중앙일보 2006년, 9월 18일)이 제기한 문제이기도 하다. "좌파우파를 말할 때 기본적으로 잘못된 게 있는데, 우파도 은연중 동의해 준 것이 남한에도 좌파의 몫을 주어야 한다는 것이다. (중략) 조금 단순한 산술일지 모르지만 균형같은 것도 생각해 봐야 한다. 60년 전 남북이 나뉠 때 좌우로 나뉘었다는 뜻도 있었다. 그런데 지금 다시 남한만을 좌우로 나누면 어떡하나. 너무 이상하지 않은가. 남한에서 좌파의 몫을 요구하려면 당연히 북한에도 우파의 몫, 즉 민주화 세력을 인정하라고 요구해야 한다."

9) 진보와 보수 간의 바람직한 관계는 '일치'나 '합의'보다는 '모두스 비벤디(modus vivendi)'의 관계라고 생각된다. 그것은 입장이 다른 상대방에 대하여 설득하여 같은 의견을 갖도록 노력하기보다는 그 다른 입장을 인정하면서 모욕하거나 해악을 끼치는 것을 삼가는 방식으로 불일치하기로 합의하는 방식이라고 할 수 있다. 이 점에 관한 한 박효종(2005a)의 논의를 참조할 것.

05 한국의 이념갈등과 '진보의 혁신', '보수의 혁신'

조희연(성공회대학교)

I. 들어가면서

한 사회 내에 존재하는 정치적 · 사회적 세력의 경쟁과 갈등의 형식은 다양하다. 사실 한국전쟁은 비록 외적인 요인들이 개입된 것이기는 하지만 한국의 정치적 · 사회적 세력들이 '총을 든 갈등과 경쟁' 프레임 속에서 각축했다는 것을 의미한다. 한국전쟁이 끝난 1953년 이후 44년이 흘러 1987년 6월 민주항쟁을 거치면서 한국의 정치적 · 사회적 세력들은 '선거' 민주주의의 프레임 속에서 각축하고 있다. 경쟁방식이 '총알에서 투표용지로(from bullet to ballot)' 이동하는 데 44년이 걸린 셈이다. 오랜 시간이 걸렸지만 어떤 의미에서 민주주의적 경쟁 프레임이 정착하였고, 선거민주주의라는 경쟁의 형식은 아무도 부정하지 못하는 경쟁의 프레임이 되었다. 그러나 나는 지금 과거를 돌이켜 보면서 우리가 해방공간에서 조금 더 갈등의 프레임에 대해서 개방적으로 생각했더라면 한국 현대사가 다른 경로를 밟았지 않을까 생각해 본다.

현재의 상황을 보면, 비록 선거민주주의가 아무도 거부할 수 없는 경쟁의 프레임이 되었지만 그 프레임 내에서 격렬하게 갈등하고 있다. 때로 그 갈등은 이전보다 더욱 심각한 것으로 느끼지기도 한다. 그러한 심각한 갈등의 하나로서 이념갈등도 존재하고 있다. 민주주의는 언제나 갈등과 경쟁의—때로는 격렬한—과정이기에 이를 존재론적으로 인정하면서도 현 단계 갈등을 더욱 선진화하는 방안은 없을까 고민해 보게 된다.

나는 독재에서 민주주의로 이행하는 과정에서는 다양한 병목지점들이 존재한다고 생각한다. 이른바 '민주화의 제3의 물결' (Hungtington 1991)을 연구하는 많은 민주주의 이행 및 공고화 연구자들의 논의를 종합하면 일차적으로 '선거제도의 회복과 정착'이 중요하고 다음에는 이러한 선거 속에서 '권력집단의 주기적인 교대'가 일어나느냐 않느냐 하는 것이 관건이 된다. 그러나 민주주의의 실현에 있어서 통과해야 할 또 다른 병목지점들도 존재한다. 이를 정치적 병목지점과 사회경제적 병목지점으로 나누어 본다면 정치적 병목지점은 정치권력의 분점과 분점한 정치세력들의 '비(非)적대적 공존'이라고 나는 생각한다. 사회경제적 병목지점은 '정치적 민주주의를 형해화하지 않기 위하여 그 근거로서 사회경제적 민주화를 수행하는 것이라고 할 수 있다.[1] 이러한 과제들은 통상적인 민주주의의 공고화를 넘어서는 과제들이다.[2] 이런 기준들에서 보게 되면 한국 민주주의는 이미 통상 이행과 공고화론에서 이야기하는 병목지점들을 통과하여 더욱 높은 수준의 병목지점에 처해 있다. 어떤 의미에서 낮은 수준의 '전환의 계곡' (Przeworski 1991)을 건너 높은 수준의 '전환의 계곡'에 처해 있는 셈이다.

많은 아시아 사회를 다녀보면 우리의 내부 시각과는 '동떨어지게' 한국은 사실 산업화, 민주화, 시민사회 발전 등 여러 측면에서 많은 선도성을 발휘하는 사례로 간주된다. 심지어 민주화의 '역류' 현상을 경험하고 있는 태국 같은 사례도 있다.

이런 점에서 현재의 우리 사회의 갈등을 어떤 의미에서 민주주의로의 이행에서의 높은 수준의 갈등과 홍역으로 보고, 어떻게 우리 사회가 이 병목지점을 슬기롭게 통과할 것인가 하는 관점에서 여러 정치 · 사회 세력의 '비적대적 공존'이 가능하기 위한 과제가 무엇인가 하는 것을 탐구해 보고자 하는 것이다.

이 글은 현 단계 보수와 진보의 갈등의 성격을 조명하기 위하여 현대사 속에서 보수와 진보가 어떤 모습을 가져왔으며 민주화와 포스트 민주화의 과정에서 어떤 도전에 직면하고 있는가를 밝히면서 현 단계 바람직한 이념통합의 근거를 어디에서 찾아야 하는 가를 제시해 보고자 한다. 여기서 핵심적으로, 비적대적 공존이 가능하게 하기 위해서는 보수와 진보 모두가 혁신되어야 하는데, 이런 점에서 보수와 진보의 다원화를 핵심과제로 제시하고자 한다. 나아가 보수와 진보의 경쟁이 이른바 신자유주의적 지구화 시대의 새로운 경제 모델을 제시하는 경쟁으로 전환되어야 함을 제시하고자 한다.

II. 한국 현대사 속에서의 보수와 진보의 경계와 구성적 내용의 변화[3)]

한국 현대사는 크게 3개의 역사적 분기점을 가지고 있고, 그에 따라 상이한 체제가 존재하여 왔다. 그것을 '53년 체제', '61년 체제', '87년 체제'로 구분할 수 있다고 본다. 53년 체제는 민족국가의 성격을 둘러싼 격렬한 투쟁기였던 '해방 8년사'가 분단체제로 종결되고 남한에 반공주의를 지배적 담론으로 하고 있었던 체제라고 할 수 있다. 이 체제는 1961년 5 · 16 군사 쿠데타 이후 개발독재체제로 전환된다. 61년 체제는 곧 개발독재체제라고 할 수 있다. 이 개발독재체제는 한편에서 개발이라고 하는 적극적이고 '긍정적인(positive)' 목표를 갖는 체제이면서 다른 한편에서는 독재로 얼룩진 '부정적' 체제로서이다. 이 체제의 전반기에 군부 독재정권은 53년 체제로부터 계승한 반공주의와 새로운 지배적 담론으로서의 개발주의에 기초하여 정권을 유지할 수 있었다. 그러나 이 체제의 후반기에는 점차 민주주의 담론이 국민적 담론으로 되어갔고, 이 체제는 87년 6월 민주항쟁을 분기점으로 하여 87년 체제로 이행하게 된다. 87년 체제는 민주주의 혹은 민주개혁을 지배적 담론으로 하는 민주화의 체제라고 할 수 있다. 그런데 이 1987년 체제는 한편에서는 민주화라고 하는 시대적 과제를 가진 체제이면서 다른 한편에서는 세계화라고 하는 새로운 도전이 주어지는 체제였고, 그런 점에서 1987년 체제는 '민주화와 세계화의 이중적 진행'으로 특징지워지는 체제였다고 할 수 있다. 바로 이러한 87년 민주화 체제에서 '포스트 민주화' 체제, '민주화 이후의 민주주의'(최장집 2005) 혹은 '포스트 87년 체제'로 이행하는

'전환적 위기' (조희연 2005)의 시대에 살고 있다고 할 수 있다.

1. 53년 체제와 61년 체제 하에서의 보수와 진보

먼저 53년 체제 하에서 반공주의가 지배적 담론으로 군림하며 사회는 '반공규율사회'로서 작동하게 된다. 53년 이후의 남한사회는 극우반공주의에 의해 '포맷(format)된' 사회였다. 여기서 남북 간의 치열한 대결구도는 '승공(勝共) 담론'을 넘어 '멸공(滅共) 담론'으로 나타나게 된다. 한국의 보수가 강력한 극우반공주의와 반북(反北)주의를 자기 정체성으로 가져가게 되는 것도 이러한 조건에서였다. '친북(親北)적'으로 보여지는 세력에 대해서 국가의 물리력이 곧바로 가해지는 것을 찬성하는 '강압적 보수주의'로 존재하였다고도 표현할 수 있다.

53년 체제 하에서 반공주의는 극단화되고, 이러한 극단화된 반공주의 하에서 민주주의, 시민권 등 자유주의의 기본가치들은 쉽사리 무시되었다. 이것은 53년 체제 하에서 보수는 극우화되고 자유주의 역시 독립적인 정치사회세력으로 존재할 수 없었음은 물론 자유주의적 가치들이 억압되고 있었음을 의미한다. 자유주의적인 가치마저도 불온시되는 극우 반공주의적 조건 위에서 자유주의적 전통은 존재할 수 없었다. 이것은 한국의 보수가 극우 반공주의와 반북주의 속에서 자유주의를 상실해가는 과정이기도 하였다. 53년 체제 하에서 권력을 갖는 보수는 자유주의 세력마저도 독립적 세력으로 존재할 수 있는 공간을 박탈하였다. 그 결과 보수 혹은 반동과 구별되는 자유주의적 담론은 취약하였고 자유주의적 실천 및 담론을 담지할 정치사회세력이 부재하였다. 자유주의를 모든 정치사회세력이 거론하지만, 자유주의가 독립적인 가치로 자유주의 세력이 독립적인 세력으로 존재할 수 있는 공간은 소멸한 것이 바로 1950년대였다. 물론 한국의 보수는 진보주의 자체도 용납하지 않았다. 이 시기에 진보주의적 세력과 진보주의적 담론은 '비합법화' 될 수밖에 없었다. 최소한 공론의 영역에서는 소멸할 수밖에 없었다. 이렇게 보면 53년 체제 하에서 진보 자체가 공론의 광장에 존립할 수 없었고 억압 당하였기 때문에 '진보 없는 보수의 시대' 로 존재하였다고 할 수 있다.

다음 61년 체제 하에서 정치사회적 세력들 간의 관계 및 이념적 지형도 변화하게 된다. 이 시기에 1950년대의 민간 권위주의 정권은 군부독재정권으로 변화하게 된다. 1960년대 이후 개발독재 하에서는 지배적 담론이 근대화, 산업화, 절대빈곤으로부터의 탈피 등을 포함하는 개발주의, 발전주의(developmentalism) 담론 혹은 성장주의 담론으로 전환되게 된다. 이것은 한국의 보수가 반공주의적 보수에서 반공주의적 · 개발주의적 보수로 '자기 혁신' 을 하는 것을 의미하였다. 그러나 이러한 반공주의적 · 개발주의적 보수는 후기로 가면서 다른 한편에서 독재적 · 권위주의적 성격을 강하게 띠게 된다. 이런 점에서 61년 체제 하에서의 보수는 반공주의적 · '개발' '독재' 적 보수로서의 성격을 띠었다고 할 수 있다.

1960년대 이후의 근대화 담론은 4 · 19혁명을 통하여 분열되었던 보수주의 세력을 성장이라고 하는 새로운 국가목표를 중심으로 재통합하는 효과를 가지고 있었다. 어떤 점에서 반공주의 담론에 의해 정당화되면서 통합되어 존재하던 한국의 보수가 4 · 19혁명에 의해 균열되었다가 근대화 담론에 의해 정당화되면서 한국 보수의 새로운 재구성이 일어났다고 할 수 있다. 동시에 1960년대까지 한국의 자유주의가 보수로부터 독립한 독자적인 세력이 아니라 보수에 포섭된 세력으로 존재한다고 하는 상황은 동일하였다.

그러나 국가에 의한 '직접살인'과 '간접살인'(조현연 2000)마저 공공연히 진행되는 개발독재의 폭력화에 의해서 1960년대 보수의 개발주의의 국민적 동원효과가 약화되고 반대로 개발독재에 저항하는 아래로부터의 운동이 강화되게 된다. 군부정권의 장기집권에 따른 정치적 정당성 약화, 근대화 자체의 새로운 현실모순에 의해 촉진되면서 저항담론으로서의 민주주의 담론이 점차 광범위하게 수용되어 가게 된다. 이는 야당 내부에서 보수주의적 세력들의 주변화와 저항적 자유주의 정치세력의 분화 및 중심화가 촉진되는 것과 궤를 같이 한다. 이러한 과정은 대체로 야당 내부에서 양김 씨가 주도적인 분파로 되어가는 과정과 궤를 같이 한다. 한국의 보수가 권위주의적 · 독재적 · 파쇼적 보수로 자유주의를 배제하는 과정에서 한국의 자유주의가 보수의 헤게모니 속에 편입되어 있다가 마침내 독립되게 된다. 개발독재의 모순 속에서, 개발독재에 저항하는 과정에서 자유주의는 진보에 속하게 된다.

이러한 과정에서 1950년대까지 어용적 성격으로만 존재하여 왔던 자유주의 세력들의 분화가 촉진되는 것으로 나타난다. 즉 자유주의적 세력이—반공주의적 보수의 헤게모니에 포섭된—친독재(어용) 자유주의와—반공주의적 보수로부터 이탈하는—반독재적 혹은 저항적 자유주의로 분화되어 가게 된다.[4] 그리고 반독재 자유주의 세력들은 진보주의적인 반독재세력과 연합하게 된다. 이런 의미에서 1960년대 이후의 독재 대 반독재의 구도 하에서 반독재 내에는 (정치적) 자유주의적 지향 및 세력과 진보주의적 지향 및 세력이 공존하고 있었다고 할 수 있다. 독재가 강화되면서 자유주의적 세력이 친(親)독재(어용)자유주의와 반독재 자유주의(비제도권화 및 비합법화)로 분화되어 가고 후자는 전투적인 반독재 진보주의 세력과 사회운동 속에서 연합하게 되었다. 이런 점에서 반독재 재야운동은 반독재 정치적 자유주의 세력과 반독재 진보주의 세력 간의 연합세력이라고 규정될 수 있다. 양김 씨로 대표되는 정치적 자유주의 세력들은 군부 권위주의 정권의 배제와 탄압에 저항하면서 전투적 진보주의 세력과 함께 반독재 민주화 운동을 국민적 운동으로 전개해 가게 된다. 1970년대 중반 이후 반독재 민주화 운동은 자유주의가 반공주의적 · 개발독재적 보수로부터 이탈하여 자립하고 나아가 진보주의와 연합하여 투쟁하는 운동을 의미한다.

흥미로운 것은 한국의 보수가 극우 반공주의와 개발독재적 보수로 안주하게 되고 그 모순이 증폭되면서 반독재 민주화 운동이 국민적 운동으로 되어가게 되고 이 과정에서 진보주의, 급진주의가 자립화하고 존립공간을 확보하여 가게 된다는 것이다. 독재가 더욱 강화되고 그에 대응하여 반독재 민주화 운동이 국민적 운동으로 되어가는 과정에서 한국의 진보주의는 점차 시민권을 얻어가게 되는데, 이 과정에서 급진화되어가게 되고 혁명적 진보도 출현하게 된다. 이 시기의 진보주의는 보다 마르크스주의, 레닌주의, 주체사상 등 다양한 급진적 사상들을 흡수하면서 더욱 급진화 · 혁명화하여 가게 되며, 현실적 존재양태의 측면에서는 5공화국의 폭력적 탄압에 맞서서 전투적인 성격을 강화해 가게 된다. 이 시기 진보주의 세력은 반(反)자본주의적 지향이 중심화되어 가게 되고 나아가 반미주의적 지향을 강화해 가게 된다. 이러한 진보주의의 반자본주의적 · 반미주의적 급진화는 반독재 민주화 운동에서 연대세력이 되는 정치적 자유주의 세력에도 영향을 미치게 된다. 이것은 자유주의 세력에게도 일정한 급진성과 진보성을 강제하는 결과를 낳게 된다. 1987년 6월 민주항쟁은 바로 정치적 자유주의 세력과 급진적 · 전투적 진보주의 세력이 연합하고 여기에 국민적 투쟁이 결합된 사건이었다고 할 수 있다.

개발독재의 후반기에 보수는 개발주의적 보수, 권위주의적 · 파쇼적 보수로 존재하는 반면에, 진보는 자유주의적 진보와 급진 진보로 구성되게 된다. 결국 61년 체제의 후반기에 한국의 보수는 독재의 모순으로 그 정당성이 훼손되게 되고 자신들의 추동한 근대화의 '성공'이 가져오는 새로운 모순으로 그 주도성을 빼앗기는 상황에 놓이게 된 것이다. 그 속에서 한때 자신들의 헤게모니 하에 있었던 자유주의 세력은 진보주의와 결합하여 보수에 도전하는 형국이 된 것이다.

결국 1961년 개발독재체제 하에서 보수는 극우반공주의적 정체성과 개발주의 · 성장주의적 정체성과 동시에 권위주의적 · 파쇼적 정체성을 갖게 되었고, 반대로 진보는 민주주의를 지배적 정체성으로 획득해가면서 동시에—개발독재의 말기에 자유주의가 저항적 자유주의로 반독재운동에 합류하게 되면서—내부에 자유주의적 진보와 급진적 진보—80년대적 양상으로는 반미주의나 사회주의 등까지를 내포화하는—가 공존하는 형상으로 변화하게 되었다고 할 수 있다.

2. 민주화 속에서의 보수와 진보의 변화

1987년 6월 민주항쟁은 61년 체제로부터 87년 체제로 전환되는 계기였다. 반독재 민주화 운동이 1987년 6월 민주항쟁에서 정점에 이르고 이를 계기로 군부독재정권이 퇴진하게 되었다는 것은 이미 민주주의가 시대정신이 되었다는 것을 의미하고, 이후 '민주개혁'이 시대적인 시대적 과제가 되는 것을 의미한다. 1987년 이전 보수와 진보의 대치선이 독재의 유지 대 민주주의 회복의 대치선이었다고 하면, 1987년 이후에는 구체제의 개혁 대 반개혁의 구도로 이행하게 된다. 여기서 구체제의 민주적 개혁에는 국가 및 정치의 민주화뿐만 아니라 재벌체제의 개혁 등

시장민주화, 생활세계의 민주화도 포함된다. 물론 이러한 민주개혁에는 53년 체제와 61체제 하에서 고착된 각 정치사회세력의 정체성의 개혁도 포함되는 것이었다.

87년 체제 하에서의 민주화 과정에서 보수와 진보에는 상이한 변화가 나타나게 된다. 첫째는 61년 체제 하에서 '극단화' 된 보수의 정체성의 민주화를 위한 도전이 제기되게 된다. 즉 보수의 합리화와 탈수구화, 보수의 민주화가 시대적 과제로 제기되고 보수에게 강제된다. 이것은 보수 내부에서의 과거의 극우반공주의적 분파와 민주화의 시대적 상황 속에서 자유주의를 내포화하는—독재 하에서 진보의 것이 되어버린—자유주의적 보수의 분화가 나타나게 되고 양자 간에 갈등과 경쟁이 나타나게 됨을 의미한다.

1987년 이후의 정치적 격변 속에서 보수, 특히 정치적 보수세력—민정당과 같은 제도정당—은 많은 변화를 겪게 된다. 예컨대 1990년 3당합당은 전후의 극우반공주의적 · 군부독재적 성격을 띠고 있던 한국의 보수주의가 반독재 자유주의 세력을 흡수함으로써 보수주의의 '진보화' 가 나타나게 되는 계기였다. 또한 3당합당은 집권세력 내부가 극우반공주의로 일색화되어 있다가 극우 보수주의에서부터 온건자유주의, 급진주의의 배경을 갖는 그 급진파에 이르기까지 '다원화' 되는 출발점이었다. 이러한 다원화는 보수 내부에 갈등이 드러나는 계기이기도 하지만, 보수의 자기 진화의 적극적인 진통이자 당연한 진통이라고 할 수 있다. 이를 통해 문민정부에서 온건 자유주의 분파가 집권층 내부에서 헤게모니를 갖게 되면서 한국 보수주의의 합리화를 촉진하는 개혁을 시도하게 된다. 문민정부는 바로 반독재 자유주의 정치세력을 전면에 내세운 '변화된' 보수세력의 재집권기라고 볼 수 있다.

이러한 변화 속에서 핵심적인 과제는 53년 체제와 61년 체제 하에서 자유주의를 억압하면서 자유주의를 상실하였던 보수가 다시 어떻게 자유주의를 자기화할 것인가 하는 점이 87년 체제 하에서의 보수의 최대의 개혁과제가 되게 된다.

다음으로 개발독재 하에서 자유주의적 진보와 급진 진보로 구성된 진보세력 내에서의 분화가 촉진되게 되었다. 민주주의 이행이 가져오는 중요한 변화는 바로 자유주의가 진보주의로부터 분리되고 또한 극우적 보수주의에 종속적으로 포섭되어 있던 자유주의의 분리가 나타난다는 것이다. 앞서 지적한 대로 1960년대 이후 개발독재의 과정은 자유주의(세력 혹은 담론)가 어용화된 형태로밖에 존재할 수 없는 상황을 만들었으며, 진정한 독립적 자유주의는 저항적 자유주의로 반독재 진보주의와의 투쟁적 연대 속에서 비로소 존재할 수 있게 된다고 할 수 있다. 다시 말해 이전 시기에 한국의 자유주의는 없었고, 반독재 저항 속에서 비로소 정치적으로 가능하게 되었다고 할 수 있다.

1970－1980년대 반독재 민주화 운동의 구성은 자유주의적인 제도정치세력과 자유주의적인 시민사회세력, 진보주의적인 시민사회세력으로 구성되어 있었다고 할 수 있다. 반독재 민주화 운동 속에서 진보주의와 연합함으로써 한국의 정치적 자유주의 세력은 부분적으로－개인적이건 집단적이건－진보적인 성격 및 사회적 성격을 가질 수 있는 계기를 갖게 된다. 이들은 1980년대 민주화 투쟁을 통하여 합법적인 제도정치 영역으로 복귀하게 되고, 이후 집권세력으로까지 변화하게 된다.

제도정치 영역에 복귀한 자유주의적 제도정치세력들은 역으로 반독재 진보주의 세력들을 '수혈' 함으로써 '합리화되는' 보수주의 정당과의 경쟁 속에서 자신의 정당성을 강화하게 된다. 이 과정에서 급진 진보적 반독재운동 세력들이 제도정당으로 진입하게 되고, 김대중 정부와 노무현 정부 하에서 통치세력으로까지 변화하게 된다.

87년 체제의 후반부에 나타난 중요한 변화는 진보적인 반독재민주화 세력이 집권세력이 되었다는 것이다. 1987년 이후 민주화의 과정은 두시기로 나눌 수 있다. 구세력이 이니셔티브를 갖는 시기와 김대중, 노무현 정부 이후의 시기이다. 즉 반독재 민주정부 시기이다. 반독재 민주정부 하에서 과거의 반독재 민주세력은—비록 전부는 아니지만—통치세력이 되어 자신들의 개혁의제를 자신들이 직접 추진하는 위치에 서게 되었다.

이것은 저항세력에서 '통치' 세력의 경험을 가져오게 된다. 물론 반독재세력의 일부를 구성하는 중도 자유주의 세력의 집권은 자유주의 세력에게도 기회이지만 도전의 성격도 띠게 된다. 신집권층이 된 반독재 자유주의 정부는 새로운 기회와 도전에 직면하게 된다. 여기서 기회라고 하는 것은 자신들이 저항하면서 요구하였던 개혁의제들을 실현할 수 있는 기회를 의미하며, 도전은 저항세력과 달리 집권세력으로서의 통치능력과 책임성이라는 견지에서 도전을 받게 된다.

기회라는 점에서 보면, 진보적 반독재 민주화 세력은 2000년 6·15 선언을 통한 남북관계의 일대 전환을 시도하고, 과거 보수의 대북(對北) 정책과 구별되는 정책을 현실화할 수 있었다. 즉 보수의 '남북 대결주의'에 대립하는 '남북 평화공존주의'를 현실 정책노선으로 정립하게 되었다. 현재는 보수가 그러한 평화공존형 남북관계의 추구과정에서 나타나는 문제들을 쟁점화하는 방식으로—퍼주기론이나 햇볕정책이 핵개발을 불러왔다는 식으로—경쟁하고 있는 셈이다.

다른 한편에서 집권은 도전으로 나타났다. 두 번째의 민주정부 하에서 보수세력이 2006년 5·30 지방선거를 석권하고 진보의 '위기' 담론이 출현하게 되는 것도 이러한 현상이 될 것이다. 저항세력으로서의 존재와 통치세력으로서의 존재는 전혀 상이한 논리와 행동, 덕목을 요구하기 때문에 새로운 집권세력이 된 반독재 자유주의 세력은 이제 통치 능력과 책임성이라고 하는 과제에 직면하게 된다. 책임성의 문제는 민주화의 진전에 따라 제도권에 진입하게 되는 진보주의 · 급진주의 세력에게도 나타나게 된다. 민주노총이나 전교조가 이전과는 다른 도전에 직면하게 되는 것도 이런 것과 연관이 되어 있다. 또한 도전은 과거 개발주의적 보수에 대한 진보의 비판소재였던 개방과 성장의 문제, 경제운용의 문제를 진보가 고민하지 않으면 안 되는 계기를 제공하였다.

나아가 단순히 비판의 타당성만이 아니라 정책의 현실성을 검증받지 않으면 안 되는 위치에 놓이게 되었다. 과거 개발독재체제 하에서 정책의 문제점을 사후적으로 비판하는 '편한' 위치에 있었다고 한다면, 이제 자신이 정책의 현실성을 비판당하는 위치에 서게 된 것이다. 이 점은 노동운동을 기반으로 제도정당이 된 민주노동당도 집권당인 열린우리당과 함께 직면하고 있는 문제이다. 또한 2006년 노무현 정부의 한미 FTA의 추진은 박정희 정권이 추진하였던 '1차 개방과 근대화'과 궤를 같이 하는 '2차 개방과 근대화'를 추진하는 '역설적인' 상황을 만들어내고 있다. 이처럼 전혀 다른 도전을 갖게 되었음에도 불구하고 반독재 민주화 세력의 자유주의적 분파와 급진적 분파, 제도정치적 분파와 사회운동적 분파는 개발독재에 대한 저항 속에서 공유했던 '저항의 정서'를 그대로 갖고 있다는 점도 현실로 존재하고 있다.

결국 87년 민주화 체제 속에서 보수는 개발독재 하에서 갖게 된 극우반공주의적 · 파쇼적 보수의 성격을 민주적으로 변화시킬 것을 강제당하게 되고—그것은 자신들이 억압했던 자유주의의 내부화라고 하는 도전으로 나타난다—반대로 진보는 개발독재 하에서 통합되었던 자유주의적 진보와 급진 진보의 분화에 직면하게 되고 통치세력이 됨으로써 보수가 담지하고 있었던 개방이나 성장의 문제, 통치와 책임성의 문제,

정책의 현실성의 문제를 고민해야 하는 위치에 존재하게 되었다.

III. 보수와 진보의 '다원화'의 과제 : '비적대적 공존'을 향하여

이상에서 나는 분단체제와 개발독재체제 하에서 한국의 보수와 진보의 구성적 성격이 변화하게 되었는지, 그리고 민주화 과정에서 어떤 변화에 직면하고 있는지를 서술하였다. 이에 기초하여 포스트 87년 체제 혹은 포스트 민주화 체제로의 이행과정에서 요구되는 변화의 과제를 서술하여 보고자 한다.

앞서 서술하였듯이 민주주의 이행과 공고화를 넘어서서 한국 민주주의를 발전시키기 위하여 우리가 통과하여야 할 병목지점은 보수와 진보가 어떻게 '비적대적 공존'을 할 수 있느냐 하는 것이다. 많은 민주주의 이행 및 공고화의 나라들이 정체 혹은 심지어 역류를 경험하고 있는 와중에서 우리가 민주주의의 더 높은 단계로 진입하기 위해서는 보수와 진보의 혁신을 통하여 이러한 과제를 달성해야 한다고 생각된다.

비적대적 공존을 위한 핵심적인 과제로서 나는 무엇보다도 보수와 진보 모두에게 있어서 다원성의 증대, 보수와 진보의 내적 다원화가 필요하다고 생각한다. 물론 보수와 진보에게 이러한 다원화라고 하는 과제는 상이한 방식으로 요구되고 있다.

1. 보수의 혁신과 보수의 다원화

먼저 보수에 대한 다원성의 도전은 보수 내의 수구적 보수와 자유주의적 보수의 분화가 촉진되고 보수 내부에서 자유주의적 보수가 강화되는 식으로 표현되어야 한다고 생각한다. 여기서 수구라고 할 때 분단체제와 개발독재 하에서 담지하게 된 보수의 극우반공주의적 정체성과 권위주의적 지향을 87년 이후의 민주화 체제 하에서의 시대적 개혁요구에도 불구하고 지속하는 경우를 의미한다.

앞서 나는 한국의 보수가 극우 반공주의적·반북주의적·권위주의적 정체성을 일면적으로 담지하면서 자유주의를 억압하였고, 그를 통해 스스로의 자유주의적 성격을 상실해갔음을 지적하였다.[5] "지난 60년의 한국 현대사는 대한민국이 국시로 삼고 있는 자유민주주의를 지킨다는 이름 아래 자유민주주의를 압살해 온 '자유민주주의의 비극', 아니 '희극'의 역사였다"(손호철 2006). 이제 자유주의를 언어적 장식(粧飾)으로서가 아니라 진정으로 한국 보수의 내재적 성격이 되도록 해야 한다. 이는 한국의 보수가 시민권, 민주주의, 소수자의 권리, 개인의 권리, 자유 등 자유주의의 핵심적인 가치들을 전면화해 가는 노력 속에서 가능하다. 최소한 극우반공주의적 보수와 자유주의적 보수가 균형을 이룰 수 있어야 한다. 구체적으로 한나라당 내부에서도 이념적 다원성이 더욱 증대되어야 하고, '자유주의적 보수'가 중심적인 흐름이 될 때 보수의 다원화가 진전된 것으로 이야기할 수 있다. 포스트 87년 체제 하에서의 보수의 헤게모니를 위해서도 이것이 필요하다고 나는 생각한다.

민주화 국면에서 보수와 진보의 경쟁의 한 축에는 자유주의와 다원주의를 누가 '자기화'하고 획득할 것인가 하는 경쟁이 있었다. 개발독재의 후반부에 보수는 자유주의를 상실하고 억압하는 방향으로 달려가고 있었으며, 반면에 반독재 진보에 자유주의적 진보가 연합하게 되었지만 동시에 진보의 급진분파는 탈(脫)자유주의적 급진화의 경향으로 나아가고 있었다. 민주화 과정에서는 보수와 진보 모두가 이러한 자유주의와 다원주의를 재획득해야 하는 과제에 직면하고 있었고, 특히 보수에게 시급한 과제였으나 보수는 이를 충분히 진전시키지 못하였다.

1) 보수의 반북(反北)주의적 정체성

이러한 보수의 다원화와 보수 내부에서의 자유주의적 보수의 강화를 위해서는 무엇보다도 보수 내부에서 반북(反北)주의적 정체성이 완화되어야 한다. 이것이 보수 혁신의 최대의 장애물이라고 생각한다. 사실 해방 이후 60년 동안 보수의 헤게모니를 보장하고 자유주의가 '어용적 자유주의'로 보수의 헤게모니 하에 존재하도록 만든 가장 중요한 근거는 바로 반북주의였다. 이러한 반북주의가 독재의 시대에는 저항세력을 '친북세력'이나 '빨갱이'로 낙인화하는 노력으로 나타났고, 또한 87년 체제 하에서의 이념적 해빙과 이념적 스펙트럼의 확산과정을 냉전적 시각에서 보게 만들었다. 지금도 이러한 반북주의가 관철되고 있으며, 이는 시민사회 내부에서도 강력하게 나타나고 있다. 시민사회의 '신우익' 단체들의 언술과 행동을 보게 되면 여전히 '반북주의'적 정체성이 보수의 합리화를 제약하고 있다는 생각이 든다. 보수정당에서 국민정부와 참여정부의 경제정책을 '좌파사회주의' 정책이라고 규정하는 것은 역설적으로 국민정부와 참여정부의 좌파성을 확인해 주는 것이 아니라 보수의 퇴행성을 확인해 주는 것에 다름 아니다. 이러한 시각에 고착되게 되면 '참여정부가 좌파사회주의면 나는 무엇이냐'라고 하는 민주노동당의 항변도 들리지 않게 된다. 일부가 정략적 관점에서 국면적으로 이런 언술이 사용되는 것은 정치의 속성으로 이해할 수 있다고 하지만, 그것을 엄밀한 개념적 언어처럼 사용하는 것은 시각의 왜곡성을 스스로 드러내는 것에 다름아니라는 점을 성찰할 필요가 있다.

더구나 현단계 지구화의 도도한 흐름은 이러한 정체성을 넘어서지 않으면 안 되는 상황을 조성하고 있다. 또한 2000년 6 · 15 선언 이후 남북 간의 탈냉전상황은 더더욱 반북주의적 정체성을 전면화하는 방식으로 보수가 국민적 감수성, 특별히 신세대적 감수성과 결합할 수 없음을 잘 보여주고 있다. 이것은 역설적으로 보수의 헤게모니의 근거였던 반북주의가 보수의 재(再)헤게모니화를 저지하고 있음을 말해준다. 반북주의가 분단과 개발독재 하에서 보수의 막강한 패권을 보장하였지만, 현재는 역설적으로 '편한' 극우반공주의로 회귀하고자 하는 혁신의 장애를 제공하고 있다는 것이다.

이런 점에서 나는 북한 문제에 대해 '퍼주기론'과 같은 방식으로 대응하는 것이 아니라 '온정적 보수주의'로서의 면모를 가질 수도 있다고 본다. 구호나 인도적 지원에 적극적인 방식으로, 인도주의적인 가치들을 보수가 내재화하지 못할 이유가 없다. 세계화 시대, 그리고 남북 화해의 시대에 조응하는 방향으로 보수의 반북주의적 정체성이 재조정될 필요가 있다. 이 점에서 한나라당 내부에서도 박근혜 총재가 북한 방문 등 극단적인 반북주의를 상대화하는 정치적 행보를 하고자 시도하고 있는 것은 이러한 보수의 반북주의적 정체성의 완화와 관련해서도 의미가 있다 하겠다. 나는 보수 내부에 강경한 극우반공주의적 기조에 선 반북적 입장도 존재할 수 있다고 생각한다. 그러나 보수의 반북주의적 '일색화(一色化)'가 보수 내부의 다원성에 의해 규율될 수 있어야 한다고 생각한다.

2) '전향파 보수'의 적극적인 역할

이와 관련하여 나는 오히려 이른바 '전향파 보수'들이 보수의 반북주의적 정체성을 강화하는 것이 아니라 약화시키는 방향으로 '보수의 진보화'를 촉진하여야 한다고 생각한다. 여기서 '전향파 보수'는 개발독재에 대한 저항 속에서 급진적 진보에 속하였다가 보수로 위치 이동한 개인이나 집단을 가리킨다. 급진적 운동가, 과거 진보적 학자, 1987년 이후의 시민운동가들 중에서 보수로 변화한 경우들을 우리는 많이 보고 있다. 이들이 뉴라이트의 중요한 부분을 구성하고 있다.

나는 운동권에서 반운동권으로 혹은 좌파에서 우파로 위치이동을 했다는 것보다도 그들이 보수로의 전환 이후에 너무도 쉽게 반북주의적 보수로 변화해 버린다는 것이 오히려 문제라고 생각한다. 사실 전향파 보수가 일정하게 담당하고 있는 반북주의적 활동은 구보수의 오랜 정체성이자 구보수가 충분히 수행할 수 있는 활동영역이다. 그런 점에서 자유주의적 · 급진적 배경을 갖고 있는 전향파 보수들이 자신들이 가졌던 자유주의적 · 급진적 지향들이 보수의 합리화와 재정향에 기여하는 방향으로 노력해야 보수의 혁신이 촉진될 수 있다고 생각한다.

보수 내부의 다원성을 존중할 때, 우익적 · 신우익적 보수, 수구적 보수가 존재하는 것은 당연한 현상이다. 문제는 보수 전체가 특정 국면에서 이러한 우익적 · 신우익적 동원구조에 편입되는 것이 문제이다. 보수의 혁신에 있어서의 난점은, 서해교전사태나 북핵위기 등이 제기되면 극우적 · 수구적 보수가 전체 보수를 성공적으로 동원하는 구조가 작동한다는 점이다. 그 결과 다원성이 일거에 국면적으로 소멸하는 악순환이 나타나게 된다. 이 점에서 반독재 민주화 운동으로부터, 혹은 급진주의적 운동으로부터 전환한 보수가 자신의 진정한 자리를 보수 내부에서 지켜주는 것이 중요하다고 생각된다. 보수 내부에서 '자유주의적 보수'로서의 자리를 지켜가려는 어려운 노력을 해야만이 보수의 우경화를 막을 수 있고, 보수의 혁신이 달성됨으로써 보수와 진보의 비적대적 공존이 가능하게 될 것이라고 생각한다.

3) 과잉과거청산 대 최소주의적 과거청산

현재 보수와 진보의 치열한 대결의 지점에 과거청산 문제가 있다. 통상 보수에서는 현재 진행되는 과거청산을 '과잉과거청산'으로 인식한다. 민주정부 하에서 진행되는 과거청산에서 보수가 수세적인 위치를 점하는 것만은 사실이다. 보수는 이를 대한민국의 정통성을 파괴하는 것이라고 본다. 진보는 이를 통해 오히려 대한민국의 과거와 화해해야 한다고 생각한다. 그러나 나는 현재의 과거청산이 과잉과거청산이 아니며 식민지 시대와 분단, 개발독재 시대의 역사적 유산, 또한 이 시기에 보수에게 각인된 왜곡성을 극복해 가는 최소주의적 과정이라고 생각한다. 물론 보다 폭넓은 성찰적 과거청산으로 승화되지 못한 점이 있다고 생각한다. 오히려 보다 철저한 과거청산을 통해서 전후의 일본이나 독일, 만델라 정부 하에서의 '진실과 화해' 모델을 뛰어넘는, 세계사적인 모델을 만들 수도 있다고 생각한다.

분단과 개발독재 하에서 보수의 왜곡성의 역사적 유산들을 이러한 과거청산을 통해서 '과거'로 돌리는 것은 장기적으로 결코 보수에게도 불리하지 않다. 어떤 의미에서 보수에게는 시대가 요구하는 '강요된 자기정화'의 과정일 수 있고 진보는 자신의 핵심적인 의제를 상실해 가는 과정일 수도 있다. 1980년대 광주항쟁과 광주학살은 핵심적인 운동의제였었으나, 1990년 8월 '광주 민주화 운동 관련자 보상 등에 관한 법률', 1995년 12월 '5 · 18 민주화 운동 등에 관한 특별법', 2000년 1월 '광주 민주유공자 예우에 관한 법률' 등 일련의 과거청산 과정을 통하여 비록 '광주의 남겨진 분노'에도 불구하고 광주의제가 역사적 이슈가 되어가고 있음을 상기해 볼 수 있다. 2005년 1월부터 관련규정이 제정되어 활동한 '한일 수교회담 문서 공개 등에 대한 대책기획단'의 경우도 다른 예가 될 수 있다. 이는 한일수교회담이 1960년대 이후 논란이 되어 왔는데, 이를 해결하기 위하여 대책기획단을 설치하고 관계기관의 협조를 통해 역사적 사실을 규명하기 위한 것이었는데, 나는 개인적으로 많은 불만이 있지만—거시적 요인은 고려하지 않고 미시적인 문건 분석에만 집착했다는 점에서—40여 년 동안 논란이 된 '김종필-오히라 메모' 진상규명을 포함하여 한일회담을 둘러싼 과거청산의 경우가 과거청산이 하나의 일관된 정치적 효과만을 보수에게 가져오지 않는다는 것을 잘 보여주고 있다고 생각한다. 결국 한일회담 진상규명을 통해서 오랜 동안 보수의 비정당성의 논거가 된 사안에서 사실 보수는 자유로워질 수 있었다. 현재 국정원이나 사법부, 군에서 이루어지는 과거청산에 대해서 사실 급진적인 입장에서는 많은 불만을 가지고 있다. 많은 경우 과거의 보수세력에게 면죄부를 주는 것으로 인식하고 있다. 그럼에도 불구하고 이러한 사안들을 과거로 만들어가는 것이 보수가 미래로 가기 위해서 통과하지 않으면 안 되는 허들이다.

사실 과거청산은 민주정부의 정치적 의도에 의해서 추동되는 것이 아니라 아래로부터의 과거청산 요구투쟁에 의해서 강제되었다. 사실 김대중 정부에서도 의문사진상규명법 같은 것도 유가협 부모들의 460여 일이 넘는 국회 앞 농성을 통해 정부에 강제된 것이었다. 현재의 과거청산—그것의 정치성은 논외로 하고—자체는 노무현 정부의 탄생, 탄핵 극복과 2004년 4 · 15 총선에서 보수의 의회독점 해체와 같은 정치적 콘텍스트의 변화가 없었다면 제기되지 않았을 것이다. 이는 열린우리당이나 노무현도 어찌할 수 없는 역사적 대세로 진행되고 있다.

오히려 나는 보다 적극적으로 과거청산의 전범을 만들어 가는 사례로 발전할 수도 있다고 생각한다. 한국 민주주의가 파시즘의 유산—그 정점에 천황제가 있다—이 질곡하고 있는 일본 민주주의를 뛰어넘어 아시아의 모범적 민주주의의 전형을 만들어 가는 과정에 모범적인 과거청산이 중요한 역할을 할 수 있다고 생각된다.

물론 진보는 이 과거청산의 문제를 '친일파'의 처벌이나 독재 시기의 고문이나 광주학살을 자행한 개인이나 집단의 처벌의 차원이 아니라, 독재 하의 국가권력에 의한 인권침해나 식민지 시기 식민지 권력에 대한 협력을 단죄하는 '일반적인 규범'을 형성하고 만든다는 각도에서 접근했어야 한다고 생각한다. 즉 '특수'주의적 관점이 아니라 '보편'주의적 관점에서 서서 이를 추진했어야 하는데 그러하지 못하였다. 그리고 지금까지 진행된 일련의 과거청산 과정이 성찰적 과거청산(임지현 · 이상록 2004, 301-302)의 지평을 열지 못했음도 사실이다.

많은 아시아 국가들은 현재도 과거청산의 문제로 진통을 겪고 있다. 아시아의 많은 나라들과 비교하여 볼 때, 한국은 과거청산에서 대단히 모범적인 나라이다. 상대적으로 이것을 한국 민주주의와 인권이 제3세계 민주주의와 인권의 전범을 만드는 방향으로 적극적으로 활용될 수 있다고 생각한다. 이런 점에서 정치적 유불리의 관점이 아니라 보편적 규범형성의 관점에서 한국은 많은 아시아 국가들에 보다 일반적인 전범을 만드는 식으로 기여할 수도 있고, 우리가 우리의 과거청산 과정을 그렇게 바로볼 수 있다고 생각한다. 이 점은 보수에게도 정확히 적용되는 점이다.

2. 진보의 혁신과 진보의 다원화

그럼 반대로 진보의 혁신을 진보의 다원화와 연관지워 살펴보기로 하자. 87년 체제와 포스트 87년 체제로의 이행과정에서 진보에게는 다른 의미에서의 다원화의 도전이 기다리고 있다. 나는 진보 내에서도 분화, 특히 정치적 진보와 사회(운동)적 진보, 그리고 자유주의적 진보와 급진적 진보의 과감한 분화와 동질성의 해체가 필요하다고 생각한다.

현재 진보세력은 새로운 도전의 시기를 경험하고 있다. 87년 체제 하에서 우리 사회를 민주주의라는 시대정신을 가지고 이끌어 왔던 진보는 역설적으로 자신들이 추구했던 목표들이 실현됨으로써, 혹은 자신들의 통치세력이 됨으로써 오히려 새로운 도전적 위기를 맞고 있다. 흥미로운 것은 우리 사회의 보수세력에게 '잃어버린 10년'이 된 민주정부 10년이 이제 보수세력에게 '권토중래(捲土重來)'의 기회가 되고 있다는 것이다.

1) 급진 진보세력과 중도자유주의 진보세력의 분리

진보의 위기는 진보를 구성하는 중도 자유주의 세력과 급진 진보가 명확히 분리정립되지 못한, 또다른 의미에서의 다원화가 진전되지 못했기 때문에 나타나는 위기이다. 앞서도 서술하였듯이 개발독재에 저항하는 과정에서 진보는 중도자유주의적 진보와 급진 진보의 구성을 가지게 되었으며, 제도정치로부터 배제된 정치적 진보와 사회(운동)적 진보로 구성되어 있었다.

사회적 차원에서도 중도자유주의적 성격을 지배적으로 갖는 시민운동과 급진 진보적 성격을 갖는 민중운동의 분화가 나타나게 되었다.

그리고 정치적 진보는 이제 정치의 장으로 재복귀하여 집권세력이 되었고, 일부 급진 진보적 정치세력은 민주노동당이라는 형태로 제도정당이 되어 존재하고 있다.

반독재민주세력은 독재의 전기간에 걸쳐서 1980년대 말-1990년 초반까지의 시기의 통치에 저항하는 장외 운동세력이었다. 그러나 1997년 김대중 정부의 수립으로 혹은 일반 국민들이 보기에는 1992년 김영삼 정부 수립에서부터 반독재 민주세력의 일부가 국가권력의 담당세력, 즉 통치세력이 된 것이다. 진보 중에서도 국민정부나 참여정부 세력을 중도자유주의 정치세력 혹은 중도 리버럴(liberal)이라고 부른다. 미국의 경우 민주당 정도를 생각하면 된다. 그동안 사회적 세력으로 국가권력에 대결하면서 투쟁하던 세력에서 자신들이 통치세력이 되어 직접적으로 위로부터—자신들의 요구하는 의제를—집행하는 상황에 놓이게 된 것이다.

2) 저항의 미덕과 통치의 미덕

그러나 문제는 이들의 다원성이 충분히 진전되지 못하고 있다는 점이다. 진보의 다양한 분화보다도 개발독재에 저항하던, 그리고 87년 체제 하에서의 민주개혁의 추동세력으로서의 동일성이 지배적 정체성으로 존재하고 있다고 생각한다. 나는 독재에 대한 저항 속에서 동일한 진영에 속하였던 급진 진보세력과 통치세력이 된 중도자유주의—현재의 맥락에서 보수의 시각에서는 이들도 진보로 규정된다—정치세력이 다원화되어야 한다고 생각한다. 물론 이미 분화되어 있다. 그러나 인식태도에서는 상당한 동일성이 존재하고 있다. 나는 장외의 급진 진보세력의 행위양식과 사고양식과 중도자유주의정치세력의 행위양식과 사고양식이 분화·분열되어야 한다고 주장한다. 서로의 '일체감'을 확인하기보다는 서로를 '대상화' 하고 서로가 상이한 위치에 있음을 인식하고 그에 부응하는 방식으로 달라져야 한다. 민주정부를 구성하는 통치엘리트들에게는 비록 그들이 개발독재에 저항하는 저항세력이었다고 하더라도 저항세력에게서 요구되는 '저항의 미덕'과 구별되는 '통치의 미덕'이 요구된다. 그러나 민주정부세력은 이러한 '통치의 미덕'(조희연 2005)을 고민하지 못하였다. 나는 이것이 기본적으로 진보의 다원화의 지체에서 연유한다고 생각한다.

시대적 변화가 요구하는 진보 내부의 다원화가 적극적으로 진전될 때, 과거 개발독재 하에서 동일한 진보를 구성했던 중도자유주의적 진보와 급진 진보는 상이한 방식으로 한국 민주주의 발전에 기여할 수 있다. 즉 중도자유주의적 진보는 통치세력으로서의 책임성 있는 세력으로 자신을 재정립할 수 있고 급진 진보세력은 현재의 정치적 지형에 국한되지 않고 그것을 확장하는 새로운 미래적 역할을 수행할 수 있을 것이다. 이러한 분화는 급진 진보가 중도자유주의적 진보와 더욱 구별되는 방식으로 급진적으로 행위하고 사고하는 데 도움을 줄 수도 있다.

이러한 다원성의 부재는 집권세력이 된 중도자유주의적 진보세력으로 하여금 '통치의 미덕'을 고민하지 못하는 제약으로 나타나고 있다. 최장집 교수가 조중동 탓만 한다고 비판하는 바로 그 지점이다.[6] 일종의 '저항운동을 하던 정서', 저항의 미덕만 가지고 있었지 집권세력에게 요구되는 통치의 미덕을 발휘하지 못하게 만들었다.

이러한 문제는 최근의 전시작전권 통제문제에서도 나타난다. 전시작전권이라는 의제의 제시와 실현이라는 결과만이 중요한 것은 아니다. 사실 정권이 바뀌면 전시작전권 이야기는 당장 조정이 될 수 있는 문제이다. 어떤 의미에서 전시작전권 환수가 중요하지, 2009년이나 2012년은 그렇게 중요하지 않다. 오히려 친미적 인식을 일부 국민들이 강력하게 가지고 있는 조건을 고려하면서 환수시기를 토의가능한 쟁점으로 제시하면서 전시작전권 환수라는 목표를 탄력적으로 수행하는 것도 하나의 방법이었다고 생각한다. 나는 전시작전권에 대해서 전직 장성들이 항의성명서를 내는 데 대하여 현직 국방부 장관이 반박성명을 하고 논쟁하는 식으로 전개하는 방식이 과연 적절한지 하는 생각이 든다. 오히려 중간지대나 보수진영의 인사들의 일정 부분까지 포괄하고 동의하는 타협적 안을 전시작전권 환수의 추진의 틀을 훼손하지 않으면서 만들어 내는 것이 가능하다고 생각한다. 이것이 사실 비적대적 공존을 가능하게 한다고 나는 생각한다. 자신의 주장을 강변하여 추동하는 형국으로 해서 오히려 보수가 이를 국민적 쟁점으로 동원하고, 그것은 더욱 더 갈등을 증폭시키고 정치를 정치의 장이 아니라 거리로 끌어내는 결과를 가져왔다고 생각한다. 중도자유주의 '통치' 엘리트는 오히려 원숙한 협의적 과정을 통해서 적대적인 영역을 최소화하는 노력을 하는 것이 필요하다고 생각한다. 그것이 중도자유주의적 세력에게도 긍정적인 정치적 효과를 가져올 수 있다.

이런 미분리는 진보세력에게는 적극적인 '헤게모니적 실천'을 제약함으로써 스스로의 고립과 비대중성을 강제하는 원인이 되고, 이른바 '민주정부의 위기'를 촉진하는 요인이 된다. 현재의 통치세력을 구성하는 중도자유주의적인 세력에게 있어 개혁의제 실현의 당위성에 대한 인식만이 존재하였지 개혁의제의 헤게모니적 실천에 대한 인식이 부재했던 것이다. 여기서 헤게모니라고 하는 것은, 일정한 구조적 제약 속에서도 하나의 집단이 타집단에 대해서, 나아가 대중들에게 가지는 지적 · 인식적 · 도덕적 · 문화적 지도력을 의미한다.

3) '경계 횡단의 정치' 가 부재했다

민주정부 하에서 보수와 진보의 경계가 허물어지지 않고 고착되고 있다. 이것은 당연히 민주정부 하에서 보수와 진보의 경계가 재구성되지 않고 고착되며, 나아가 진보의 입장에서는 그 외연이 확장되지 않는 결과를 가져오게 된다. 그래서 역설적으로 자신들이 주장한 민주주의가 실현됨으로써 위기를 맞게 되는 것이다.

박정희 시대에 보수세력은 자신의 집권을 통해서 독재적 방식으로 외연을 확장했고, 그 결과 지금도 친박정희 세력이 다양한 보수적 사회세력으로 존재하고 있다. 보수세력은 국가권력의 '이점' 을 통해서 자신의 외연을 확장시켰던 것이다. 그렇다면 반독재민주세력 출신의 통치세력은 과연 얼마나 이런 점에서 '보수와 개혁진보의 경계' 를 허물면서 얼마나 보수의 분화를 촉진하였는가 하는 점에서 성공적이지 못하였다. 이것은 '경계 지키기의 정치' 에 한정되고 헤게모니적 실천을 통해 '경계 횡단의 정치' 에 성공하지 못했음을 의미한다. 사실 개발독재에서 민주화 국면으로 이행한 이후 보수와 진보 간에는 개발독재 하에서 고착된 경계를 보수와 진보 모두가 스스로를 혁신하면서 자신에게 유리한 방향으로 재설정하는 각축과정이었다. 이런 속에서 비적대적 공존의 영역도 확장되는 것이다.

이 점은 중도자유주의 세력뿐만 아니라 급진 민주세력도 직면하는 문제이다. 많은 경우 진보는 경계 확인이나 경계 지키기의 차원에 머무르고 '경계 횡단의 정치' 를 가능케 하는 개방적 실천을 고민하지 않았다. 다른 형태이지만 중도자유주의 통치 엘리트나 장외의 급진 진보집단 모두가 이러한 '경계 허물기' 를 통해서 외연을 확대하고 헤게모니를 확장하는 데 실패하고 있다는 것이고, 그것은 동일한 인식태도(mentality)에서 연유한다고 하는 것이다.

4) 단일변수적 접근과 다변수적 접근?

또한 진보의 다원화의 부재는 진보에게 요구되는 정책의 '실현가능성' 혹은 현실성을 적극적으로 고민하지 못하도록 만들었다. 어떤 의미에서 거리의 진보 투쟁세력은 '단일변수'적 접근을 하면서 의제지형을 확장해 간다. 그러나 통치 엘리트는 '다변수적' 접근 속에서 의제의 현실적 추진을 고민해야 한다. 그러나 현재 한국의 진보진영 내부에는 바로 이러한 측면에 대한 고민이 없었다. 사실 거리에서 싸우는 사회운동은 기본적으로 하나의 쟁점을 일관된 원칙적 입장에서 제기하고 추동하게 된다. 그러나 집권통치세력은 불가불 다양한 현실적 조건과 정치사회적 관계를 고려하면서 추진할 수밖에 없다. 당위적인 개혁의제뿐만 아니라 그 의제의 현실적인 실현방법과 경로, 조건들을 복합적으로 고려하지 않을 수 없다. 일종의 '다변수적 접근'을 할 수밖에 없다. 그러나 바로 이러한 접근의 차이가 진보 내부에서는 충분히 인정되지 못하였다.

이런 점에서 반독재 민주 진보세력의 다원화와 분화가 필요하다는 점, 나아가 사고의 분화가 필요하다. 반독재 민주세력의 일부가 통치 엘리트가 되지 않았다면 거리에서 투쟁하면서 대중들의 태도를 바꾸는 일을 장기적 관점에서 하면 아무 문제가 없다. 그러나 민주세력의 일부가 통치 엘리트가 되는 정도로 발전하였다. 최소한 보수적 대중이 그렇게 인식하는 상태에 있다. 이제 그에 상응하는 분화가 필요하다. 국가통치에 참여하는 사람들이 과거 거리에서 투쟁하는 마인드를 갖는다면 어떤 면에서는 미덕이지만 한 사회구성원들에게는 부정적인 후과를 가져올 수 있다.

이런 점에서 한때 반독재운동을 함께 구성했던 진보세력은 명확히 다른 세력으로 분리정립되어야 한다. 즉 통치세력으로서의 의제실현의 복합적인 문제점들을 고민하면서 중도 자유주의 통치 엘리트와 의제지평을 확장하면서 한국사회의 진보화를 위해서 거리에서 투쟁하는 진보세력으로 분리정립되어야 한다.

물론 참여정부 하에서 타협적이고 문제점을 내장하는 정책수행을 수없이 열거할 수 있을 것이다. 그런데 반대로 통치 엘리트로서는 비타협적인 개혁적 자세들도 많았다. 그러나 이제 진보 내부의 다원화를 통해서 급진 진보는 더욱 적극적으로 보수와 진보의 투쟁의 지형 자체를 확장하고 민주주의의 한계를 확장하는 역할을 하는 반면에, 중도자유주의적 진보세력은 보다 책임성 있고 현실성 있는 존재로서 '통치의 미덕'을 발휘하는 존재로 재구성되어야 한다.

3. 정치의 전쟁(戰爭)화를 넘어서

이러한 보수의 다원화와 진보의 다원화가 촉진될 때, 정치가 전쟁이 되고 정치의 장이 전장(戰場)이 되는 악순환을 넘어서는 공간이 주어지게 될 것이다.[7)]

선거는 투표를 통해서 정치세력 간의 다수파와 소수파를 가리는 과정이다. 일상적인 정치 과정 자체를 '전장(戰場)'으로 만들지 않더라도, 다수파와 소수파가 선거를 통해서 가려질 수 있다(그리고 그 다수파 질서 자체에서도 소수파는 언제나 권토중래(捲土重來)의 공간을 갖는다. 특히 민주주의가 발전된 사회일수록 그러하다). 그럼에도 불구하고 현재의 한국정치는 일상적인 정치과정 전체가 전장이 되고 있다. '정치적 반대파'에게 불리한 모든 것을 쟁점화한다거나, 모든 쟁점에 대해서 '사생결단'식으로 싸우는 것이다.

민주화의 진전은 주기적인 정권교체에서 찾아진다. 정권교체가 가능하게 되면 될수록 정치는 '전부 아니면 무의 게임(all or nothing game)'에서 벗어날 수밖에 없다. 결국 사생결단 식의 정략화 또한 모든 쟁점의 정략적 쟁점화의 필요성이 상대적으로 적어진다.

이제 소모적 정략화의 경향을 극복하기 위해 보수와 진보가 모두 노력할 필요가 있다. 이러한 정치의 전장화를 넘어서는 것은 한국정치 내부에 성찰성이 도입되고 강화되는 것에서 출발하여야 한다고 생각한다. 무엇보다도 나는 두 가지 지점에서의 성찰성을 제도정치가 고민해야 한다고 생각한다. 하나는 여당이었을 때의 비판논리와 야당이었을 때의 행동논리가 다른 것에 대한 성찰이다. 한국의 민주화는 이미 한 정치집단의 지속적인 권력독점이 가능하지 않은 수준으로 발전해 있다. 이것은 여당이 야당이 되어 보는 경험, 야당이 여당이 되어 보는 경험이 존재하게 되었다는 것이다. 문제는 정권교체가 주기적이 되면서 자신의 여당이었을 때 행동논리와 야당으로서 여당에 대한 비판논리가 동일해야 함에도 불구하고 괴리되어 있을 뿐만 아니라, 이에 대한 성찰성이 제도정치 내부에 부재하다는 점이다. '자신이 하면 로맨스고 남이 하면 스캔들'이라는 희화적 행태가 그대로 정치에 적용되고 있다. 정치불신의 많은 부분도 여기에서 생겨난다.

다음으로 한국정치에 요구되는 성찰성은 많은 정치적 쟁점을 정치적 유불리(有不利)의 관점이 아니라 '새로운 규범형성'의 과정으로 바라보는 것으로 표현되어야 한다. 민주화라고 하는 것은 사실 누구에게나 보편적으로 적용되는 규칙을 만들어 가고 공유하는 과정이라고 할 수 있다. 이를 예를 들어서 보자. 2006년 초 당시 국회의원이던 한명숙 국회의원이 국무총리 후보로 위촉되었다. 이때 국무총리 후보의 열린우리당 당적 보유문제가 쟁점이 되었다. 당시 쟁점화의 과정을 보게 되면 각 집단이 이를 자신들에게 유리한가 아닌가 하는 관점에서 접근하였다. 그러나 '여당 국회의원이 국무총리가 되는 경우 여당 당적을 포기' 하는 것을 정치적 규칙으로 할 것이가 아닌가의 관점에서 접근했었다면 불필요한 갈등을 줄이고 '정치의 전장화' 를 약화시킬 수 있었지 않을까 생각된다. 만일 새로운 규범으로 하게 되면 거기서 오는 불리함을 여당이 감수하고 그렇지 않으면 야당이 양보하는 식의 방식도 가능했을 것이다. '나는 불편하지 않고 너는 모두 불편하라' 던지 '이번에만 이런 기준으로 싸우고 다음에는 다른 기준으로 싸우겠다' 는 식의 접근방식을 넘어서야 한다. 그럴 때 정치가 보수와 진보의 비적대적 공존을 막는 것이 아니라 촉진하는 식으로 작동하게 될 것이다.

Ⅳ. 신자유주의적 지구화의 조건 속에서의 보수와 진보의 혁신

이상에서 서술한 바와 같은 보수와 진보 간의 비적대적 공존의 전망은 정치적 차원의 노력만으로는 불가능하다. 비적대적 공존이 가능하기 위해서는 보수와 진보의 갈등과 각축이 신자유주의적 지구화에 새로운 경제 모델을 만들기 위한 경쟁으로 전화되는 데서 비로서 가능하다고 생각한다. 현재 보수와 진보의 갈등은 주로 기존의 모델에 기초하여 상대방의 입장을 이데올로기적으로 '규정' 하고 '낙인화' 하는 '부정적' 방식으로 전개된다. 그러나 신자유주의적 지구화 시대에 한국경제를 민주주의적인 정치적 기초 위에서 운영하는 방식에 대해서 결코 선행하는 해답이 존재하는 것은 아니다. 따라서 기존의 모델로 응전할 수 없다는 전제 위에서 보수와 진보가 각각의 독창성을 발휘하여 포스트 민주화 시대 그리고 신자유주의적 지구화 시대의 새로운 조건에 부응하는 새로운 모델을 창출하고 그것을 통해서 경쟁하는 방식으로 나아가야 한다고 생각한다. 그래야 보수와 진보의 비적대적 공존이 가능하리라고 생각한다.

1. 신자유주의적 지구화에 대응하는 보수적 성장모델의 혁신

여기서 어떻게 지구화 시대의 새로운 경제 모델을 만드느냐 하는 데 대하여 보수와 진보의 고민지점이 다를 수 없다. 먼저 보수에게는 1960－1970년대의 박정희식 성장주의 모델을 어떻게 변화된 조건 속에서 재구성하는 도전으로 나타난다고 생각된다. 앞서 이야기하였듯이 보수는 개발주의적 보수라고 하는 상대적으로 '긍정적인' 정체성을 박정희 시대를 통하여 획득하였다. 그러나 1960－1970년대와 현재의 성장주의적 모델은 국내적인 정치적 조건 및 글로벌 조건의 차이에 의해 상이한 방식으로 구현되지 않을 수 없다. 문제는 많은 경우 현재의 보수가 박정희식 모델의 부활이라고 하는 식으로 이를 접근하고 있다는 점이다. 보수가 설령 박정희의 '정신'을 따른다고 하더라도 그것은 자유이다.

그러나 박정희 모델을 그대로 적용함으로써 신자유주의적 지구화 시대에 한국경제를 경제적 · 정치적으로 안정적으로 운영할 수 있는 것은 아니다. 신자유주의적 지구화 시대의 경제 모델과 관련해서 보수는 어떻게 구성장주의적 모델을 변화된 정치적 조건에 조응하는 방식으로 재구성하여야 한다. 여기서 정치적 조건이라고 할 때, 개발독재에 저항하면서 또한 민주화 과정에서의 경험을 통하여 대중들이 정치적으로 각성하고 주체화되었다고 하는 것을 의미한다. 이른바 시민사회의 저항적 활성화와 민중부문의 조직화라고 하는 정치적 변화를 전제해야 하는 것을 의미한다. 예를 들면 박정희의 성장일변도의 정책은 광범한 정치적 저항을 촉발하였고 그래서 위기에 직면했다. 나는 박정희 모델은 일종의 '신중상주의적 준(準)전시국가(Listian warfare state)' (Cho, Hee-Yeon and B. Jessop 2001)라고 판단하는데, 이러한 일면적인 '중상주의'적 모델, 그리고 노동과 민중부문의 일면적인 통제와 규율에 기초한 모델은 역으로 그 성공으로 인하여 적용력을 상실하게 되었다고 생각한다. 이런 점에서 보수는 분배에 대해서 강력한 관심을 갖는 주체화된 국민들을 전제로 하여 혁신된 성장모델을 개발하여야 한다. 현재 민주정부의 경제적 실패는 정치적 보수의 반사이익으로 나타나고 있다. 그러한 반사이익에 기초하여 한나라당이 집권하더라도, 박정희식 성장일변주의 정책을 추동한다면 박정희 정권보다 심각한 정치사회적 도전에 직면하게 될 것이다. '구성장주의적 모델의 정치적 재구성'이라고 하는 과제가 필요하다는 것이다. 진보의 실패가 보수의 성공으로 되기 위해서도 이러한 '박정희 모델의 혁신적 재구성'은 필수적이다.

1) 1960-1970년대 개방과 FTA적 개방의 차이

이처럼 보수에게 제기되는 구성장주의적 모델의 재구성 필요성은 외적 조건으로서의 신자유주의적 지구화 자체가 갖는 내재적 속성—특별히 양극화 효과 등—에 의해서 더욱 강력하게 제기된다. 즉 박정희가 개발독재체제를 운영했던 1960-1970년대 한국경제와 글로벌 조건의 관계와 현재의 그것이 크게 다르다고 하는 점이다. 예컨대 이를 한미 FTA를 예로 들어 설명해 보자. 한미 FTA는 비록 반독재 민주정부가 추동하고 있지만 구성장주의 모델의 현재적 적용의 성격을 가지고 있다. 보수가 재집권하게 되면 한미 FTA와 같은 모델을 적극적으로 총력적으로 추진하게 될 것으로 예상된다.

그런데 문제는 1960-1970년대 개방의 외적 조건과 현재의 FTA적 개방의 외적 조건이 다르다는 점이다(조희연 2006). 1960-1970년대의 '돌진적 근대화'가 내포했던 개방은 첫째, '수출의 개방'은 있었지만 '수입의 개방'은 정책적으로 억제할 수 있었다. 즉 한편에서는 '수출만이 살 길이다'는 식의 수출중심주의가 존재하고 있었지만 국내시장에 대해서는 보호주의적 정책이 추구되고 있었고 그것이 가능하였다. 둘째로 당시 한국경제의 규모가 작았기 때문에 미국의 입장에서 한국경제의 개방을 요구하는 의지가 상대적으로 적었다. 또한 냉전적 상황에서 정치군사적 고려가 경제적 고려를 압도하고 있었다. 미국에게 있어 한국은 동아시아의 치열한 냉전적 대결의 현장에서 '쇼우윈도우'의 역할을 하는 것이었지 경제적 이익추구의 현장은 아니었던 셈이다. 셋째, 1960-1970년대에는 후진국적 경제구조에서 경제가 팽창하면서 고용의 절대적 규모도 성장하고 대기업 중심의 성장전략 속에서 대기업이 성장하면서 중소기업이—위계적·수탈적 관계이지만—동반성장할 수 있는 '혜택'이 존재하였다. 즉 경제의 초기적·절대적 성장 속에서 성장의 효과에 대한 특정한 방식의 공유 메커니즘이 있었던 셈이다.

문제는 바로 이러한 여러 측면에서 구성장주의적 모델이 신자유주의적 지구화의 조건에서 그대로 적용할 수 없다는 점이다. 예컨대 한미 FTA가 1960-1970년대의 수출지향적인 성장모델의 결과와는 달리 파괴적인 결과를 가져와서 정치적 재앙을 초래할 수 있다. 먼저 '수입의 개방'이 억제되는 구조가 아니라 정반대로 전면적인 개방의 요구에 직면하고 있다. FTA에서의 미국의 강력한 요구도 이를 반영한다. 다음으로 미국의 입장에서도 세계 10대 무역대국으로서의 한국을 단순히 정치군사적 관계로만 보고 있지 않으며, 신자유주의적 개방을 통해서 극대이윤을 창출해야 하는 경제적 이익추구의 현장으로 바라본다는 점이다. 셋째 신자유주의적 지구화의 개방모델은 1960-1970년대와 달리 개방으로 인한 경제적 성과가 국내적으로 공유되는 기제가 부재하다는 점이다. 즉 개방의 결과 일부 대기업부문 등 경쟁력 부문이 성장한다고 하더라도 그것이 국내적으로 공유되는 기제가 없다는 것이다. 그 결과 개방이 성공적으로 진행되어도 국내적 양극화가 더욱 심화되는 등의 부작용이 크다. FTA가 잘 되어 대재벌들의 매출이 증가되어도 고용창출효과가 적다. 물론 이는 기술진보에 따른 생력화(省力化) 등의 요인에 기인하는 것이기는 하나 신자유주의적 개방의 역설이고 돌진적 개방이 이전과는 달리 큰 위험성을 수반하게 되는 이유이기도 하다.

이런 점에서 구성장주의 모델을 현재적 맥락에 그대로 적용한다거나 박정희식 모델을 단순 복원하는 방식으로 보수의 경제 모델이 완성될 수 없다. 새로운 '정치적' 고민이 필요하다. 신자유주의적 지구화의 조건에서 개방전략을 선택한 많은 지역—남미 등—에서 좌파정권이 등장한다거나 개방을 추구한 정권이 정치적 위기에 처한 것도 신자유주의적 지구화 시대의 개방의 정치적 위기 가능성이 크다는 것을 반증한다. 결국 보수의 입장에서도 민주화가 가져온 정치적 조건의 변화, 신자유주의적 지구화가 1960-1970년대와 다른 요인들을 복합적으로 고려하면서 새로운 성장모델을 창조적으로 만들려고 노력해야 한다. 이런 점에서 현재의 지구화 시대의 보수적 경제 프로젝트라고 할 수 있는 삼성의 '매력 있는 한국' 프로젝트도 이런 의미에서 민주화를 통해서 변화된 대중들의 정치성을 고려하는 방향에서 '정치적 재구성'이 필요하다.

2) 권위주의적 스탠다드를 견지하면서 글로벌 스탠다드를?

이 과정에서 보수는 자신이 현단계 지구화의 조건에서 지향하고 있는 글로벌 스탠다드와 개발독재 하에서 자신에게 각인된 권위주의적 스탠다드 간의 긴장을 해결해가야 한다. 87년 체제는 기본적으로 개발독재 시기에 보수가 내재화하고 있었던 '권위주의적 스탠다드'를 극복할 것을 요구하였다. 87년 체제 하에서 중도자유주의 세력과 진보주의 세력은 바로 이 권위주의적 스탠다드를 극복하기 위한 아래로부터의 투쟁을 조직하여 왔다. 더구나 지구화라고 하는 물결 속에서 보수가 새롭게 국제경쟁력을 강조하고 글로벌 스탠다드를 한국사회의 변화가치로 수용하면서 이러한 권위주의적 스탠다드와의 괴리는 더욱 커지고 있다고 생각된다. 사실 1990년대 시민운동의 경제개혁운동은 바로 이러한 두 스탠다드 간의 괴리를 쟁점화함으로써 대중적 운동으로 전개될 수 있었다. 나는 글로벌 스탠다드 자체가 신자유주의시대 '이데올로기화된' 범주라는 것을 인정하지만, 보수가 글로벌 스탠다드를 추구하는 것은 한국의 보수에게는 하나의 선택지라고 인정한다. 단지 그것이 권위주의적 스탠다드와의 괴리를 최소화해 가는 추구되어야 한다는 것이다.

극우 반공주의적 · 반북주의적 · 권위주의적 정체성을 견지하면서 세계화와 국제경쟁력 강화를 이야기하는 데서도 나는 이러한 괴리를 느낀다. 복거일(2003a)이 한편에서 '영어 공용화'를 이야기하면서 '친일을 위한 변명' (복거일 2003b)을 쓰는 데서도 나는 이러한 괴리가 있다고 본다. 또한 글로벌 스탠다드를 내재화하지 않으면 생존할 수 없는 한국의 대재벌들이 국내적 차원에서는 권위주의적 스탠다드에 의존하는 것도 이러한 사례라고 볼 수 있다. 이런 점에서 최소한의 이율배반성을 시민들이 느끼지 않을 수준으로 보수가 권위주의 스탠다드를 넘어설 것을 요구받고 있다고 생각된다. 보수의 혁신을 위해서도 87년 체제 하에서 보수에게 요구되는 '민주적 합리성'을 과감하게 실현해 가면서 그것을 글로벌 스탠다드와 결합시켜 가려는 노력이 필요하다.

2. 신자유주의적 지구화에 대응하는 진보적 모델의 창조의 필요성

다음으로 진보에게는 신자유주의적 지구화 시대에 새로운 진보적 경제 모델을 새롭게 창출해야 하는 과제가 주어져 있다. 단적으로 민주정부는 '박정희와 다른 방식으로 대중을 먹고 살게 하는 모델'을 창출하는 데 실패함으로써 위기에 처하고 있다. 결국 이는 진보적인 '포스트 박정희 모델'의 창출문제이다. 보수에게는 박정희 모델의 재구성이라고 하는 과제가 제기된다고 한다면, 진보에게는 포스트 박정희 모델을 창조해야 하는 과제가 제기된다. 박정희 시대가 종결되었고 박정희에 맞서 싸웠던 반독재민주세력이 주도하는 민주정부가 만들어졌음에도 불구하고 그 민주정부가 실제적으로 작동가능한 포스트 박정희 모델을 만들어내지 못하였다. 이렇게 보면 진보의 최대의 한계지점은 정작 '진보적 국가운영 모델'을 찾지 못했다는 데 있다. '성장과 분배의 선(善)순환'을 당위적으로 이야기했지만 그것을 현실적으로 구현하지는 못하였다.

돌이켜 보면, 박정희 모델은—폭압적 독재에 의해서 결국 구조화된 것이기는 하지만—나름대로 잘 짜여진 모델이다. 참여정부의 경우 '박정희식 모델'에 대한 반대의지를 천명하였으나 그 관료적 작동방식은 동일하였으며, 나아가 '박정희식이 아닌' 방식으로 '박정희 시대보다 인간다운 삶을 보장하는 구체적인 모델'을 국민에게 제시하지 못하였다고 말할 수 있다. 이는 신자유주의적 세계화라고 하는 거대한 구조적 조건 때문이기도 하지만 그러한 제약조건 하에서 행위하는 주체의 한계에 크게 기인한다.

1) 민주화와 신자유주의적 지구화의 결합

이러한 반독재 민주진보세력이 민주정부 시대를 열었음에도 불구하고 포스트 박정희 모델을 창출하지 못한 것은 민주화와 신자유주의적 지구화의 결합, 그로 인하여 신자유주의적 지구화의 민주화의 정책지형에 대한 제약을 충분히 직시하지 못한 데서 연유한다.

주지하다시피 1990년대 민주화 과정은 신자유주의적 지구화와 결합되면서 진행되었고, 민주화의 결과로 국가와 시장의 민주화와 투명성 제고가 촉진되었다. 그러나 신자유주의적 지구화의 파괴적 영향의 결과로, 또한 그에 대응하는 효과적인 사회정책을 민주정부가 구사하지 못함으로써 민주화의 결과에도 불구하고 대중의 삶의 조건은 더욱 열악한 조건에 놓여 있다. 어떤 의미에서 민주정부가 신자유주의 정책의 담지자가 되는 현실이 나타나고 있다. 그 결과 사회적 양극화가 더욱 강화된 것은 물론이고 노동자들의 압도적 다수는 비정규화로 고통받고 있다. 중산층의 고용의 불안정성은 '성공을 위해서 물불을 가리지 않는 강한 성취동기'를 촉발했던 중산층 상승의 이데올로기 혹은 중산층 이데올로기(신광영 2004)마저 위기에 처하게 만들고 이는 민주정부의 계급적 기반을 균열시키고 있다. 여기에 더하여 교육을 둘러싸고는 불평등이 심화되었고 이제 교육불평등을 통해서 계급적 불평등이 재생산되는 상황으로 가고 있다. 나아가 계급적 분리의 중요한 경제적 근거인 부동산 소유문제를 둘러싸고는 독재정부보다도 민주정부 하에서 토지주택 불평등이 더욱 고착화되었고 세금정책을 통해서 이의 악화를 간신히 방지하는 수준에 놓여 있다. 신자유주의적 지구화의 맥락 속에서 전개되는 민주화가 역설적으로 투명성이나 민주성을 높였지만, 더욱 악화된 불평등과 경제적 고통에 놓여 있다는 점에서 '민주적이고 투명한 계급사회' (조희연 2005) 가 출현했다고 표현할 수 있다. 결국 민주정부는 '신자유주의적 양극화 축적체제' (이병천 2006) 에 역류전하지 못하고 오히려 그 파괴적 결과를 증폭시키는 방향으로 작동한 셈이다. 바로 이러한 모순적 양상이 바로 민주개혁이 압도적인 시대적 과제가 되었던 민주화 시대와 달리 새로운 '포스트 민주화' 의 조건이다.

2) 중도자유주의 프로젝트와 급진 진보 프로젝트

여기서 우리 사회의 미래적 비전을 둘러싸고 '신보수적' 프로젝트와 구별되는 민주진보적인 대안적인 프로젝트는 단일할 수는 없다. 이러한 진보적 프로젝트는 진보의 다원성을 전제로 할 때, 통치 엘리트로서 당장 실현할 수 있는 중도자유주의적의 프로젝트와 중장기적인 미래 비전을 담는 급진 진보적 프로젝트로 분리정립되어야 하고 상호 경쟁하여야 할 것이다. 여기서 중도자유주의적 프로젝트는 보수세력과 구별되는 중도자유주의 세력의 입장에서 신자유주의의 파괴적 결과를 상쇄하는 프로젝트일 것이며, 급진 진보세력은 우리 사회의 의식적 급진화를 촉진하면서 신자유주의적 지구화 자체를 쟁점화하고 신자유주의적 지구화 속에서 확대재생산되는 전 지구적 자본질서를 구조적으로 재편하는 대안적 프로젝트가 될 것이다.

여기서 포스트 민주화 시대의 대안은 불가불 신자유주의적 지구화의 파괴적 결과에 대응하는 사회적 대책을 어떻게 마련할 것인가 하는 문제와 연관되어 있다. 그래서 진보적 대안경제 모델은 대안적 국가 모델일 수밖에 없다. 여기서 신자유주의적 지구화 시대의 대안적인 모델은 사회적 국가(social state) 모델을 지구화의 맥락에서 재구성하는 것이 될 것이다. 보수의 모델은 상대적으로 친자본적인 경쟁력 지향적 국가에 대응하는 '사회적 완충국가' 모델을 지향하게 될 것이다. 이것은 박정희시대와 현재의 보수세력이 추구하는 '국제경쟁력 강화'를 촉진하는 이른바 슘페터적 근로국가(Schumpeterian workfare state) (Jessop 1994)와 구별되는, 신자유주의의 파괴적 결과를 완충하는 '사회적 완충국가(socail buffer state)'가 될 것이다. 이 모델은 물론 한편에서는 국가사회주의 모델의 붕괴와 파탄, 사회민주주의적 국가의 관료주의적 병폐와 경제적 동기화의 실패를 성찰하는 모델이 될 수밖에 없다. 전후의 일국적인 포디즘(Fordism)적 조건 위에서 사회복지국가가 정립되었다면 신자유주의적 지구화의 조건 속에서 이는 해체되어 가고 있다.

3) 신자유주의의 파괴적 결과를 보완하는 모델 있어야 지구화 가능

그러나 반세계화 투쟁과 반신자유주의 투쟁의 새로운 고양 속에서 신자유주의 시대의 신개발국가 모델이나 새로운 경쟁력 지향적 국가 모델을 뛰어넘어 공적 기능이 강화된 새로운 사회적 국가모델이 추구될 공간을 제공하고 있다. 여전히 1990년대를 풍미했던 신자유주의적 지구화의 물결이 강력하지만, 1999년 시애틀 투쟁에서도 보여지듯이 지구화를 추동하는 세력 입장에서도 어떤 형태로든 보완정책을 결합시키지 않으면 현존 지구화가 거대한 정치적 저항에 계속적으로 직면할 것임에 틀림없다. 현재의 반세계화 운동 등의 저항을 고려할 때 서구 식의 신자유주의적 모델은 글로벌 거버넌스 모델로서의 효용성을 상실했다고 보아야 한다. 이런 속에서 신자유주의적 세계화의 물결에 대항하면서 다른 대안을 찾는 노력들이 전 세계적으로—비록 통일된 형태를 취한 것은 아니지만—다양한 형태로 나타나고 있다. 남미에서 볼리비아 등 좌파정권들의 등장과 반미 네트워크의 형성과 대안적 개발전략에 대한 논의도 하나의 예가 될 것이다. 풍부한 석유자원을 기반으로 하는 남미의 반(反)신자유주의 블록은 현재의 신자유주의적 세계화와는 다른 경로에 대한 지향을 반영하고 있음은 틀림없다. 소련 및 동유럽에서도 민주화와 시장화로 상징되는 '이중적 전환'의 과정에서 많은 문제들이 제기되었고, 이는 새로운 진통을 몰고 왔다. 과거 사회주의 체제의 국가복지의 초라함에 분노하면서 시장경제로 달려가던 대중들은 이제 시장의 가혹함에 새로운 정치적 지향들을 표출하고 있고, 그것이 때로는 구좌파정권이 복귀한다거나 민족주의적 정권이 등장하는 등의 현상으로 표출되었다. 이러한 현상은 신자유주의적 시장대안과는 구별되는 새로운 대안을 추구하는 동력으로 작동하고 있다. 이처럼 현존 신자유주의적 시장대안과 구별되는 새로운 대안의 동력은 전지구적으로 존재한다.

이러한 사회적 국가모델로 나가는 데 있어서 여전히 한국의 정치사회적 조건이 척박한 것이 사실이다. 박정희 시대를 통하여 강화된 경제적 기득권층과 자본은 국가의 사회성을 견제하고 지속적으로 친자본적 국가로 기능하도록 하는 구조적 제약으로 작용하고 있다. 신자유주의적 지구화의 물결은 이러한 국가의 탈(脫)사회화의 경향을 강화하고 있다. 신자유주의적 지구화의 압도적인 흐름은 대안의 지형 자체를 크게 제약하는 셈이다. 그런 점에서 일정하게 계급적 · 사회적 투쟁이 수반되는 과정을 겪을 수밖에 없다.

4) 기업과 자본의 '거시적 합리성'을 위해서도

그러나 이러한 대안적 사회국가 모델은 보수와의 투쟁적 측면만 있는 것이 아니라 기업과 자본의 입장에서도—'미시적 합리성'이 아니라—'거시적 합리성'에 기여하는 것일 수도 있다. 나는 기업과 자본이 미시적 합리성의 관점에서 대응하기 때문에, 정부가 또 적절한 중재적 역할을 수행하지 못하기 때문에 오히려 거시적으로는 엄청난 낭비를 치루고 있는 것이 우리의 현실이라고 생각한다. 예컨대 현재 기업과 자본은 민주정부가 지나치게 친(親)노동적이라고 항변한다. 그리고 그런 인식 속에서 사회적 완충장치로서의 사회보장제도 등을 확대하려는 정책들을 비판한다. 국가재정의 제한성이나 기업의 경쟁적 조건을 고려할 때, 기업과 자본이 어느 정도의 사회적 비용을 치러야 하느냐에 대해서 정답이 있는 것은 아니다. 예컨대 사회보장제도가 없으므로 구조조정시 인력조정은 더욱 어려워지고 노동자의 입장에서는 인력조정 자체를 반대하는 투쟁을 '극렬하게' 해야 하는 불가피성이 구조적으로 주어진다. '낭떠러지 사회'는 '벼랑끝 전술'을 불가피하게 촉진한다. 노동자로 하여금 '사생결단'의 구조조정 반대투쟁을 하도록 만드는 구조 자체를 변화시키는 것이, 더구나 신자유주의 하에서 비정규직이 양산되는 조건을 변화시켜 정치경제적 불안정성을 줄이는 것이 기업과 자본의 '거시적 합리성'에도 부응하는 것이라고 생각한다. 이런 점에서 보수와 진보 간에 경제문제를 둘러싸고도 '비적대적 공존'이 가능한 지점이 있다고 생각된다. 즉 모두가 개방적으로 그리고 성찰적으로 생각한다면 그 하나는 오도넬이 아주 오래 전에 '사회화'라고 표현했던 어떤 과제—나는 이를 사회경제적 민주화라고 표현하고 싶다—와 말이다.

Ⅴ. 맺으면서 : '우리 안의 보편성'과 대안 모델

한국의 시민사회, 노동 등 민중부문의 역동성을 전제로 하여 개발독재의 성공과 위기의 경험을 성찰하면서 한국에서 대안적인 경제 모델과 국가 모델을 만드는 과제는 보수와 진보 모두 앞에 놓여져 있다. 여기서 서구의 모델을 탐색하거나 모방하는 것이 아니라 한국적이면서 세계적인 모델을 창조하는 것도 가능하고 보다 적극적으로 그러한 노력이 경주되어야 한다고 생각한다. 그것이 바로 우리 안에 잠재적으로 존재하는 '우리안의 보편성' (조희연 2006)을 구성하는 것이라고 생각한다. 한국은 많은 아시아의 나라들에서 볼 수 없는 이러한 아래로부터의 역동성을 가진 사회이다. 이런 점에서 한국은 새로운 대안모델을 구성하기 위한 다양한 지적 · 현실적 노력의 각축장이 될 수 있다. 그런 점에서 현재 진행되는 한국의 진통들은 단순히 특수적인 것이 아니라 세계적인 대안모델을 찾는 선도적인 동력일 수 있다.

이상에서 보수와 진보 모두가 상이한 방식으로 신자유주의적 지구화 시대의 현실적인 경제 모델을 제시하기 위한 생산적인 경쟁으로 가야 함을 지적하였다. 그리고 그 노력은 보수와 진보가 각각의 입장이 다르기 때문에 상이한 성격의 모델들로 구현되어야 함을 지적하였다. 이러한 경쟁 속에서 보수와 진보가 '상호 침투'하면서 신자유주의 지구화 시대의 새로운 인간적인 모델이 우리의 현장에서 구현되도록 하는 실험이 우리 사회에서 가능하다고 생각한다.

앞서 보수와 진보의 비적대적 공존을 이야기하였다. 그러나 이러한 비적대적 공존은 단순히 공존으로 귀결되어서는 안 될 것이다. 오히려 신자유주의 지구화 시대에 한국적이면서 세계적인 새로운 경제 모델과 국가 모델을 만들기 위한 경쟁으로 귀결될 때, 그 공존은 생산적 공존이 될 수 있을 것이다.

참고문헌

김동춘. 2000. 『전쟁과 사회-전쟁은 우리에게 무엇이었나』. 서울 : 돌베개.

복거일. 2003a. 『영어를 공용어로 삼자』. 서울 : 삼성경제연구소.

______. 2003b. 『죽은 자들을 위한 변호 : 21세기 친일문제』. 서울 : 알음.

손호철. 2006. 『해방 60년의 한국정치-1945-2005』. 서울 : 이매진.

신광영. 2004. 『한국의 계급과 불평등』. 서울 : 을유문화사.

이병천. 2006, "개방화 시대 한국사회 발전전략의 모색 : 외적 도전과 주체적 대응의 문제." 학술단체협의회 연합심포지움. 중앙대. 11월 11일.

최장집. 2005. 『민주화 이후의 민주주의』. 서울 : 후마니타스.

______. 2006. "결국 문제는 정당, 그리고 더많은 민주주의." http://www.pressian.com/scripts/section/article.asp?article_num=20060929162710#Scene_1(9월 29일)

조희연 편. 2003. 『한국의 정치사회적 지배담론과 민주주의 동학』. 서울 : 함께 읽는책.

______. 2005. " '87년 체제' 와 민주개혁운동의 전환적 위기 : 그 원인과 대안의 탐색." 『시민과 세계』 8호. 11월.

______. 2006. "'우리 안의 보편성' - 지적 · 학문적 주체화로 가는 창." 신정완 외. 『우리안의 보편성』. 서울 : 한울.

______. 2006. "한미 FTA와 신자유주의 시대의 '돌진적 개방'." 한미 FTA 반대 범국본 주최 토론회. 서강대. 7월 11일.

조현연. 2000. 『한국 현대정치의 악몽-국가폭력』. 서울 : 책세상.

아담 쉐보르스키 저 · 임혁백 역. 1997. 『민주주의와 시장』. 서울 : 한울아카데미.

Cho, Hee-Yeon and Bob Jessop. 2001. "The Listian Warfare State and Authoritarian Developmental Mobilization Regime in the East Asian Anticommunist Regimented Society : A Study on the characteristics of the State and

Accumulation Regime in South Korea and Taiwan." Prepared for the workshop, "In Search of East Asian Modes of Development : Regulationist Approaches." Tunghai University. Taichung. 19－20 April.

Diamond, D. 1999. *Developing Democracy : Toward Consolidation.* Baltimore : Johns Hopkins Univ Press.

Gunther R., P. N. diamadouros, and H－J Puhle. 1995. *The Politics of Democratic Consolidation : Southern Europe in Comparative Perspective.* Baltimore : The Johns Hopkins Univ Press.

Hederson, Gregory 저 · 박행웅 외 역. 2005. 『소용돌이의 한국정치』. 서울 : 한울아카데미.

Hungtington, S. 1991, *The Third Wave : Democratization in the Twentieth Century.* Norman, OK : Univ of Oklahoma Press.

Jessop, Bob. 1994. "The transition to post－Fordism and the Schumpeterian workfare state." in R. Burrows and B. Loader eds., *Towards a Post－Fordist Welfare State?* London : Routledge.

O'Donnell, G. and P. C. Schmitter. 1986. *Transitions from Authoritarian Rule : Tentative Conclusions about Uncertain Democracies.* Baltimore : Johns Hopkins Univ Press.

5장 주

1) 이는 O'Donnell(1986)이 민주주의 이행의 과정을 자유화, 민주화, 사회화로 나누어 표현할 때 모호하게 남겨놓았던 사회화의 과제가 될 것이다.

2) 공고화의 경험적 기준에는 다양한 견해가 존재할 수 있다. S. Huntington (1991)의 기준에 따르면 자유선거가 규칙화되는 것, 즉 두번째 자유선거가 경과하는 것을 말한다. 이런 의미에서는 한국에서 1992년이 될 것이다. 많은 아시아 국가들에서도 자유선거가 2회째 이루어지는 시점을 경과하였다. Gunther *et al.*(1995)의 경우 권력교체 형식적 경쟁집단 간의 권력교체 (alternation in power between formal rivals)라고 보고 있다. 이는 권력교체가 나타나게 되는 것을 의미하는데, 이를 기준으로 하면 1992년 혹은 1997년에 공고화가 완료된 것이 된다. 독재정권이 붕괴되고 바로 정권교체가 이루어지는 경우는, 여기서 이야기하는 포스트 이행은 포스트 공고화 과정을 다루는 셈이 된다. 통상적인 이행론과 공고화론의 최근 논의들, 예컨대 Diamond(1999)학자와 같은 경우에서 한국은 이른바 공고화의 과정을 통과한 경우로 인식된다.

3) 이에 대해 자세한 서술로는 조희연 편(2003) 참조.

4) 1970년대 반독재민주화운동의 상징적인 인물들, 예컨대 김동길 교수의 궤적을 이런 맥락에서 보자. 현재 진보주의의 상징적인 인물이었던 리영희 선생이 한국전쟁 시 미국통역장교로 출발했던 것을 상기해 보자. 미국적 가치관을 투철하게 가진 개신교 목사들의 반독재 민주화 운동 참여도 이런 맥락에서 이해될 수 있다. 장준하 선생이 결코 진보주의나 급진주의자가 아니면서도 반독재 민주화 운동의 선도적인 대열에 서 있게 된 것도 이러한 시각에서 이해될 수 있다.

5) 돌이켜 보면 민주공화당이나 신민주공화당, 자유민주연합도 '자유'와 민주를 내걸었던 것을 감안하면 언술의 수준에서 자유와 민주는 이제 모두의 가

치가 되었다고 해도 과언이 아니다. 박정희가 '민족적 민주주의' 혹은 '한국적 민주주의'를 내걸었던 것도 민주주의의 보편화를 의미한다. 그러나 실제적으로 민주주의적 성격을 말해주지 않는 것과 같다.

6) 최장집(2006)이 프레시안 창간 5주년 강연에서 "운동으로서의 민주주의 위기에 서다: 권력 갖고도 '조중동 탓'은 알리바이일 뿐"이라고 말한 것오 이런 의미에서 일 것이다.

7) 이러한 정치의 전쟁화는 김동춘교수(2000)가 지적한 바와 같이 한국전쟁을 통하여 각인된 대적(大敵)적 인식에서 연유되었다고 할 수 있으며, 비록 정치의 장이 아니더라도 현재에도 재개발 철거현장에서의 폭력이나 노사 분규 현장에서의 구사대 폭력, 사용자들의 '빨갱이 시비' 등에서 보여지는 같은 대적적 인식에서 변형되어 존재하고 있다고 할 수 있다.

06 정치적 세대갈등의 오해와 이해*

김재한(한림대학교)

I. 서론

지난 2002년 대통령 선거에서 노무현 후보가 당선한 요인으로 젊은 세대의 정치성향이 많이 언급되었고 또 2004년 국회의원 선거에서도 노인폄하 논쟁으로 세(勢) 대결이 세대 간 대결의 모습으로 전개되는 등 한국 선거에서 차지하는 세대의 비중은 더욱 증대된 느낌이다. 선거에서뿐만 아니라 최근의 각종 정치적 집회도 세대 간 대결양상으로 나타나고 있다. 특히 북한이나 미국에 관한 각종 집회들은 이미 특정 세대 중심으로 운영되어 있는 모습을 보이고 있다.

세대의 문제는 사회학에서 오랫동안 깊이 연구해 왔다(Mannheim 1928 ; 임희섭 1986 ; 함인희 2000 ; 박재홍 2003 ; 전상진 2004). 한국인의

---

* 이 장은 『의정연구』 2006년 하반기호에 게재된 논문임을 밝힌다.

투표행태에서 연령 변수의 설명력이 높음에 따라 세대 혹은 연령에 대한 한국 정치학자의 관심도 오래 전부터 있어왔다(정진민 1992 ; 김재한 1996 ; 강원택 2003).

이 글의 목적은 한국사회의 세대 간 정치적 갈등에 관한 기존의 오해를 드러내고 정확한 이해를 돕기 위한 것이다. 논지를 다음의 순서로 전개한다.

첫째, 과연 세대갈등이 과거보다 심각해졌는지를 살펴본다. 만일 심각해진 것이 아니라면 그럼에도 불구하고 과거보다 증대되었다고 인식되는 이유가 어디에 있는지를 분석한다.

둘째, 선거/정당과 같은 정치과정과 북한/미국과 같은 정책과정에서 세대가 매우 중요한 집단기준이 되어 있는데, 세대갈등이 심각한 정치적 갈등구조로 고착화되어 있는지를 알아본다. 이를 위해 세대 연구에서 언급되고 있는 연령, 출생연도, 시기 등의 여러 변수들을 어떻게 통제할 수 있는지를 논하고 어떤 변수가 더 중요한지를 분석한다. 또 세대 효과와 연령 효과를 구분한다. 즉 2005년 30대의 정치적 의식과 행태가 1995년 20대의 것과 유사한지 아니면 1995년 30대의 것과 유사한지를 비교한다.

끝으로, 세대 간 정치적 차이가 세대 간 정치적 갈등인지에 대해 논한다. 아울러 세대 간 차이를 이해하면서 차이의 부정적 측면을 완화하기 위한 정책적 함의를 서술하고자 한다.

Ⅱ. 세대갈등의 시계열적 이해

1. 세대갈등은 증대되었는가

오늘날 한국사회에서 세대갈등이 심각해졌다고 보는 견해는 많다. 세대갈등에 관한 여러 담론들은 세대갈등을 마치 새로운 것으로 논하는 경우가 많다. 일단 이 명제에 대해 반드시 그렇지 않다는 말로 시작하고자 한다.

세대갈등은 동서고금(東西古今) 언제 어디서나 쉽게 발견되어 왔다. 멀리는 고대 메소포타미아 유적지에서 젊은 세대를 비판하는 내용이 발견되었다고 하고, 가까이는 서울 시내 같은 장소에서 서로 상반된 주장을 하는 두 집회 참석자의 연령 차이에서 쉽게 느낄 수 있다. 물론 급속한 사회변화는 세대갈등을 더 심각하게 만들 수도 있다. 한 세대로 묶는 기준도 과거 30년이라는 비교적 긴 기간 대신에 오늘날은 10년처럼 비교적 짧게 보는 경향도 있는 것이다. 사회의 변화속도가 빨라 쌍둥이 간에도 세대차가 있다는 말은 이미 오래 전부터 있었던 비유였다.

다음의 < 표 1> 은 세대갈등이 오늘만의 일이 아님을 보여주고 있다. 1988−1990년 기간에서 세대갈등은 노사갈등과 지역갈등에 이어 세 번째로 심각하게 인지되었다. 1995−1996년 기간에서는 빈부갈등과 지역갈등에 이어 역시 세 번째로 인지되었다.

2001년 조사에서는 세대가 빈부, 이념, 노사, 지역 어느 것보다 더 심각하게 조사되지 않았다. 2004년의 조사에서는 빈부, 지역, 이해집단 등의 갈등보다 낮게 조사되었다. 즉 1990년대까지 세대갈등은 그 심각

〈표 1〉 시대별 갈등 인지 정도

시기	빈부	지역	이해집단	세대	이념	노사	도농(都農)
1988−1990년		70.5%		62.5%		74.5%	
1995−1996년	4.1	4.0		3.9		3.9	3.6
2001년	3.2	2.9		2.8	3.0	3.0	
2004년	47.5%	20.7%	14.1%	12.5%	5.2%		

- 1988−1990년 : 서울대가 실시한 세 차례의 조사결과(박찬욱 1995)의 최대값과 최소값의 평균값
- 1995−1996년 : 세종연구소의 두 차례 조사에서 아주 작다 1, 작다 2, 그저 그렇다 3, 크다 4, 아주 크다 5로 하여 척도를 평균한 값
- 2001년 : 한국갤럽의 조사에서 전혀 심각하지 않다 1, 별로 심각하지 않다 2, 어느 정도 심각하다 3, 매우 심각하다 4로 하여 척도를 평균한 값
- 2004년 : 현대경제연구원의 조사에서 "우리 사회에서 가장 갈등이 심각한 부분은?"이라는 질문에 한 보기만을 선택하도록 하여 조사된 비율

성이 꽤 높게 인지되었었는데, 그 심각성의 정도가 2000년대에 와서 더 높아진 것은 아니다. 2004년의 경우 세대갈등이 다른 갈등과 중첩되었기 때문에 과소측정되었을 가능성이 없지는 않지만, 분명한 것은 세대갈등의 심각성이 과거와 달리 두드러졌다는 어떠한 증명도 없다는 점이다. 세대갈등은 2000년대에 갑자기 나타난 것도 아니며 또 갑자기 심화된 것도 아닌 것이다.

2. 누가 세대갈등을 더 체감하는가

그렇다면 왜 많은 사람들은 세대갈등을 언급하고 있는가? 세대갈등을 심각하게 보는 비율이 과거보다 증가되지 않았음에도 불구하고 왜

많은 사람들은 마치 세대갈등이 더 심각한 것으로 느끼고 있는가? 여기에 대한 해답은 나이가 들수록 세대갈등을 더 심각하게 받아들인다는 사실로 설명할 수 있을 것이다.

< 표 2> 는 나이가 들수록 세대갈등을 심각하게 받아들이는 경향이 있음을 보여준다. '매우 심각' 하게 보는 비율을 보면 노년층은 젊은 층보다 세대갈등을 더 심각하게 느끼는 것이다. 2002년 8월의 조사(박명호 2003) 에서도 세대갈등 심화정도에 대해 '그렇다' 고 생각하는 비율이 정확히 50대 이상, 40대, 30대, 20대 등의 순서였고, '그렇지 않다' 는 비율은 그 역순이었다. 사회 전체의 차원에서 보면 세대갈등을 심각하게 보는 비율이 증대한 것은 아니지만 개인의 차원에서는 세월이 흐름에 따라 세대갈등이 더 심각하게 인지되는 것이다. 즉 세대갈등 체감의 일부는 노년층의 피해의식일 수 있다. 자신들이 기여 혹은 희생한 만큼 후속세대들이 하지 않는 것으로 인식하는 피해의식이다.

〈표 2〉 연령대별 세대갈등 인지 정도

연령대	매우 심각	약간 심각	별로 심각하지 않음	전혀 심각하지 않음
20대	17.3%	62.5%	20.2%	0%
30대	27.4%	54.7%	17.9%	0%
40대	40.0%	43.1%	15.4%	1.5%
50대	42.0%	39.8%	15.9%	2.3%
60대 이상	60.0%	31.4%	8.6%	0%

• 현대경제연구원 2004년 4월 조사에서 "우리 사회에서 세대갈등이 어느 정도 심각하다고 보십니까?"라는 질문에 대한 응답비율이다(N=510).

'연령계급' 이라는 용어에서 보듯이 단순히 연령 차이에서 오는 불평등 때문에 발생하는 갈등도 있다. 세대교체는 장유유서(長幼有序) 와 같은 구조 때문에 주장된다. 연공서열의 질서에서 자신보다 나이가 많은 사람들에게 부담을 느끼기 때문에 세대교체라는 표현이 나오는 것이다. 애초부터 위아래가 없으면 교체할 필요성도 없는 것이다.

3. 왜 세대갈등이 강조되고 있는가

세대갈등이 다른 갈등보다 더 심해졌다고 인식하지 않음에도 불구하고 왜 사람들은 세대 차이에 대해 관심을 더 갖는가? 그 이유는 세대 차이가 사회에 미치는 영향이 커졌다고 말할 수 있다. 세대 차이의 영향력은 연령별 인구분포와도 관련이 있다.

<표 3> 은 통계청이 발표한 2005년 기준 한국의 연령별 인구이다. 첫째, 과거보다 연령분포가 매우 넓어졌다. 1960년 국민 평균수명은 52.4세였으나, 2003년 기준 통계청의 평균수명은 77.46세이다. 그만큼 세대 스펙트럼은 넓어진 것이다. 그러한 넓어진 스펙트럼에도 불구하고 세대 간 접촉은 감소되었다. 3대 가구의 감소는 아동과 노인의 접촉 감소로 이어지고 서로에 대한 이해도 아울러 감소한 것이다. 이에 따라 연령대별로 다양한 요구와 입장이 조정되지 않아 세대 간 갈등이 드러나는 것이다.

둘째, 평균수명 연장과 더불어 출산율 감소는 노령인구의 증가를 가져다 주었다. 노령인구의 증가는 노령인구의 발언권도 높이게 되어 있다. 노령인구가 많지 않았던 과거 장유유서의 시대에는 청년층보다 장년층의 발언권이 컸다는 의미이지, 노년층의 발언권이 장년층보다 컸다는 의미는 아닌 것 같다.

국가 중심의 복지 증대는 복지예산의 배분을 둘러싼 갈등도 아울러 증대시키기 마련이다. 오늘날의 연금고갈 문제도 세대 간 형평성의 문

〈표 3〉 연령대별 인구수(2005년 기준)

합계	47,041,434
0－4세	2,382,350
5－9세	3,168,887
10－14세	3,434,891
15－19세	3,100,523
20－24세	3,662,123
25－29세	3,671,847
30－34세	4,096,282
35－39세	4,112,785
40－44세	4,123,041
45－49세	3,900,899
50－54세	2,855,297
55－59세	2,278,438
60－64세	1,888,853
65－69세	1,680,067
70－74세	1,252,734
75－79세	766,870
80－84세	432,259
85세 이상	233,288

주 : 통계청 전수조사이다.

제로 제기되는 측면이 크다. 대부분의 연금구조가 뒤의 세대가 앞의 세대에게 지급하는 형태인데, 이러한 세대 간 부(富)의 이전이 세대갈등을 가져오기도 한다. 인구가 많은 세대는 그만큼 정부재원을 많이 사용하게 되고 동시에 선거에서 영향력이 크다. 정부재정을 많이 쓰는 세대라 하여 반드시 세금을 제일 많이 내는 세대는 아니다. 이로 인해 세대 간 불평등의 문제가 제기되고 세대 간 갈등이 심화되는 것이다. 물론 인구가 많다고 하여 유리한 것만은 아니다. 입학이니 취업이니 각종 경쟁에서 과잉공급의 세대들은 많은 불이익을 받는 면도 있다. 인구가 많을수록 혜택이 가지 않을 때의 예산절감 효과가 더 크기 때문에 인구가 많은 세대는 각종 수혜에서 제외되기가 쉽다. 이러한 이익과 불이익으로 인해 모든 세대가 주관적인 상대적 박탈감을 느끼는 것이다.

셋째, 2002년 대통령 선거는 박빙의 대결이었는데, 박빙의 선거였던 만큼 인구수가 많은 연령대에 관한 관심이 증대되었다. < 표 3> 에서 인구가 많은 세대는 30, 40대이다. 이 세대들이 지난 2002년 대통령 선거 결과에 영향을 주었다고 말할 수 있는데, 아무래도 인구가 많아서일 것이다. 정치력 영향력은 인구만큼 정치참여율도 중요함은 물론이다.

연령 변수는 속성상 다자대결보다 양자대결 구도에서 더 크게 부각된다는 점을 고려한다면, 양자대결이었던 2002년 선거에서 연령/세대가 크게 부각된 것은 거의 필연적이었다. 만일 제3의 후보, 예컨대 정몽준 씨가 출마하여 다자구도였더라면 연령/세대 효과를 지금처럼 강조하고 있지는 않았을 것이다. 2002년 선거는 그 이전 선거와 마찬가지로 지지하는 후보가 세대별로 달랐는데, 양자대결이었기 때문에 세대별 지지가 명확히 구분되었던 것이었다. 즉, 2002년 연령/세대 효과는 이념이나 정치의식 측면에서의 유권자 분포가 그 이전과 갑자기 달라졌다기보다 정치 엘리트 차원의 구도가 달랐던 것에 크게 기인한다는 의미이다.

그러한 세대별 지지가 문화적으로 코드화될 때 대립각도는 더욱 체감된다. 세대관념이 정책과 정치권력으로 직결되었다기보다 문화적 공감대라는 형식으로 선거에 투영되었다. 즉 정부정책과 선거공약에 대한 평가보다는 정서와 감성적 느낌으로서의 세대 단위가 기능했던 것이다. 이는 특정 세대에 국한되지 않고 거의 모든 세대에서 행해졌기 때문에 세대갈등이 체감된 것이다. 물론 세대만이 문화적 코드는 아니다. 정서도 문화적 코드이다. 지역정서라고 표현되는 지역주의에서도 문화적 측면이 매우 크다.

Ⅲ. 세대갈등의 정치적 이해

1. 정치에서의 세대 효과는 연령 효과가 아닌가

한국 유권자의 투표행태를 설명할 때 연령 혹은 세대 변수는 출신지역 변수만큼이나 매우 효과적이다. 출신지역이 지지 후보/정당을 결정할 때가 있는데, 연령/세대는 지지 후보/정당을 결정할 뿐만 아니라 투표참여 여부도 결정할 때가 많다. 특히 선거가 아닌 정치참여, 예컨대 북한 및 미국에 관한 각종 정치적 행태를 살펴보면 연령/세대는 출신지역보다 훨씬 더 큰 설명력을 지닌 변수인 것이다. 흔히 사회균열(social cleavage) 구조는 정당체계에 영향을 주는 것으로 이해되고 있는데(Lipset and Rokkan 1967), 세대가 지지 정당에 영향을 준다면 세대를 사회균열 기준으로 볼 수 있는가?

이 질문에 답하기 위해서 먼저 세대 개념을 명확히 해야 한다. 특정 세대를 지칭하는 용어는 무수히 등장했다. 신세대와 같은 한자어뿐만 아니라 X세대, Y세대, Z세대, W세대, N세대, P세대, WINE세대 등 영어 이니셜을 사용한 명칭이 봇물을 이루고 있다. 세대 명칭이 어떤 단어의 이니셜인지는 사람들마다 의견이 다를 정도로 관련 개념들은 혼돈스럽다. 이러한 현상도 '세대 개념의 과잉'(전상진 2004)으로 부를 수 있는지 몰라도 분명한 것은 등장 이후에도 지속적으로 사용되고 있는 용어는 별로 없다는 점이다. 그러한 용어들은 성인(유권자)으로 데뷔하는 과정에서 규정되는 것이지 그 이후에도 계속하여 규정되는 것은 아니다. 기업의 상업주의 목적, 정치권의 동원목적, 연구자의 수요증대 목적 등 마케팅적 차원에서 명명되고 주창된 면도 없지 않았다. 이 경우에는 세대가 출생과 사회화에 따라 형성되는 것이 아니라 개념 제기로 세대집단이 인위적으로 결성된다는 의미이다.

학문적으로 세대를 논하려면 APC 효과, 즉 연령(age), 시대(period), 출생시기(cohort) 등을 구분해야 한다. 만일 특정 세대의 출생 혹은 사회화 과정에서의 경험이 다른 세대와 구분시킨다면 그것은 코호트(C) 효과이다. 만일 생애주기(life cycle)에 따른 연령별로 세대가 구분된다면 그것은 연령(A) 효과이다.

386세대라는 표현은 30대라는 연령(A), 1980년대를 겪었다는 시대(P), 1960년대에 출생했다는 코호트(C) 등을 고루 감안한 명칭이다. 물론 1980년대를 겪었다는 점은 모든 세대가 겪었다는 의미의 P라기보다 1980년대에 대학생활을 했다는 C라는 측면이 더 크다. 아무튼 386세대는 다른 세대 용어와는 달리 A, P, C 등의 개별 요소들을 감안하려는 용어이다. 386세대뿐만 아니라 475세대(40대, 70년대 학번, 50년대 출생)와 같은 용어들도 나왔지만 노무현 정부 등장과 함께 386세대는 독특한 세대로 간주되기도 했으며, 다수의 사람들은 386세대라는 말을 A와 P의 측면보다 주로 C의 측면에서 이해하고 있다. 사회학에서 세대 분석에 사용되고 있는 코호트(cohort) 분석의 한계는 자주 언급되고 있다(박재홍 2003 ; 전상진 2004). 방법론적으로도 APC 효과의 분해가 쉽지 않다. 연령(A), 조사시기(P), 출생연도(C)라는 세 변수는 'A=P−C'라는 방정식이 성립하기 때문에 동시에 세 변수 모두 독립변수로 회귀방정식에 투입할 수는 없다.

실제로 어떤 사건과 경험이 모든 세대에게 동일한 영향을 주었다면 그 사건/경험은 세대 논의에서 굳이 고려할 필요가 없다. 그렇다면 다양한 연도에 관찰된 사례들에 대해 연령(A)과 출생연도(C)라는 두 가지 종류의 독립변수만을 투입하여 그 효과를 분석할 수는 있을 것이다. 이른바 시대 효과(P)는 모든 세대에 동일한 효과를 준다는 전제 하에 출생시기(C) 효과와 연령(A) 효과를 구분할 수 있는 것이다. 만일 그러한 효과를 구분할 수 있다면, 386세대의 특성은 30대라는 연령(A)으로 설명이 잘 되는 것인지 아니면 1960년대 출생과 1980년대 대학생활이라는 코호트(C)로 설명이 잘 되는 것인지 아니면 둘 다로 설명되어야 하는 것인지를 알 수 있는 것이다. 연령(A)은 세월에 따라 유동적인 반면, 코호트(C)는 세월에 관계없이 고정적으로 보는 것이다.

만일 코호트(C) 효과만 있다고 한다면 세대 간 차이가 지속할 것이고, 따라서 정당과 선거에서의 대결양상도 지속적일 것이기 때문에 세대는 사회균열구조로 이해할 수 있을 것이다. 만일 연령(A) 효과만 있다고 한다면, 개별 정파의 지지자 구성은 변할 수밖에 없기 때문에 세대를 사회균열구조로 받아들이기가 어렵다. 유권자가 나이를 먹게 됨에 따라 지지정당을 바꾸느냐 바꾸지 않느냐는 것은 세대를 사회균열구조로 인정하느냐 아니냐는 중요한 기준이 된다.

연령 효과와 세대 효과를 동시에 비교하기 위한 간단한 코딩 방법(coding rule)은 한편으로 단순 연령 혹은 출생연도를 코딩하고 다른 한편으로 각 세대들을 여러 더미(dummy) 변수로 코딩하는 방법이다. 한국 유권자의 정치참여 행태를 연령 변수 하나로 분석할 때의 설명력과, 386세대를 비롯한 각 세대의 여러 더미 변수로 분석할 때의 설명력을 비교해 보면, 단순히 나이 혹은 출생연도라는 단일 변수의 설명력이 결코 낮지 않았다. 이는 정치행태를 설명하는 요인으로의 세대 개념이 효과적인지에 대해 의문을 제기하는 것이다.

세대를 구분할 때에 연령대를 어디에서 끊고 시작하느냐는 것은 사회경제적 배경을 통계 분석하는 사회과학자들이 고심해 온 부분이다. 특정 시기의 특정 자료에서 단순 연령 변수보다 더 효과적인 세대 간 경계 출생연도(연령)를 도출하는 데에 성공하더라도, 그 경계선이 다른 시기의 자료 혹은 시기가 동일하더라도 다른 자료에 그대로 적용할 수 있었던 예는 아직 존재하지 않고 있다. 굳이 세대라는 개념을 사용하지 않더라도 나이라는 단순한 변수가 설명력이 더 높을 때가 많다. 왜냐하면 구체적 연령을 세대 혹은 연령대로 바꾸는 작업은 정밀한 변수를 대략적으로 코딩된 변수로 바꾸는 역기능을 하기 때문이다. 즉 현재까지의 세대 개념은 더 정확한 분석도구로서 기능하기보다 오히려 일반인들에게 쉽게 설명하기 위한 목적으로 사용되고 있는 것이다. 구체적인 연령 대신에 세대라는 개념을 사용함으로써 설명력은 좀 떨어지더라도 좀더 흥미 있게 설명하고자 하는 것이다.

이제 정치적 세대의 분류가 영구불변한 것인지 아니면 유동적인 것인지를 살펴보자. 오늘날 한국사회의 갈등 가운데 대표적인 것은 보혁, 즉 보수-진보에 관한 것 같다. 대부분의 이슈들은 시기에 따라 변하는데, 10년 이상 지속적으로 대립적 모습을 보여주는 이슈는 북한관(통일관)인 것 같다. 북한과 미국에 대한 인식도 정치적 집단을 나누는 매우 중요한 기준인 것이다.

<표 4> 에서 연령대별로 본 보수-진보 성향은 나이가 들수록 보수적이고 나이가 젊을수록 진보적이라는 매우 간단한 내용이다. 물론 조금 다르게 보고되는 경우도 있지만 다수의 조사는 <표 4> 와 같은 내용을 보고하고 있다. <표 4> 로 판단컨대 보수-진보 스펙트럼에서 특

〈표 4〉 시대별 연령대별 보수/진보 비율

연도	연령대	진보	중도	보수
1992년	20대(496)	39.3%	43.1%	17.5%
	30대(384)	34.9%	39.8%	25.3%
	40대(282)	29.7%	44.0%	26.3%
	50대 이상(343)	22.7%	40.5%	36.7%
1997년	20대(319)	54.2%	17.2%	28.5%
	30대(292)	37.7%	22.9%	39.4%
	40대(196)	23.0%	23.5%	53.6%
	50대 이상(280)	23.6%	26.4%	50.0%
1998년	20대(437)	41.2%	27.0%	31.8%
	30대(354)	35.3%	22.6%	42.1%
	40대(248)	32.3%	26.6%	41.1%
	50대(134)	32.8%	16.4%	50.7%
	60대 이상(116)	30.2%	15.5%	54.3%
2001년	20대(290)	52.1%		47.9%
	30대(253)	44.7%		55.3%
	40대(197)	36.0%		63.5%
	50대 이상(262)	30.2%		69.1%
2005년	20대(105)	37.2%	31.4%	31.4%
	30대(117)	35.9%	31.6%	32.5%
	40대(130)	29.2%	23.1%	47.7%
	50대(86)	22.1%	29.1%	48.8%
	60대 이상(70)	22.9%	24.3%	52.9%

주 : 1992년은 서울대, 1997년과 1998년은 한국선거연구회, 2001년은 한국갤럽, 2005년은 현대경제연구원의 조사자료이다.

정 세대가 특별한 모습을 보이는 것은 아닌 것이다.

이제 미국과 북한과 관련된 세대별 특성을 살펴보자. 미국과 북한에 관한 조사는 무수히 수행되었는데, 여러 조사들이 상이한 조사결과를 보일 때도 많다. 그 상이한 결과는 조사기관의 엄밀하지 못한 조사방법에 기인할 때도 있지만, 조사기관이 정확하게 조사를 수행했더라도

〈표 5〉 연령대별 미국관

"한반도 통일외교에 가장 주요한 주변 국가는 어느 나라라고 생각하십니까?"라는 질문에 '미국'으로 응답한 비율		
1995년	20대	33.2%
	30대	34.9%
	40대	37.5%
	50대	49.1%
	60대 이상	58.9%
"한반도 주변 4국 중 어느 나라가 한반도 통일에 가장 우호적이라고 생각하십니까?" 라는 질문에 '미국'으로 응답한 비율		
2005년	20대	14.4%
	30대	15.6%
	40대	20.4%
	50대	28.5%
	60대	42.7%
	70대	44.4%

조사대상자들의 정치의식이 정해져 있지 않기 때문일 때도 있다.

이러한 연구에서는 동일 기관에서 동일 질문으로 조사한 것을 갖고 분석하는 것이 원칙이다. 그마저도 쉽지 않기 때문에 동일 기관에서 유사한 질문을 각각 10년 간격으로 두고 수행된 조사를 사용하고자 한다. 대북 인식과 관련된 그러한 조사는 통일연구원의 조사를 들 수 있다. 통일연구원의 조사는 거의 매년 조사되고 있는데, 여기서는 가장 최근의 조사인 2005년 조사와 그로부터 10년 전인 1995년 조사를 갖고 분석하고자 한다. 1995년 조사와 2005년 조사를 비교하기 위해 사용할 수 있는 질문은 대략 네 가지이다. 주변국 인식, 북한의 침공 가능성, 북한 지원

여부, 남북한 통일의 당위성 등이다.

<표 5> 에서 미국에 대한 인식은 나이가 들수록 긍정적이다. 연령 효과가 있는 것이다. 미국에 대한 호감이 전 세대에 거쳐 낮아지는 것은 질문이 달라서이기도 하지만 시대(P) 효과에 기인하는 면도 클 것이다. 1995년 20대, 30대, 40대, 50대, 60대의 미국관은 시대(P) 효과에 의해 조금 부정적으로 되면서 그대로 2005년 20대, 30대, 40대, 50대, 60대의 미국관으로 연장되어 있다고 말할 수 있다. <표 5> 에서 연령대를 나누는 기준은 1995년과 2005년이 조금 다르다. 1995년 미국관은 40대 이하의 전쟁 미경험 세대와 50대 이상의 전쟁 경험 세대로 나누어지는 경향이 있고, 2005년 미국관은 50대 이하의 전쟁 미경험 세대와 60대 이상의 전쟁 경험 세대로 나누어지는 경향이 있다. 이것은 세대 효과이다. 따라서 미국관은 A, P, C 세 가지 효과가 모두 있다고 말할 수 있다.

<표 6> 에서 1995년 조사이든 2005년 조사이든 모두 나이가 들수록 통일의 당위성을 더 인식하고 있고 반대로 젊을수록 덜 느끼고 있다. 그런데 통일의 당위성 인식 기준으로 여러 세대들을 분류하자면 1995년 조사에서는 50대 이상이 나머지 세대와 구분되는 경향을 보였다. 2005년 조사에서는 50대의 통일관이 20, 30, 40대 및 60, 70대의 중간 수준으로 조사되었다. 1995년에는 자기보다 젊은 세대와 비슷한 생각을 가졌던 당시 40대들이 2005년에도 반드시 그렇지는 않았던 것이다. 2005년에 50대가 된 세대는 자기보다 젊은 세대만큼이나 자기보다 늙은 세대와도 공감대를 형성하고 있는 것이다. 이것은 세대 효과와 연령 효과가 병존하기 때문이다.

<표 4> , <표 5> , <표 6> 에서 연령대별 인식 차이는 단순한 편이다. 사실 연령과 정치의식 간의 관계가 선형(linear)인 경우에 코호트(C) 효과를 드러내기란 쉽지 않다. 늘 논란이 있기 마련이다.

〈표 6〉 연령대별 통일관

'반드시 통일을 이루어야 한다' 고 응답한 비율		
1995년	20대	55.2%
	30대	54.6%
	40대	54.9%
	50대	65.7%
	60대 이상	75.0%
'통일이 반드시 달성해야 할 민족적 과업' 이라는 주장에 대해 찬성한 비율		
2005년	20대	78.2%
	30대	83.0%
	40대	83.0%
	50대	86.7%
	60대	90.6%
	70대	91.1%

연령과 정치의식 간의 관계가 비선형(nonlinear)인 경우에는 코호트 효과를 명확히 드러낼 수도 있다. 연령과 정치의식 간의 비선형 관계는 북한의 도발 가능성과 대북 지원에 관한 의식에서 찾을 수 있다.

< 표 7> 의 조사결과는 비선형 관계를 보여주고 있다. 1995년 조사에서 북한 도발 가능성에 대해 가장 비관적으로 보는 세대는 50대였고, 가장 낙관적으로 본 세대는 30대였다. 2005년 조사에서 북한 무력도발 가능성에 대해 가장 낙관적으로 보는 세대는 30대다. 1995년이든 2005년이든 중간 세대가 중간적 인식을 하고 있지 않다.

1995년 조사에서 북한의 도발 가능성에 대해 가장 덜 비관적으로 본 세대는 30대였다. 2005년 조사에서 가장 덜 비관적으로 보는 세대는 1995년 조사에서 30대였던 40대가 아니다. 1995년 조사에서 당시 20대로 비관적 인식을 보였던 2005년 기준 30대다. 특정 세대가 세월이 흘러

〈표 7〉 연령대별 북한관

"북한이 전쟁을 일으킬 가능성"에 대해 '크다'고 응답한 비율		
1995년	20대	54.8%
	30대	**48.3%**
	40대	54.2%
	50대	64.2%
	60대 이상	50.0%
"북한이 남한을 무력으로 공격할 가능성"에 대해 '많다(있다)'고 응답한 비율		
2005년	20대	53.2%
	30대	**35.8%**
	40대	40.0%
	50대	40.6%
	60대	44.5%
	70대	51.1%

도 북한관을 그대로 유지하고 있는 것이 아니라 나이에 맞는 북한관으로 바꾼다고 말할 수 있다. 즉 코호트(C) 효과보다 연령(A) 효과가 강하게 나타나는 것이다.

북한 지원에 대한 찬반에서도 마찬가지이다. < 표 8> 의 1995년 조사에서 다른 세대와 통계적으로 유의한 수준으로 차이가 나는 세대는 50대다. 즉 50대는 북한 지원에 대해 다른 세대보다 더 부정적이다. 10년 후인 2005년 조사에서 통계적으로 유의한 수준으로 차별되는 세대는 역시 50대로 북한 지원에 대해 다른 세대보다 부정적인 편이다. 즉 2005년 조사에서 북한 지원에 대해 부정적인 세대는 1995년 당시 50대였고 2005년에는 60대인 세대가 아니라 1995년 당시 40대였던 세대인 것이다. 이는 코호트 효과(C)보다 생애주기(A) 효과가 더 큰 것이라고 말할 수 있다.

〈표 8〉 연령대별 대북지원관

<table>
<tr><th colspan="4">"북한 당국이 공식적으로 요청할 경우 북한에 경제적인 지원을 하는 것"에 대해
찬성/반대한 비율 ('그저 그렇다'고 응답한 비율은 생략)</th></tr>
<tr><td rowspan="6">1995년</td><td>연령대</td><td>찬성</td><td>반대</td></tr>
<tr><td>20대</td><td>56.1%</td><td>11.6%</td></tr>
<tr><td>30대</td><td>56.3%</td><td>17.1%</td></tr>
<tr><td>40대</td><td>55.3%</td><td>24.2%</td></tr>
<tr><td>50대</td><td>46.9%</td><td>30.6%</td></tr>
<tr><td>60대 이상</td><td>55.4%</td><td>25.0%</td></tr>
<tr><th colspan="4">"대북지원정책"에 대해 찬성/반대한 비율</th></tr>
<tr><td rowspan="6">2005년</td><td>20대</td><td>79.6%</td><td>20.4%</td></tr>
<tr><td>30대</td><td>76.2%*</td><td>23.9%*</td></tr>
<tr><td>40대</td><td>70.2%</td><td>29.8%</td></tr>
<tr><td>50대</td><td>63.0%</td><td>37.0%</td></tr>
<tr><td>60대</td><td>69.2%</td><td>30.8%</td></tr>
<tr><td>70대</td><td>68.9%</td><td>31.1%</td></tr>
</table>

* 합계는 반올림으로 100.0%가 아니다.

이상의 자료비교에서는 연령 효과가 더 두드러진다고 잠정적으로 말할 수 있다. 여기서 굳이 '잠정적으로'라는 표현을 쓰는 이유는 다른 변수들을 더 엄밀히 통제해야 하고, 또 기간별로 비교한 문항이 완전히 동일한 것은 아니기 때문이다.

간혹 20대의 보수화 성향을 갖고 세대별 다양성 혹은 특수성을 강조하기도 한다. 연령대와 정치의식 간의 선형(linear)관계는 연령(A) 효과이고, 비선형(nonlinear)관계는 세대(C) 효과일 것이라는 추론이다. 물론 그럴 가능성이 있지만 반드시 그렇지는 않다. 선형/비선형관계 구분과 연령/세대 효과 구분은 반드시 일치하지는 않는다. 예컨대 만약 고금(古今)에 관계없이 늘 20대는 가장 보수적이고 30대가 가장 진보적이라면, 이러한 연령대별 보수/진보는 비선형관계이지만 주로 연령(A) 효과에 의한 것이다. 반대로 만약 현재 조사에서 20대가 가장 진보적이고 나이가 들수록 보수적이더라도 10년 후의 20대가 10년 후의 30대보다 보수적이라면, 현재의 연령대별 보수/진보가 선형관계이더라도 세대 효과에 의한 것일 수 있는 것이다.

20대가 30대보다 보수적이라는 조사결과, 그리고 20대 전반과 20대 후반이 다르다는 조사결과는 오늘날의 조사에서뿐만 아니라 1990년대 조사에서도 가끔씩 발견되었던 내용이었다. 최근 조사에서 20대의 보수정당(한나라당) 지지율이 30대보다 높다는 결과가 가끔 나오는데, 10년 전인 1995년의 조사에서도 20대의 보수정당(민자당) 지지율이 30대의 것보다 높게 나온 적은 많았다(조선일보 1995. 4. 5 ; 1995. 6. 6). 20대 전반과 후반을 나누고 이를 세대의 독특한 경험 차이로 구분하는 것도 현재뿐만 아니라 10년 전에도 자주 사용되었던 설명방식이다. 이러한 조사결과가 10년 전이든 후이든 유사하게 나온다면 생애주기(A)로 설명하는 것이 옳다.

현대 한국의 세대 간 정치적 차이 가운데 연령 효과와 시대 효과로 설명되지 않고 오로지 코호트 효과로만 설명되는 것은 별로 없다. 따라서 세대 간 정치적 차이보다 연령대 간 정치적 차이로 부르는 것이 더 정확한 명칭인 듯하다.

2. 세대 간 차이는 세대 간 갈등인가

혹자는 지지 후보와 지지 정당이 세대에 따라 다르다 하여 세대 간 갈등이 존재한다고 단정짓기도 한다. 그렇게 단정짓는 것은 자유선거가 실시되는 모든 민주주의 국가는 갈등이 넘치고 자유선거가 실시되지 않는 전체주의 국가는 갈등이 없다는 주장과 같다. 투표선택 기준과 갈등축은 반드시 일치하는 것은 아니다. 어떤 면에서는 정치화가 되면 될수록 그러한 첨예한 갈등도 자제될 수 있다. 지역불평등이 지역할거 정당체제를 가져온 면도 있지만, 역설적으로 지역할거 정당체제 때문에 특정 지역에게 불이익을 주는 것도 쉽지 않다.

1990년대에는 선거에서 세대교체가 자주 선거운동 모토가 되었다. 이른바 세대갈등의 표면화이다. 그렇지만 최근 선거에서 세대교체가 이슈화되지 못한다. 물론 1990년대에는 다수의 유권자가 세대교체로 인한 이익을 보는 계층이고, 지금은 그렇지 않다는 차이도 있다. 정치권은 세대 대결로 이득을 보아야 세대갈등을 선동할 것이다. 특정 세대를 결속시키다 보면 특정 세대로부터 배제당하는 결과를 초래할 수도 있다. 만일 선거구가 연령별로 구분된다면 그렇게 선동하는 것도 가능하겠지만, 현재와 같은 지역 단위의 선거구에서는 세대 대결을 선동해야 이기는 쪽은 인구가 많은 세대를 지지하는 정파뿐이기 때문에 상호 선동이 되지 않는다. 또 나이를 먹음에 따라 집단소속도 바뀌기 때문에 선동을 통해 고정 지지표 확보도 어렵다. 따라서 세대 대결이 영구적 경쟁구도로 되는 것은 어렵다.

과연 세대는 한국의 사회균열구조의 기준인가? 현재 연령대가 한국의 정당정치 혹은 선거정치에서 하나의 단위로 기능하고 있는 것은 분명한 사실이다. 세대가 사회균열 기준이 되느냐 아니냐에 대해서는 논자에 따라 사회균열에 대한 정의가 다르기 때문에 굳이 여기서 논하지는 않는다. 단지 현재 세대 간 차이가 갈등으로 가고 있느냐 아니냐는 것에 대해 논하기로 한다.

여기서는 갈등과 대립을 진성(眞性)과 가성(假性)으로 구분하고자 한다. 진성갈등 대립은 그 특성으로 집단 소속감의 불변(不變), 중간세대의 부재(不在), 선(先)집단화 후(後)개념화, 다른 균열기준과의 중복 등을 들 수 있다. 반면에 가성갈등 대립은 집단 소속감의 변동, 중간세대의 존재, 선(先)개념화 후(後)집단화, 다른 균열기준과의 독립 등의 속성을 지닌다.

먼저, 특정 세대가 집단화되기도 전에 명칭을 부여하거나 개념화하는 것은 그만큼 세대갈등이 심각하지 않다는 의미다. 영어 이니셜로 시작되는 무수히 많은 세대집단 개념화 작업도 정치적으로 별 의미를 갖지 않고 있는 것이고, 그만큼 구조적 갈등으로 되지 않는 것이다.

둘째, 집단소속감의 변동여부가 갈등의 심각성과 깊은 관련이 있다. 집단소속이 바꿀 수 없는 것이라면 그만큼 집단에 대한 충성도는 높다. 한국의 세대 구분은 거의 연령대에 좌우되고 있다. 연령이 변함에 따라 소속 세대, 즉 연령대도 바뀌기 때문에 세대에 의한 집단소속감이 약하다. 따라서 세대 간 갈등을 겪는 당사자도 그 갈등을 영구적인 것으로 느끼지 않는다.

셋째, 세대 간 대립에서 중간세대가 존재하면 그 갈등도 덜 심각해질 수 있다. 중간세대는 세대 간 단절성을 완화하기 때문이다. 세대대결에서 연령 효과적 측면이 크다면 그 대결의 양상도 덜 심각하다. 자기 세대와는 함께 움직이더라도 연대 파트너 대상이 되는 다른 세대는 늘 변하기 때문이다. 예컨대 만약 세대 대립이 늘 20, 30대와 40, 50대로 구분된다면 그 30대와 40대는 비록 지금 대립관계에 있더라도 10년 후에는 연대 파트너가 되는 것이다.

넷째, 세대갈등이 심각한 경우는 그 세대갈등이 다른 균열기준과 일치할(coinciding) 때이다. 여러 균열기준들이 단순하게 정리되어 피아(彼我)가 명확히 구분되면 대결구도도 단일전선이 되어 갈등 수준도 더 심각해진다. 반면에 균열구조의 교차(crosscutting)는 첨예한 대립을 완화시킨다(Lijphart 1977 ; 김재한 2001). 중복 소속감(overlapping membership)은 심리적 교차압력(cross-pressure)이 되어 온건한 태도를 가져온다는 의미다. 예컨대 서로 다른 세대에 속한 개인들이 세대가 아닌 다른 기준에 의해선 동일한 집단에 속하게 된다면, 그들은 서로에 대해 온건한 태도를 취할 수 있다.

세대와 깊은 관련을 갖는 것은 보수-진보 이념이다. 지역과 세대는 서로 관련이 없지만 투표행태 등 정치참여에 큰 영향을 주었다. 최근에 와서 이념이라는 기준이 매우 중요해졌지만 그 이념은 세대와 밀접한 관련을 갖고 있기 때문에 정치참여에 영향을 주는 기준으로서의 이념과 세대는 사실 상호 대체적인 관계를 갖기 쉽다. 시기와 자료에 따라 이념과 세대의 영향력 가운데 하나가 통계학적으로 아무런 의미가 없어질 가능성이 매우 높다.

과거 보수-진보 이념이 투표행태에 별 영향을 주지 않았을 때에는 세대가 투표행태에 영향을 주었지만 세대 간 갈등을 별로 언급하지 않았었다. 반면 최근의 선거에서는 이념이 투표행태에 영향을 주고 또 전통적으로 세대는 이념과 깊은 관련을 갖기 때문에 세대 간 갈등문제가 제기되는 것이다. 즉 이념문제가 지속되는 한은 세대 간 갈등도 끊임없이 제기될 수 있고, 이념과 세대가 일치하는 부분만큼 갈등의 심각성은 높아지는 것이다. 세대갈등이 다른 기준과 일치적인(coinciding) 대립구도이면 그 세대갈등은 심각할 수밖에 없는 것이다.

위의 네 가지 기준에서 본다면 오늘날 세대 간 갈등은 집단화가 먼저 진행되지 않았고, 나이에 따라 집단소속이 변동적이며, 거의 연령에 따라 연속적으로 차이를 보여주고 있기 때문에 진성갈등으로 보이지는 않는다. 가성의 대립에 가깝다고 할 수 있다. 즉 세대는 공동이익을 추구하는 집단 단위라기보다 생애주기에서의 위치를 말해준다고 할 수 있다. 그 점에서 세대갈등을 진성갈등으로 보기는 어렵다.

세대 간 이해는 갈등 완화에 큰 도움이 된다. 그러한 세대 간 이해에 도움 되는 프로그램은 세대공동체 교육이다. 이 프로그램의 특징은 노인들을 적극적으로 활용하는 것이다. 어떤 프로그램들은 오히려 세대갈등을 증폭시켰다는 보고도 있지만, 미국의 '제너레이션 투게더(Generations Together)'를 비롯한 각종 노인 활용 프로그램들은 제대로 수행된다면 노인에 대한 인식을 긍정적으로 만들었다고 보고되고 있다(한정란 2001).

세대갈등의 책임을 언론에 돌리는 사람들은 언론이 세대 간 차이를 너무 부각시키기 때문이라고 한다. 실제 각종 언론의 선거조사에서 연령대별 투표성향이 단골 메뉴이다. 갈등론이 실제 갈등을 부각시키는 면이 있을 것이다. 매스컴과 정치권에서 세대 차이를 강조하다 보면 정말 세대갈등이 발생한다는 주장이다.

세대갈등을 없애기 위해 세대 공감을 해야 하고, 공감하기 위해서 서로의 언어를 이해하자는 TV 오락 프로그램이 있다. 각 세대만의 경험이 세대갈등을 가져온다는 주장과 일맥상통하는 것 같다. 사실 그러한 공유가 상호 연대를 가져오는지는 불확실하다. 오히려 같은 세대 간에 경쟁이 치열할 수도 있다. 아울러 노년층을 하나의 동일 집단으로 묶는 것도 무리다. 일반적으로 경제적 격차는 나이가 들수록 더 벌어지는 경향을 보인다. 따라서 노년층 내부에서의 불평등도 존재하는 것이다.

선거에서도 마찬가지이다. 미국 유권자의 투표행태에서 유권자 부모의 정당일체감(party identification)이 유권자 자신의 연령보다 더 중요할 때가 있는데, 세대 간 차이를 너무 강조하다 보면 세대 내부의 차이를 간과하기가 쉽다.

서로 다름을 무조건 억제시키는 것은 올바른 민주주의가 아니다. 세대 간 갈등도 서로 다름을 인정하면서 적절한 역할 분담을 통해 화이부동(和而不同)의 합리적 조정을 이루는 것이 이상적이다. 세대 간 관계는 상호 대립관계가 될 수도 있고 상호 보완관계가 될 수도 있다. 가족관계는 세대 간 관계를 상호 보완관계로 만드는 기초일 것이다. 이럴 경우 세대 간 갈등이라는 표현보다 연령대 간 차이라는 표현이 더 적절하다.

Ⅳ. 요약 및 결론

이 글의 목적은 한국사회의 세대 간 정치적 갈등에 관한 기존의 오해를 드러내고 정확한 이해를 돕기 위한 것이다. 오늘날 한국사회의 세대갈등에 관한 여러 담론들은 세대갈등을 마치 새로운 것으로 논하는 경우가 많다. 하지만 세대갈등의 심각성이 과거와 달리 두드러졌다는 어떠한 증명도 없다. 세대갈등을 심각하게 보는 비율이 과거보다 증가되지 않았음에도 불구하고 많은 사람들이 마치 세대갈등이 더 심각해진 것으로 느끼고 있는 이유는 나이가 들수록 세대갈등을 더 심각하게 받아들이기 때문이다. 세대갈등을 심각하게 보는 비율이 증대한 것은 아니지만 개인의 차원에서는 세월이 흐름에 따라 세대갈등이 더 심각하게 인지되는 것이다. 2002년 대통령 선거는 그 이전 선거와 마찬가지로 지지하는 후보가 세대별로 달랐는데, 양자대결이었기 때문에 그 이전의 다자대결보다 세대별 지지가 더 명확히 구분되었던 것이었다. 즉 2002년 연령/세대 효과는 이념이나 정치의식 측면에서의 유권자 분포가 그 이전과 갑자기 달라졌다기보다 정치 엘리트 차원의 경쟁구도가 달랐던 것에 크게 기인한다는 의미다.

한국 유권자의 투표행태를 설명할 때 연령 혹은 세대 변수는 출신지역 변수만큼이나 매우 효과적이다. 출신지역이 지지 후보/정당을 결정할 때가 있는데, 연령/세대는 지지 후보/정당을 결정할 뿐만 아니라 투표 참여여부와 각종 정치집회 참여여부도 결정할 때가 많다. 그러한 정치적 세대의 분류가 영구불변한 것인지 아니면 유동적인 것인지를 살펴보았다. 보수-진보와 북한-미국에 대한 인식을 분석한 결과 한국의 세대 간 정치적 차이 가운데 연령 효과로 설명되지 않고 오로지 코호트(세대) 효과로만 설명되어지는 것은 별로 없다. 세대별 정치적 인식은 세대(코호트) 효과보다 연령 효과로 더 잘 설명된다. 특정 세대가 세월이 흘러도 북한관을 그대로 유지하고 있는 것이 아니라 나이에 맞는 북한관으로 바꾼다고 말할 수 있다. 따라서 세대 간 정치적 차이보다 연령대 간 정치적 차이로 부르는 것이 더 정확한 명칭인 듯하다.

현재 연령대가 한국의 정당정치 혹은 선거정치에서 하나의 단위로 기능하고 있는 것은 분명한 사실이다. 현재의 세대 간 정치적 갈등은 집단 소속감의 변동, 중간세대의 존재, 선(先)개념화 후(後)집단화 등의 속성을 갖고 있기 때문에 심각한 갈등은 아니다. 세대갈등이 심각한 경우는 그 세대갈등이 다른 균열기준과 일치할 때이다. 세대와 깊은 관련을 갖는 것은 보수-진보 이념이다. 과거 보수-진보 이념이 투표행태에 별 영향을 주지 않았을 때에는 세대가 투표행태에 영향을 주었지만 세대 간 갈등이 별로 언급되지 않았었다. 반면 최근의 선거에서는 이념이 투표행태에 영향을 주고 또 전통적으로 세대는 이념과 깊은 관련을 갖기 때문에 세대 간 갈등문제가 제기되는 것이다. 이념 문제가 지속되는 한 세대 간 갈등도 끊임없이 제기될 수 있고, 이념과 세대가 일치하는 부분

만큼 갈등의 심각성은 높아지는 것이다.

세대갈등의 책임을 언론에 돌리는 사람들은 언론이 세대 간 차이를 너무 부각시키기 때문이라고 한다. 하지만 서로 다름을 무조건 억제시키는 것은 올바른 민주주의가 아니다. 세대 간 갈등도 서로 다름을 인정하면서 적절한 역할 분담을 조정하는 것이 이상적이다.

기존 논의들은 단순 연령보다 세대라는 개념이 정치행태를 더 잘 설명한다고 주장한다. 이에 대비하여 본 연구는 현재 한국 정치에서의 세대 간 갈등이라는 표현보다 한국 정치에서의 연령대 간 차이라는 표현이 더 적절하다고 주장한다. 본 연구의 주장들은 더 체계적인 분석을 통해 확증되어야 함은 물론이다. 여기에는 좀 더 엄밀한 설문조사 자료를 이용한 치밀한 다변수 분석뿐만 아니라 실제 정치적 갈등행위에 대한 관찰 분석이 포함된다.

참고문헌

강원택. 2003.『한국의 선거정치』. 서울 : 푸른길.

김재한. 1995. "한국 유권자의 이념분포와 정계구도." 김재한 외.『한국정치외교의 이념과 논제』, 11-45. 서울 : 소화.

______. 1996. "한국 유권자의 투표행태에 관한 일 고찰."『국가전략』2(2), 77-94.

______. 2001. "분열사회와 다수제/합의제." 김재한 편.『분열의 민주주의』, 29-72. 서울 : 소화

박명호. 2003. "한국 유권자의 정치/사회적 균열구조에 대한 인식."『세계지역연구논총』21, 249-266.

박재홍. 2003. "세대 개념에 관한 연구."『한국사회학』37(3), 1-23.

박찬욱. 1995. "한국인의 정치성향과 가치정향."『국가전략』1(2), 81-115.

임희섭. 1986.『사회변동과 가치관』. 서울 : 정음사.

전상진. 2004. "세대 개념의 과잉, 세대연구의 빈곤."『한국사회학』38(5), 31-52.

정진민. 1992. "한국선거에서의 세대요인."『한국정치학회보』26(1), 145-168.

한정란. 2001.『교육노년학』. 서울 : 학지사.

Lijphart, Arend. 1977. *Democracy in plural Societies : a comparative exploration.* Yale University Press.

Lipset and Rokkan. 1967. *Party System and Voter Alignment : Cross National Perspectives.* New York : Free.

Mannheim, Karl. 1928. *The Problem of the Generation.*

07 세대 분화와 세대 충돌의 현 주소

함인희(이화여자대학교)

I. 들어가는 글

세대는 분명 동서고금을 막론하고 역사 속에 상존해 온 현상이나 오늘날 한국사회에서 세대가 사회적 쟁점으로 부각되는 방식에는 몇 가지 주목할 만한 요소들이 감지되고 있다. 곧 지금까지의 세대 이슈라 하면 주로 부모－자녀세대를 기본 축으로 하여 부모세대가 자녀세대의 일시적 반항과 반발을 길들이고 무마하는 과정에서 파생되는 세대갈등이 주축을 이루어 왔다면, 최근 들어서는 세대 간(間) 및 세대 내(內)를 아우르면서 다양한 분화가 진행됨에 따라 갈등의 축이 다변화됨은 물론, 충돌의 내용도 길들이기 차원을 벗어나 희소한 사회적 자원과 기회의 통제를 둘러싼 권력 투쟁의 성격이 보다 전면화되고 있다 하겠다.

한국사회에서 세대 이슈가 사회문제로 부상하는 과정에서는 세대 간 의사소통 및 상호작용의 필요성을 굳이 절감하지 않는다는 점에서

'세대단절' 의 성격을 보이고 있다는 점, 더불어 과거 기성세대가 누리던 권력과 권위의 기반이 이제는 사회적 정당성을 상실한 상황임을 인정하고 권력과 권위를 전면 양도해 줄 것을 요구하는 '세대비약' 의 성격이 두드러진다는 점을 간과해선 안 될 것 같다.

여기서 특별히 세대비약론을 주도한 집단이 '운동권 386세대' 라는 사실은 의미심장하다.[1] 386세대[2]는 신군부정권 하의 억압적 분위기에서 대학시절을 보낸 좌절과 상실의 세대이자, 동시에 1987년 6월 민주화 항쟁과 1988년 서울올림픽을 거치며 민주화와 초고속 성장의 성취감을 맛본 세대이기도 하다. 이들 386세대의 부상은 정치적 색채를 전면에 드러내지 않으면서도 소위 정치권의 '젊은 피 수혈론' 과 맞물리면서 세대비약을 정당화하는 논리로 기능했다는 점에서 주목을 요한다 하겠다.

1999년 말부터 신문지상에 등장하기 시작한 '세대비약론' 의 요점은 다음 글 속에 축약되어 있다. 곧 "이제라도 세대비약을 통한 전면교체가 이루어져야 그나마 현재 우리 사회가 갖고 있는 진취적 문화 창조력이 현실에 투입될 수 있으리라 본다. 교육 또는 지식인 문화에 널리 퍼져 있는 유교적 위계질서의 병폐로 인해 위와 아래 사이를 봉쇄하는 동시에 너무 일찍 권위의 갑옷 위에 안주하게 했다. 아래에서는 위로 올라가는 데만 모든 에너지를 쏟다 보니 정작 일할 나이가 되면 이미 내적 에너지가 고갈된다. 우리 기성문화와 권력이 진정한 의미의 자신감과 여유가 있는 집단이라면 교체나 비약으로 인한 불안감을 느끼지 않을 것이나 현실은 그렇지 않다는 데 문제가 있다. (중략) 비약은 무리가 따르더라도 국가 활력을 되찾기 위해 반드시 성취되어야 한다" (조선일보, 1999년 12월 31일자 김성기 현대사상 주간의 글) 는 것이다.

세대비약을 지지하는 입장에서는 21세기 한국산업의 승부처가 될 정보 – 통신 – 영상분야에서는 이미 세대비약이 진행되고 있음을 지목하면서, 세대정체 현상의 심화로 인해 활력을 상실한 사회일수록 세대비약론이 등장한다는 점을 들어 이는 앞 세대를 밀어내는 세대교체론과 구분되어야함은 물론, 향후 세대의 상승작용 및 권한 강화를 통해 연령중심주의에서 탈피, 유연하고 민주적인 시스템으로 가야 한다고 주장하였다.

그러나 세대비약론에 대한 반론도 만만치 않아 서울대 이재열 교수는 세대도약 문제를 단순히 나이로 구분짓는 것에 반대함은 물론, 위계가 중시되는 군대 및 검찰조직에 적용되는 룰이 효율성을 중시하는 민간기업 및 벤처기업에도 동일하게 적용되는 것은 합당치 않다고 주장하였다.

더더욱 고령사회로 이행해 가는 시점에서 전 분야에서의 세대비약은 단기적으로 사회에 활력을 불어넣을 수 있겠지만 자칫하면 1명의 젊은 세대가 2–3명의 노인세대 부양을 책임져야 하는 사회구조에 직면하게 될 것임을 경고하면서, 세대비약이 잘못 받아들여질 경우 나이가 많으면 용도폐기되어야 한다는 그릇된 인식을 심어줄 수 있는 만큼 사회적 안정을 해치지 않으면서 젊은 세대의 역량이 마음껏 발휘되려면 '권력거리(power distance)'[3]부터 줄여야 한다는 주장을 폈다.

결국 세대비약 논의는 기술과 정보가 권력이 되는 정보사회의 등장을 명분으로 내세우고 있으나 실상은 기존의 권위로부터 새로운 권위를 향해 권력이동이 진행됨을 정당화하기 위한 논리로 작동한 측면[4]을 배제하긴 어려울 것이다.

세대를 사회적 화두로 이끌어낸 사건은 월드컵 거리 응원전과 촛불시위를 거쳐 노무현 정부의 출범을 이끌어낸 '2002년 세대'요, 2002년 대통령 선거 결과는 2030 세대의 세계관이 현실 정치의 장으로 전환된 중대한 계기(송호근 2003)라 보는 입장도 일정 정도는 세대비약론과 공감대를 형성하고 있다 하겠다.

한편 한국사회에서 다양한 세대를 양산해내는 데 기여한 또 하나의 보이지 않는 힘으로 기업의 마케팅 전략을 들 수 있다. 고도 소비사회의 꽃이라 불리우는 광고는 각 연령집단을 잠재적 구매대상으로 하여 무수히 다양한 세대를 생산 · 재생산 · 확대 생산해 가고 있다. X세대,[5] Y세대, 미시족, 틴(teen) 세대, i세대[6] 등은 이의 전형적 예라 할 수 있다. 마케팅 전략의 산물인 세대는 대중매체의 메시지 전달과 친화성을 확보하면서 P세대, H세대, WINE 세대 등을 만들어내기도 하였다.

앞으로 자본의 위력이 계급을 통해 이윤을 실현하기보다 세대를 통해 새롭게 이윤을 극대화하는 길을 찾게 될 경우, 세대가 새로운 사회적 불평등을 구성하는 축으로 등장하게 될 가능성을 부인하기 어려울 것이요(함인희 외 2001), 세대 담론이 대중매체를 통해 유포되는 한 세대는 사회적 실체로서의 검증으로부터 자유로운 상태에서 구성원의 의식 및 행위에 간과할 수 없는 영향을 미치는 사회적 구성물이 될 것이다.

와중에 세대 충돌의 각축장이 확대일로에 있어, 양육과 부양을 둘러싸고 가족영역에서 전개되는 미묘한 갈등에서부터 정치 · 경제 · 사회 · 문화 · 종교를 위시한 사회제도 및 사회조직 전반으로 세대 갈등이 확산되고 있고, 대중문화에 대한 취향 자체가 세대를 가르는 주요 기준이 되어가고 있음에 주목해야 할 것이다.

이 자리에서는 먼저 세대 논의의 올바른 자리매김을 위해 세대란 어떠한 실체를 확보하고 있는 개념인지 탐색해 본 후에 한국사회적 맥락에서 전개되고 있는 세대분화 및 충돌의 현주소를 조망해 보고자 한다. 세대 분화 및 충돌을 조망해 보는 데는 기존의 세대구분 논의를 중심으로 한국사회에서 어떤 축을 따라 세대 분화가 이루어지고 있는지 살펴본 다음 세대별 충돌 가능성을 탐색해 볼 것이다. 이를 토대로 세대 간 충돌이 심화된다면 향후 다세대사회(Torres－Gil 1992)의 출현을 앞두고 세대 간 공존의 틀을 모색하지 않고서는 공멸(共滅)할지도 모른다는 위기의식을 환기하면서 세대갈등 및 충돌을 해소할 수 있는 중지를 모색해 보고자 한다.

Ⅱ. 세대 : 실체는 있는가?

세대 개념을 명료히 정의하는 일은 생각만큼 간단치 않다. 세대에 관한 한 인구학자, 사회학자, 심리학자, 경제학자, 역사학자, 정치학자 모두를 만족시켜 주는 개념 정의를 확보하기는 쉽지 않다.

가족사회학 영역에서는 일대기적 관점에서 한 세대란 평균적으로 개인의 출생에서부터 그 개인의 첫 자녀가 태어날 때까지를 지칭한다. 출생률과 사망률의 변화에 따른 가족주기 변화를 감안할 때, 한 세대는 대략 15년부터 30년 사이라는 계산이 가능해진다. 오늘날 가족제도 내 세대는 양육 및 부양을 둘러싸고 권력과 자원의 배분을 중심으로 소리 없는 세대 전쟁을 수행하고 있다(Hochschild 1997).

세대 개념의 중요성에 본격적인 관심을 기울인 최초의 사회과학자는 만하임(K. Mannheim 1927)이다. 그는 세대란 “사회변화의 역동적 과정 속에서 생물학과 역사가 만나는 지점에서 형성되는 사회현상”이라 정의하고 있다. 만하임에 따르면 다양한 세대가 공존한다는 사실은 사회변화의 원동력을 의미하며, 특히 세대 간 갈등과 충돌은 사회발전 및 변화에 없어서는 안 될 극히 자연스러운 현상으로 간주된다.

특별히 세대를 역사적 단위로 규정하고자 했던 만하임은 세대란

"진정 동시대인이라는 의미를 갖도록 만들어 주는 주요한 요인"을 뜻한다고 보는 딜타이의 개념을 수용하여 '시간에 대한 내면적 규정'이 세대를 구성하는 가장 주요한 요소라 보았다.

여기서 진정한 의미의 동시대인이란 단순히 동시대를 살아간다는 것을 의미하는 것은 아니다. 어느 시대 어느 사회든 둘 이상의 세대가 공존하게 마련인 상황에서 이들 세대가 동일한 역사적 사건을 동일한 방식으로 경험하는 것은 아니기 때문이다. 결국 역사적 사실에 대한 주관적 해석이 세대와 세대를 분리시킨다는 것이 딜타이의 세대관인 셈이다(Mannheim 1927 ; O'Donnell 1985).

딜타이의 세대 개념으로부터 영향을 받은 만하임은 세대가 구성원들에게 동일한 사회적 지형(social location)을 허락해 준다는 사실에 주목하게 된다. 동시에 실질적인 사회변화의 원동력이 되기 위해서는 세대를 묶어주는 힘이 필요한데, 이는 어린 시절부터 동일한 역사적 경험을 공유한다는 사실로부터 무의식적으로 자리하게 될 가능성이 있다고 보았다. 물론 동일세대라 하더라도 하나의 단위로 결속될 수도 있고 세대 내 분열을 일으킬 수도 있으며, 다른 세대와 적대적 관계에 들어갈 수도 있고 동지적 관계를 맺을 수도 있기에(Alwin and McCammon 2004) 한 세대에 속하는 구성원 모두가 동일한 의식을 공유하는 것은 아니다.

그러나 세대 본드는 일단 자리를 잡으면 변화에 저항하는 경향이 있다. 인간 의식의 '제한된 유연성(limited elasticity)'으로 말미암아 새로운 역사적 사실이 눈앞에 전개된다 하더라도 이를 완벽하게 새로운 방식으로 구성하는 것이 불가능해지는 것이다. 만하임의 세대 개념은 탁월한 통찰력에도 불구하고 세대를 보다 과학적으로 측정할 수 있는 분석적 도구를 갖추지 못함으로써 이후 별다른 진전을 보지 못하였음은 안타깝다 하겠다.

만하임의 뒤를 이어 세대 개념을 파고들기 시작한 학자는 라이더(N. Ryder 1965)였다. 라이더는 만하임의 세대(generation) 개념을 동년배(cohort) 개념으로 치환하면서 만하임의 틀에서는 매우 중요한 위치를 점하고 있었던 역사적 경험과 의식을 공유하는 집단으로서의 세대 개념을 대부분 방기(放棄)했다. 이에 따라 사회구조와 행위를 이어주는 매우 중요한 링크로서의 세대 개념은 실증적 향취를 듬뿍 풍기는 코호트로 대치되었다.

대신 라이더는 사회의 구조적 변화가 코호트 계승과 코호트 교체라는 메커니즘이 이루어지는 인구과정과 연계되어 있음을 강조했다. 라이더는 새로운 세대의 신선한 시각에 의해 궁극적으로는 사회구조적 변화가 야기되는 메커니즘을 규명하기보다는 서로 다른 코호트의 단순 비교야말로 사회구조적 변화를 연구함에 있어 매우 유용한 전략이라 주장하였다(Elder, Jr. 외 2004).[7)]

확실히 코호트 개념은 자료 수집이 용이하다는 장점이 있다. 코호트 분화는 동년배 집단의 크기, 인구학적 구성, 연령규범의 강약 정도, 그리고 이들이 경험한 주요 역사적 사건 등에 근거하여 규정된다. 각 코호트가 경험하게 될 다양한 사회활동의 폭 역시 동일세대를 구성하는 요인이 된다. 코호트는 구성원들의 노화와 더불어 함께 노화의 길을 걷게 된다.

여기서 놓치지 말아야 할 사실은 코호트가 다르면 동일한 역사적 경험에 대한 해석 역시 달라진다는 점이다. 일례로 18살에 6 · 25 전쟁을 경험한 세대와 60살에 동일한 전쟁을 경험한 세대가 전쟁으로 인해 겪게 되는 단기적 충격과 장기적 여파는 다를 수밖에 없다는 것이다. 그럼에도 코호트 개념이 비교적 단순 명쾌하게 느껴지는 것은 18살에 전쟁을 경험한 세대의 역사적 경험은 이후에도 비슷한 양상을 띠게 되리라는 전제 때문이다.

만하임에 충실한 세대 개념이 다시 등장한 것은 릴리와 그의 동료들(M. Riley 외 1988)에 의해서이다. 릴리와 그의 동료들은 연령이야말로 사회조직의 핵심 원리임을 주장하는 '연령의 사회학(Sociology of Age)'을 제창하면서 사회는 연령에 따라 구조화되고, 사회구성원은 연령에 따라 층화되며, 자원과 기회의 분배방식을 조직하는 과정에서 연령이 매우 중요한 구분기준이 된다는 소위 '연령계층론'을 발전시켰다. 한 사회의 연령 구조는 시간이 지나면서 변화하고, 개별 구성원의 연령 역시 시간이 지나면서 노화의 길을 걷게 된다. 이 때 사회구조적 변화와 개인의 노화 과정은 "상호 분리된 상태에서 피차 구분되는(separate and distinct)" 역동성을 구성하게 된다.

연령계층론은 동일 코호트가 동일한 노화 과정을 거치는가 하는 문제와 코호트별 노화과정의 차이가 사회구조적 변화와 어떻게 연계되어 있는가 하는 문제를 집중적으로 탐색한다. 여기서 생애주기(life course) 접근법은(Demos 1986 ; 한경혜 1993 ; 1996 ; Mortimer and Shanahan 편 2004) 연령계층론이 추적하고 있는 문제의 답을 찾는 데 매우 유용한 길을 제시해 주고 있다.

생애주기 접근법은 개인적 시간(personal time)과 역사적 시간(historical time)이 교차하는 과정에 주목한다. 역사적 시간이란 한 시대의 획을 긋는 사건이나 사회구조적 변화, 문화적 격변 등을 의미하는 것으로, 서로 다른 역사적 시간을 통과해 온 세대는 각기 다른 역사적 경험으로 인해 다양한 가치관으로 채색된 안경을 끼고 세상을 바라보게 된다.

오늘날 생애주기 접근법은 측정가능한 시간개념과 양화하기 어려운 질적 현상들을 통합하면서 미시적 경험과 거시적 구조가 만나는 지점을 연구하는 데 유용한 개념틀을 제공해 주고 있다. 다만 개인적 시간과 역사적 시간이 교차하는 방식과 생애주기의 전이 과정 및 속도 그리고 전이과정의 역전현상 등을 보다 정확하게 포착하기 위한 방법론적 도구가 다소 미비하여 이를 보다 정교화해 가는 과정에 있다(Mortimer and Shanahan 편 2004).

그럼에도 세대 연구는 개념적으로 코호트 효과와 세대 효과를 구분하는 문제와 더불어 방법론적으로 과거 각인된 기억이나 경험의 회상에 의존할 수밖에 없는 한계 등이 지적되고 있다. 앞으로 한국사회 세대 논의는 분석의 편의성에 안주하기보다 개념의 엄밀성을 확보하면서 방법론적 도구의 발달에 힘입어 각 세대의 실체를 명확히 규명하는 데 관심을 집중해야 할 것이다.

Ⅲ. 세대 분화와 세대 충돌의 현주소

1. 세대, 어떻게 분화되고 있는가?

세대를 논의함에 세대 구분은 필수적이다. 우리에게 가장 익숙한 세대 구분 방식은 인구학적 패러다임에 의한 것[8]과 주로 정치학자들에 의해 애용되는 바 각 세대가 정치적 사회화를 경험하는 시기에 발생한 정치적 사건에 주목하는 것[9]을 들 수 있다. 각 집단의 정치적 성향 및 투표행위와 같은 정치적 요소에 따라 세대를 구분하는 후자의 최대 약점은 투표권이 없는 세대는 분석에서 제외된다는 사실이다.

계급의식에 비견할 만한 세대의식은 소위 '세대의 획을 긋는 사건

(generational event)'에 의해 구성된다고 볼 때, 세대의식은 역사적 격변기를 거치면서 더욱 뚜렷하게 그 모습을 드러내게 마련이다. 따라서 세대별로 상흔을 남기는 역사적 사건이 빈번하게 발생할수록 세대 간 경험의 단절로 인한 세대갈등의 증폭 가능성이 높으리라는 사실은 쉽게 짐작이 간다. 해방 이후 농축된 변화를 경험해 온 우리로서는 세대 간 경험의 단절과 세대갈등의 증폭이 일상화되어 있다 해도 과언이 아닐 것이다.

상황이 이러함에도 세대 구분에 대한 학자들의 합의는 물론이고 세대 개념에 대한 논의조차 체계적으로 이루어진 경험이 별로 없음은 반성을 요하는 우리의 현실이다(박재흥 2004). 다만 역사적 경험과 정치적 사건을 동시에 고려하여 회자되고 있는 세대로는 해방과 6·25전쟁을 경험한 세대, 곧이어 정치적 독재로 인한 사회적 혼란과 극심한 경제적 빈곤을 경험하면서 민주화 운동의 선봉에 섰던 4·19세대, 경제개발계획과 새마을운동으로 대변되는 근대화의 주역을 담당한 5·16세대, 굴욕적 한일외교에 반대하여 민족 자주권과 자존권을 주창하던 6·3세대, 경제성장으로 인한 불평등의 심화를 지켜보면서 정치적 민주화를 희생해야 했던 유신세대, 광주 민중항쟁을 거쳐 시민혁명을 통해 민주화를 이끌어낸 6·29 세대 등이 '세대의 정치학'을 구성해 왔다 하겠다.

그러나 한국의 세대문제는 독재 대 민주의 구도 하에서 각 세대가 규정되면서 정치적 요소가 과도하게 강조되는 한편으로, 실제 각 세대별 정치행위의 특성이나 가치관에 대한 실증적 연구가 축적되지 못한 점은 아쉬움으로 남는다(박길성 2002).[10]

최근 한국사회의 세대 구분과 관련해서는 학자에 따라 다소간 의견을 달리하긴 하나 대체로 '산업화 세대', '민주화 세대', '정보화 세대'로 삼분하는 논의가 일반화되고 있다. 산업화 세대는 근대화 세대 혹은 5060

세대로 통칭되기도 하고, 민주화 세대 속엔 대변자로서 386세대가 부각되고 있는가 하면, 정보화 세대는 디지털 세대 혹은 N세대로 불리우기도 하고 5060세대와 대척점에 서 있는 2030세대로 호명되기도 한다.

이 자리에서는 각 세대별 특징을 논의하고 있는 학자들의 주장을 토대로 세대 분화가 어떻게 이루어지고 있는지 간략히 정리해 보고자 한다.

먼저 김문조(2003)는 산업화 세대, 민주화 세대, 정보화 세대의 특성을 다음과 같이 제시하고 있다. 곧 산업화 세대는 "6 · 25, 4 · 19, 5 · 16 등의 국가적 대사건을 몸소 체험한 세대로서, 성장주의와 민주주의 사이에서 고민한 세대요, 가족과 국가를 위해 헌신한 세대이자 기성세대로서의 권위를 상실하기 시작한 세대인 동시에 1997년 외환위기 이후 상시적 은퇴압력에 직면한 세대(일명 오륙도라 불리움)요, 열심히 일하고도 고령화 대비에 취약한 세대로서 정보화 및 세계화에 대한 적응력을 갖추지 못한 세대"의 특징을 보인다고 규정한다.

다음 민주화 세대는 "민주화 운동에 참여하거나 동조해 온 세대로서 뉴미디어를 활용한 사회활동을 경험한 세대요, 한국적 특수성과 세계적 보편성을 동시에 추구하는 세대이자 개인적 욕구와 공동체적 가치 사이에서 고뇌해 온 세대요, 경제적 풍요와 외환위기를 동시적으로 체험한 세대이며, 2002년 대선 이후 사회적 중심세력으로 떠오른 세대이자 고용불안과 자녀교육으로 시달리는 세대(삼팔선, 사오정)"로 본다.

정보화 세대는 "첨단 정보통신기기의 활용으로 정보환경에 친숙한 세대(N세대)로서, 경제발전과 민주화의 결실을 동시에 향유한 세대이자 정치경제적 이념보다 문화 코드로 동질감을 느끼는 세대요, 한국적 가치규범 대신 세계적 규준을 중시하는 세대이며, 생존문제를 넘어선 삶의 질 향상을 추구하는 세대이나 고조되는 청년실업의 직접적 피해 당사자"라고 본다.

한편 박길성 외(2005)는 정치지향적 세대 구분을 지양하고 만하임적 의미의 세대 규정에 충실하고자 함을 전제로, '베이비 붐 세대', '386세대', 'N세대'로 삼분하면서 각 세대별 특성을 다음과 같이 논의하고 있다.

첫째, 베이비 붐 세대는 전후의 폭발적 인구증가 과정에서 출현한 세대로 한국사회에서는 1954년부터 61년 사이에 출생한 집단을 지칭한다. 이들의 생애주기를 보면 1950년대 절대빈곤의 유년기를 보냈고, 1960년대 초 · 중 · 고등학교 시절에는 반공교육 및 새마을운동과 함께 조국 근대화의 물결에 참여했으며, 1970년대 청년기에는 유신독재를 거쳤고, 1980년대 사회로 진출하면서는 경제적 열매와 민주화의 열망 사이에서 갈등했으며, 1990년대 동구 사회주의의 몰락을 목도하면서 의식의 혼란을 경험했고, 1997년 IMF 외환위기 시에는 최대의 피해자로서 사회문제의 핵으로 부상한 세대라 할 수 있다는 것이다.

한국의 베이비 붐 세대는 서구의 베이비 붐 세대와는 달리 사회적 다수집단으로서 명백한 정체성을 부여받은 적도 없고, 강력한 개인성을 특징으로 사회무드를 주도한 적도 없으며, 세대적 동질감도 386세대에 비해 찾아보기 힘들다는 특징을 보이는 것으로 평가하고 있다(조선일보사 1998 ; 박길성 외 2005).

둘째, 386세대는 "1980년 광주항쟁으로부터 1987년 6월 항쟁에 이르는 1980년대 민주화 운동의 프레임을 이 시기에 대학생활을 하면서 공유했던 집단"으로 규정하면서 이들의 역사적 시간과 집단 경험을 집중 조망하고 있다. 곧 한국의 386세대는 '박정희의 아이들'로서 1960년대 유년기에는 강한 성취동기와 상향이동의 열망, 그리고 성공 지향의 가치관을 내면화했고, 1970년대 청소년기엔 상향이동을 열망하는 현실과 독재권력의 횡포에 대한 저항으로부터 오는 현실 사이의 긴장을 동시에 목격했고, 1980년대 대학생 시절에는 민주화 운동을 가장 격렬하게 전개하면서 정치적 분출을 주도했던 집단이라는 것이다.

덕분에 이들 386세대는 '관념적 민중주의', '자생적 · 교조적 반미주의' 그리고 '비판적 공동체주의'를 보이게 되었다고 본다. 386세대의 관념적 민중주의는 착취와 억압의 상징으로 설정되는 약자로서의 민중에 대한 애정에서 출발하였으나 그 애정이 관념적 관심 수준에서 크게 벗어나지 못했음을 의미하며, 교조적 반미주의는 학생운동의 급진화를 야기했던바 주체사상과 친화성을 보임을 의미한다. 더불어 이들은 '의장님 문화'로 대변되는 권위주의와 과잉 정치화를 보이는 과정에서 남성중심적 운동문화와 여성차별적 성향을 보이기도 했다.

그런가 하면 이들은 우리 시대 마지막 유교적 전통주의의 수용자로서 민본사상 중용정신 등 현실적합성이 높은 유교적 개념들을 수용하는 '유연한 전통주의', 정보화와 세계화의 거대한 트랜드 속에서 높은 현실적응력을 보인 바 있는 '적응적 모범주의', 그리고 학연 · 지연 · 혈연 등 연고주의를 기반으로 집합적 권력을 추구하는 '연고적 집합주의' 및 이의 재생산을 특징으로 하고 있다고 본다.

셋째, N세대는 인류 역사상 최초로 젊은 세대가 기성세대보다 더 많은 자원을 보유하게 되는 '역(逆)세대화'의 주역으로서(박길성 외 2005), 한국 현대사의 질곡으로부터 자유로운 세대이자 정보화의 선두주자요, 고도 소비사회 하에서 성장한 최초의 세대라는 특징을 보유한다. 미국의 N세대는 1977년 이후 출생하여 디지털 매체에 의해 성장한 세대로서 극단적 독립심, 감성적 · 지적 개방성, 사회적 표용력, 표현의 자유, 강한 자기 주장, 끝없는 혁신 추구, 성인으로 대접받고 싶은 성향, 강한 탐구심, 성급함 등의 특징을 보인다.

반면 한국의 N세대는 인터넷을 사용하면서 자라난 세대로서 가상

공간 하에 수많은 공동체를 구축하고, 강한 독립심 · 자율성을 보이며, 자기 표현에 적극적이고, 익명성을 이용하여 거침없이 감정표현을 하며 디지털 기술에 강한 호기심을 보인다. 더불어 이들은 전후 베이비 붐 세대의 자녀들로서 과잉교육열의 수혜자이자 피해자로서의 양면성을 동시에 지니고 있고, 형제자매가 없는 외동으로서 자기중심적 사고방식과 행동유형을 보이며 강한 구매력을 토대로 주체적인 소비세력으로 부상하고 있기도 하다.

한편 이들은 다른 세대와 마찬가지로 대한민국 국민으로서의 자부심 및 민족주의적 성향을 보이나 국가 사회발전을 위해 개인적 희생을 감수하겠다는 의지는 보이지 않는다. N세대를 묶어내는 힘은 기존의 사회질서에 대한 거부이며, 이들의 탈정치주의적 성향은 기존의 사회구성방식을 거부하는 문화 코드라 할 수 있다는 것이다.

<표 1> 과 <표 2> 는 기존의 세대 구분 논의를 중심으로 각 세대별 생애주기의 특성과 역사적 경험, 그리고 다양한 영역에서의 가치관 및 행위양식이 분화되어 가는 양상을 정리한 것이다.

<표 1> 에 나타나는바 특징을 살펴보면, 각 세대는 유년기 경험에서부터 확연한 차이가 드러나고 있어 정치적으로 군부독재를 경험한 세대, 민주화를 쟁취한 세대, 그리고 탈정치적 성향을 보이는 세대 간 균열이 감지되고 있다. 경제적으로도 후진국의 절대 빈곤을 경험한 세대, 고도성장의 열매를 맛본 세대, 그리고 세계화 시대 무한경쟁에 노출된 세대간 분화양상이 드러나고 있다.

세대별 청소년기 경험도 다양하여 근대화 · 산업화 세대가 과밀학급에 고교입시제도의 희생자이자 명문고의 수혜자였다면, 민주화 세대는 고교평준화 제도가 정착되면서 대학입학 증원의 영향을 받은 세대요, 디지털 세대는 유연한 평준화 정책의 이름으로 특목고의 등장을 경험하

〈표 1〉 세대별 생애주기와 역사적 경험

세대 구분 / 생애주기	근대화/ 산업화 세대	386(운동권)/ 민주화 세대	정보화/ 디지털(N) 세대
유년기	• 군부독재 • 후진국 • 경제개발계획 시작	• 민주화 • 고도성장기 • 중진국 진입	• 세계화 • 고도 소비사회 진입 • OECD 국가로 진입
청소년기 (중·고등학교 시기)	• 새마을운동 • 과밀학급, 교련 • 명문고 · 고교 평준화 세대 공존	• 고교평준화 정착 • 학력고사 세대 • 대학 입학정원 증원	• 하향 평준화 논란 • 특목고 등장 • 수능세대 • 독방세대
취업 및 외환위기 영향	• 고도성장기 취업 • 외환위기시 사오정 • 상시적 은퇴압력	• 고실업사회 진입 • 구조조정 · 정리 해고 일상화 • 고용 불안	• 청년실업의 피해 • 선진화의 꿈
성년기	• 보편혼 • 제도가족	• 우애가족	• 만혼 및 저출산 • 이혼율 증가
의미있는 역사적 경험	• 6 · 25, 4 · 19, 5 · 16 등 대사건 체험 • 유신시대	• 5 · 18 광주, 1987 민주화 투쟁 • 2002년 대통령 선거로 부상	• 경제 발전과 민주화 결실 향유 • 인터넷 혁명

는 동시에 '독방세대' 특유의 속성을 내면화하기 시작한 세대라 할 수 있다.

한국사회 최대 위기의 하나로 기록된 IMF 외환위기의 영향도 세대별 생애주기에 따라 달리 각인됨에 따라 고도성장기를 지나온 근대화 · 산업화 세대가 외환위기시 구조조정 및 정리해고의 일차 대상이 되었다면, 민주화 세대는 고실업사회에 진입하면서 구조조정과 정리해고가 일상화된 심각한 고용불안에 직면한 반면, 디지털 세대는 청년실업이 사회문제화됨으로 인해 사회진출 순간부터 좌절을 경험하지 않으면 안 되는 세대가 되었다.

각 세대의 성년기 경험도 결혼을 전통적 관례이자 성인이 되기 위한 필수적 의례로 받아들이는 세대로부터 서구식 부부중심가족의 가치를 내면화하는 세대를 거쳐 만혼과 저출산, 그리고 이혼율 증가로 대변되는 포스트모던적 결혼양식을 보이는 세대의 공존이 나타나고 있다.

〈표 2〉 세대별 가치관 비교

세대 구분 / 가치관	근대화/ 산업화 세대	386(운동권)/ 민주화 세대	정보화/ 디지털(N) 세대
정치적 가치	• 현실주의 • 성장주의와 민주주의의 갈등 • 유신의 그림자 • 진보주의의 좌절 • 친미반북 성향	• 관념적 민중주의 • 민주화의 주역 • 진보의 기수 • 세대 비약 달성 • 친북반미 성향	• 탈정치적 문화주의 • 실용적 보수주의 • 문화적 반미주의
사회적 가치	• 가족 · 국가 위해 헌신 • 우리(We) 의식 • 권위 상실	• 한국적 특수성과 세계적 보편성 추구 • 개인적 욕구와 공동체적 욕구 간 갈등	• 문화코드로 동질감 확보 • 한국적 가치보다 세계적 규준 중시
가족가치	• 가족보다 일이 중요 • 가장 이데올로기 고수	• 가족 일, 모두 중요 • 가장 이데올로기 위기	• 일보다 가족이 중요 • 가장이데올로기 실종 (맞벌이부부 규범화)
고령화 대비	• 대비 매우 취약	• 국민연금 위기	• 삶의 질 향상 추구
자녀교육	• 사교육 투자	• 사교육 과잉 • 기러기 부부	• 출산파업 (DINK족 선호)
정보화 대비	• 정보화 세계화 적응력 취약	• 뉴미디어 활용	• 첨단정보통신기기 활용
소비의식	• 대량생산 대량소비 • 소비 취향 없음 • (강제) 저축 • 노동하는 세대	• 다품종 소량생산 • 소비 취향 생성 • 신용카드 세대 • 소유하는 세대	• 주문형(맞춤형) 생산 • 소비=정체성 및 지위 상징 • 소비> 소득 세대 • 소유의 종말(접속)

<표 2> 는 정치, 경제, 사회, 소비, 가족 등 각 영역에서 투영되고 있는바 각 세대별 가치관 및 행동양식의 차이를 정리한 것이다.

먼저 정치적 가치 영역을 보면 현실주의 및 성장주의가 우세하던 근대화 세대로부터 관념적 민중주의가 득세하고 민주화 및 진보를 기치로 내걸었던 민주화 세대를 거쳐, 이제는 탈정치적 문화주의와 실용적 보수주의란 평가를 받고 있는 디지털 세대에 이르는 분화양상을 보여주고 있다. 사회적 가치 영역에서는 가족과 국가를 위해 헌신하던 강한 '우리' 의식을 갖춘 세대로부터 개인적 욕구와 공동체적 욕구 사이에서 갈등을 경험하는 세대를 거쳐 문화 코드로 동질감을 확보하고 한국적 가치보다 세계적 규준을 중시하는 세대로 이어져 가고 있다.

가족 가치에서도 세대 간 분화가 확연하여 가족보다 일을 중시하면서 가장 이데올로기를 내면화했던 세대로부터 가족과 일의 균형을 추구하되 가장 이데올로기는 위기를 겪는 세대를 거쳐, 일보다는 자신의 안락과 행복이 보다 중요하고 가장이데올로기는 실종되고 맞벌이 부부를 규범화하기 시작하는 세대의 등장이 눈에 뜨인다. 이들 각 세대의 가족 가치는 자신들의 고령화에 대한 대비는 물론이요, 자녀교육과 관련해서도 세대별 전형성을 드러내어 본격적인 사교육 투자 시대를 연 근대화 세대의 뒤를 이어 사교육 과잉으로 인해 기러기 부모를 감내해야 하는 세대를 거쳐 이젠 출산파업을 선언한 디지털 세대의 등장을 목격하게 되었다.

정보화에 대한 대비는 물론이고, 대량생산 · 대량소비 사회를 지나 다품종 소량 및 주문형 생산 사회로 이행해 가면서 소비와 관련된 의식 및 취향이 정교화되고 있음도 주목된다. 실제로 근대화 세대의 경우 노동하는 세대로서 소비취향이 거의 발견되지 않는 반면, 민주화 세대 이후부터는 고도소비사회 진입이 본격화되고 신용카드 세대가 만들어지면서 소비취향이 생성되기 시작한 반면, 디지털 세대에 이르면 소비가 곧 정체성의 기반이자 지위 상징으로 화하게 되고 소유의 종말(접속) 세대적 특성을 다양하게 보이고 있다.

관건은 이상에서 정리해 본 세대 간 분화양상이 세대 간 갈등의 원천이 되면서 세대 간 충돌을 불러일으키고 있느냐 여부이다. 이와 관련된 논의는 절을 바꾸어 진행하기로 한다.

2. 세대, 충돌의 지점은 어디인가?

마가렛 미드(Mead 1970)는 세대갈등을 우려하고 비난하는 것은 "기성세대의 무관심과 무책임, 그리고 냉소주의와 상상력의 빈곤을 드러내는 것"이라 비판한 바 있다.

사회는 끊임없이 변화해 가고 있음에도 각 세대별로 이상으로 삼는 기준이 상대적으로 고착되어 있다는 사실은 분명 세대갈등을 증폭시키는 요인의 하나이다. 산업사회로부터 정보사회로 이행해 가는 과정에서 부모세대는 자신들이 이루지 못했던 산업화 이전 사회의 이상(理想)을 지금 자녀세대에게 요구하는 과도한 시대적 괴리가 진행되고 있다. 이런 상황에서는 부모세대든 자녀세대든 모두 사회구조적 변화의 희생자가 되기 마련이다.

곧 부모세대는 자녀세대를 완벽하게 통제할 수 없다는 사실에 분노하게 되고, 자녀세대는 자신들에게 가해지는 통제와 억압에 반항하게 된다. 젊은 세대는 스스로를 '억압받는 다수'라 정의하고 있다. "우리는 시간을 허비하지 말라는 경고를 받으며 자랐으나 우리의 삶을 낭비하도록 하는 환경에서 성장했다"는 것이 이들의 강변이다. "그들(기성세대)

은 우리(신세대)의 마음을 통제하고 싶어한다. 입으로는 자율성을 인정한다고 말하지만 실제로는 옷 입는 데서부터 머리 모양과 색깔에 이르기까지 간섭하며, 심지어는 음악적 취향과 말하는 방식까지 통제하려든다. 이것이 세대갈등의 내용이요 본질"(Klein 편 1969 ; 미메시스 1993)이라는 것이다.

우리의 가족 내 세대갈등은 한국 가족 특유의 가족 공리주의와 입시위주의 교육제도가 맞물리면서 더욱 복잡한 양상으로 나타나고 있다(한남제 외 1994 ; 여성한국사회연구회 편 1995). 전통사회에서 부모라는 지위에 부여되었던 '지위적 권위(positional authority)'는 약화되고 부모의 개인적 능력이나 역량에 따른 '개인적 권위(personal authority)'가 중시되는 과정에서 오히려 부모가 자녀의 눈치를 보는 역수직 관계가 과도기적으로 나타나고 있고, 전통적 가족규범이 약화된 자리에 이를 대체할 만한 새로운 가족규범이 형성되지 않은 상태에서 부모-자녀관계는 심각한 세대갈등을 넘어 세대단절로 발전할 가능성을 배태하고 있다.

한편 전통적 의미의 부모-자녀 세대 간 갈등과 달리 3분화된 세대 간 충돌양상을 둘러싸고는 세대 관련 연구자들 사이에 이견이 나타나고 있다.

김문조(2003)에 따르면 오늘날 한국사회의 세대 충돌 양상은 두 축으로 전개되고 있는바, 한 축으로는 산업화 세대 대 민주화 세대 사이에 정치경제적 이해갈등이 형성되어 있고, 다른 한 축으로는 '담론세대'로 통칭되는 산업화/민주화 세대 대 '이미지 세대'로 불리는 정보화 세대 사이에 문화적 가치갈등이 벌어지고 있다고 본다. 여기서 중간 연령대에 속한 민주화 세대의 시각에서 보자면, 산업화 세대는 공통적 삶의 목표를 놓고 각축하는 동질적 경쟁자요, 정보화 세대는 별도의 생활목표를 지향하는 이질적 국외자로 간주된다. 따라서 이해갈등의 주역인 산업화 세대와 민주화 세대 간의 의식격차는 가치갈등에 임하는 민주화 세대와 정보화 세대 간의 그것에 비해 적을 것으로 추정된다. 다음 <그림 1> 은 세대 간 전선 및 갈등을 축약한 것이다.

〈그림 1〉 세대전선 및 세대갈등의 축도

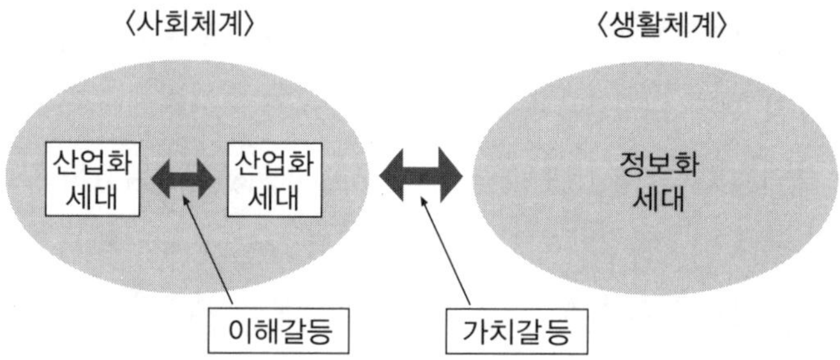

그러나 현실은 예상을 뒤엎고 정치영역 및 문화영역을 주도하고 있는 민주화 세대와 정보화 세대가 현존 사회질서의 변혁을 요하는 세대연합을 형성하면서 산업화 세대를 고립시켰다고 보는 것이 김 교수의 주장이다. 곧 2000년 4 · 13 총선에서부터 2002년 대선 및 탄핵반대정국을 거쳐 2004년 4 · 15 총선에 이르는 기간 동안 민주화 세대와 정보화 세대는 기존 질서의 전복을 요구하는 공동전선을 구축해 왔다는 것이다.

이들 30 · 40대 장년세대와 10 · 20대 청년세대가 대항 헤게모니를 결성하게 된 이유를 분석하면서 김 교수는 미래적 생활전망에 대한 공유도가 클수록 유사한 세대의식을 지닐 경향이 높아진다는 '공동운명체 가설(common fate hypothesis)' 의 설명력에 기반하여[11] '바꿔 열풍' 으로 대변되는 기성세대에 대한 청장년층의 세대 헤게모니 형성은 성장신화를 마감한 IMF 외환위기 이후 향진적 지위상승을 기대할 수 없는 암울

한 미래 전망에서 유추된 '지위 공포'의 발로로 풀이할 수 있으리라는 해석을 내놓고 있다.

여기서 이들 세대의 지위공포는 악화되는 취업상황 하에서의 과열 교육경쟁, 경기침체 · 고용축소 등으로 인한 실직위협, 경력단절로 인한 생계압박, 가처분소득의 감소로 인한 문화생활의 위축, 그리고 사회안전망 부실로 인한 노후 불안 등 생애과정 다방면에서 관찰된다는 것이다. 하지만 이 모든 것들을 수렴할 수 있는 지위공포의 원천은 "탈(脫) 중산층화"로 개념화할 수 있는 주변부로의 퇴출 압력으로서, 그 점은 1998년을 전후로 한 경제지표나 사회조사 결과들을 통해 널리 확인할 수 있다고 주장한다.

결국 한국사회가 양극화와 단절경향을 동시적으로 내포한 2 : 8 사회로 이행해감으로써 한편으로는 계급구조의 양극화로 인한 지위하락 위기를 체감하면서, 다른 한편으로는 계급구조의 단절로 인한 상류층으로의 진입 가능성에 회의하는 청장년층의 지위공포가 응결된 것이 대항적 세대 헤게모니라고 결론짓고 있다.

그러나 위의 결론은 몇 가지 의문점을 안고 있다. 무엇보다 세대 연대의 경험적 지표로서 정당 지지도를 중심으로 한 정치행위가 동원되고 있다는 점에서 정치 이외의 영역에서 구성되고 있는 세대 경험이 포괄적으로 반영되지 않고 있다는 점, 더불어 2002년 대선을 중심으로 나타났던 정치영역에서의 세대 제휴가 2005년 지방자치단체장 선거에선 동일한 유형의 재생산을 확인하기 어려웠다는 점에서 당시의 세대 연합이 일시적 현상이었을 가능성을 배제하기 어렵다는 점을 들 수 있다.

오히려 최근 들어서는 경험적 지표상으로 볼 때 386 운동권 민주화 세대의 고립 가능성이 조심스럽게 제기되고 있다. 물론 386 민주화 세대의 고립화가 산업화 세대와 정보화 세대의 연대를 가져오리라 주장하는 것은 아니다. 그보다는 386 민주화 세대가 추진해 온 세대비약론이 산업화 세대 및 베이비 붐 세대의 소외를 불러일으킨 한편으로, 민주화 세대가 확보해 온 정치영역에서의 정당성 우위에 대한 지지 및 동조 세력을 디지털 세대로부터 확보하는 것이 점차 어려워지리라는 것을 의미한다.

실제로 2030세대와 5060세대 간의 충돌에 주목했던 송호근 교수는 IMF 외환위기 이후 양 세대 간의 문화적 이질성이 크게 줄어들었다는 결론에 이르고 있다. 곧 5060세대가 경제성장을 주도해 왔고 2030세대가 민주화 및 세계화를 주도해 왔지만 양 세대가 동일한 변화의 축에 놓여 있는 것은 공통된 상황으로서, 양 세대 간에 충돌을 보일 가능성은 극히 제한적이라는 것이 송 교수의 주장이다. 경험적 자료 분석에서도 2030 및 5060세대 간에는 경제성장과 민주화, 그리고 세계화와 관련된 주요 가치관을 놓고 의견수렴 현상을 보이고 있었고, 권위주의 가치관 항목과 북한 호감도 및 미국 호감도 에서만 세대간에 의미 있는 차이를 보이는 것으로 나타났다(송호근 2003).[12)]

한편 박길성 외(2005)의 연구에서도 한국사회 세대갈등의 핵심을 "권위주의적 정치문화를 주도하고 수동적으로 수용했던 산업화 세대와 정보사회를 향한 사회변동에 적응적인 참여세대 간의 갈등"으로 규정하면서, 산업화 세대의 끝자락에 있는 베이비 붐 세대와 민주화 세대의 선봉에 서 있는 386세대 간에 독재국가의 강압성 및 반민주성에 비판적 성향을 공유하고 있다는 점에서 양 세대 간 체험의 동질성이 상대적으로 높고, N세대는 한국 현대사의 격동기를 거치지 않았다는 점에서 앞선 세대와 이질성이 보다 두드러지는 것으로 분석하고 있다.

N세대[13)]와 다른 세대 간의 간극은 한국사회의 정보화라는 거대한 사회변동의 결과이다. 이들은 사이버 공간의 확산을 통해 정체성 및 가치관 형성에 있어 직접적 영향에 노출되었다. 즉 N세대는 디지털 환경

에 인지적 동화작용을 겪음은 물론 디지털 매체 자체가 그들의 신체 옵션화되면서 특유의 의사소통 구조를 형성하게 되었다. 기성세대가 정보를 얻기 위한 수단으로서 디지털 매체를 이용한다면, N세대는 의사소통의 도구 및 여가활용의 공간으로서 받아들인다. N세대는 절대다수가 디지털 기술을 자연스럽게 구사할 수 있다는 공통점과 그들만의 언어세계를 형성하고 있다는 점에서 그들만의 세계를 형성해 가고 있는 측면이 강하다 할 수 있다.

다만 이들 N세대에 대한 평가는 양가적(兩價的)이다. 사이버 공간에 익숙한 N세대는 아이디어의 참신성과 창조력에 있어서는 이전 세대와 비견될 수 없을 정도로 뛰어나다는 평가를 받는가 하면, 다른 한편에서는 개성이 있는 것처럼 보이지만 복제화된 개성이 대부분이고 정체성이 없다는 비판도 제기되고 있다(이명진 2005).

흥미로운 사실은 이들 N세대가 베이비 붐 세대의 자녀 세대로서 자녀교육에 헌신하기 시작하는 세대를 대변하는 '과잉모성'의 자녀들로서 경제적 실용주의와 정치적 보수주의를 표방하고 있다는 점이요, 탈정치성향이 강하다는 점이다. 특별히 IMF 외환위기 이후 본격화된 고실업사회 진입 및 청년실업률 증가는 민주화 세대와 정보화 세대의 간극을 확대하는 데 기여한 주요인이라 할 수 있다.

Ⅳ. 세대 간 공존, 어떻게 가능할 것인가?

세대 공존과 관련해서는 세대 충돌의 원인을 분석함으로써 갈등을 극복하고 공존의 해법을 모색하는 만큼 세대 연구자들에 따라 다양한 의견이 제기되고 있다. 구체적인 예를 들자면, 2030세대가 배양한 개인주의가 도덕적 정서 및 공익에 대한 관심과 균형을 맞출 때 한국사회 발전과 통합이 가능한 만큼 5060세대가 이를 제고시키는 역할을 담당할 것이 제안되고 있다.

나아가 세대 통합의 과제로서 정치영역에서 "새로운 정치 패러다임 수용의 시급성에 관한 공론화, 정당정치의 효율화, 시민단체에 의한 정치개혁 요구의 적극적 시도, 시민정치의 패러다임 전환, 인터넷 정치 활성화를 통한 세대 간 소통의 질서 구축" 등이 제시되고 있고, 문화영역에서 "참여와 자율 그리고 다양한 가치를 문화변동의 방향으로 공유, 성찰적 시민문화 형성, 교육과 뉴미디어 활동을 통한 소통의 질서 구축" 등이 제시되고 있다(박길성 외 2005).

세대 공존의 지혜를 모색함에는 무엇보다 평균 기대수명의 연장으로 인한 연령혁명을 고려해야 할 것이다. 우리는 곧 4세대 혹은 5세대 이상이 함께 공존하는 사회로 진입하게 될 것이다. 우선 평균 기대수명의 연장은 부부관계 및 부모-자녀관계에 특기할 만한 변화를 가져오리라 전망된다. 부부가 50년을 함께 산다고 가정해 볼 때, 결혼생활의 일사분기는 자녀양육과 교육에 투자할 것이며, 이사분기는 조부모시기를 경험하게 될 것이고, 삼사분기는 증조부모 시기와 그에 따른 친인척관계의 팽창을 경험하게 될 것이다.

이에 따라 앞으로는 연령차별주의가 인종차별이나 성차별만큼 주요한 사회문제로 대두될 것인바, 이를 해결하기 위한 다양한 정책적 노력이 요망된다. 우선 정책적으로는 연령분절적 정책을 재고한 후에 세대 통합적 프로그램을 개발해 나가야 할 것이며, 나아가 노인세대를 부양을 필요로 하는 의존적 세대이자 사회적 부담으로 규정하는 것으로부터의 인식전환이 요구된다. 우리가 낸 세금이 우리 아이들을 위한 교육비에 투자되고 있는가 아니면 우리 부모세대를 위한 노후보장에 쓰이고 있는가가 오늘날 선진국에서 전개되고 있는 세대전(戰)의 전형적 양상임을 고려할 때 더욱 그러하다.

세대문제를 해결하는 데 매우 도움이 되는 장치로는 '교육'이 있다. 교육은 태도와 행위를 교정하는 데 가장 유효한 도구이기에 앞으로는 각 연령집단별로 특별한 관심과 욕구, 그리고 문제를 가지고 있음을 교육함으로써 세대 간 이해의 폭을 증진시키는 작업이 필히 요구된다 하겠다. 이들 교육[14)]은 학교교육만이 아니라, 이미 실용화되고 있는 정보의 고속도로를 이용하는 방법을 활용할 경우 그 파급효과는 대단할 것이다.

다만 현재의 과도기에서 세대문제를 해결하는 데는 다양성에 대한 포용력이 중요한 것 같다. 서로의 가치를 기준으로 다른 집단의 가치를 왜곡하고 평가절하하기보다는 다양성을 인정해 주는 유연성이 필히 요구된다. 다양성이 혼란으로 비추이는 것은 기준이 획일성에 있을 때에 한한다. 다양성을 인정해 주고 다양성 간에 조정이 이루어질 때 사회 전체적 통합에는 별 문제가 없을 것이다. 통합(integration)을 획일(unifying) 개념과 혼돈하는 것은 진정 혼란을 가중시킬 뿐이다.

이와 관련해서 근대화 및 민주화 세대의 입장에서 디지털 세대를 향한 이해의 폭을 넓히는 작업이 요구된다 하겠다. 새로 부상하고 있는 세대가 "다양한 분야에 관심이 있으며 사회를 바라보는 시각이 상대적으로 긍정적임은 물론, 한국사회에서는 찾아보기 힘든 민족적 자신감과 공동체적 열정을 갖춘 세대"란 평가는(이명진 2005) 세대 통합 가능성을 예단하는 데 긍정적 단서를 제공해 준다 하겠다. 다만 이들 신세대가 기성세대로부터 희망과 비전을 발견하지 못한다는 사실에 대해서는 기성

세대가 책임을 통감하고, 신세대의 민족적 자신감과 창의성이 글로벌 시티즌으로서의 책임감을 구현하는 가운데 장밋빛 청사진을 확보할 수 있는 길을 제시해 주어야 할 것이다.

결국 세대의 묘미라면 누구나 성숙해 간다는 사실에 있다. 영원히 젊은 세대를 누릴 수 없다는 데 세대의 묘미가 있다는 말이다. 그렇다면 권위와 자원을 통제하는 세대는 의존하지 않으면 안 될 시기를 준비하여 자원을 비축하는 수밖에 없고, 세대 간 권력이동이 합리적으로 진행될 수 있도록 공정한 시스템을 구축하는 수밖에 없을 것이다.

참고문헌

김문조. 2003. “한국 세대담론의 심화를 위한 소고.” 한국사회학회 추계학술대회 발표문.

돈 탭스콧 저. 허운나 · 유영만 옮김. 1999. 『N세대의 무서운 아이들』. 물푸레.

미메시스. 1993. 『신세대 네 멋대로 해라』. 서울 : 현실문화연구회.

박길성. 2002. “왜 세대인가.” 『계간 사상』. 가을호, 8 – 27.

박길성 · 조대엽 · 함인희. 2005. 『현대 한국인의 세대 경험과 문화』. 서울 : 집문당.

박재흥. 2003. “세대 개념에 관한 연구.” 『한국사회학』. 37(3), 1 – 23.

______. 2004. 『한국의 세대문제』. 서울 : 나남 출판.

송호근. 2003. 『한국 무슨 일이 일어나고 있나』. 삼성경제연구소.

이명진. 2005. 『한국 2030 신세대의 의식과 사회정체성』. 삼성경제연구소.

조선일보사. 1998. 『베이비 붐 세대의 대폭발 · 민주화 · 올림픽 · IMF』. 조선일보사.

한경혜. 1993. “한국 남성의 성인기로의 전이유형의 변화.” 한국사회사연구회 편, 『한국 근현대 가족의 재조명』. 121 – 171. 문학과 지성사.

______. 1996. “남성의 부모기로의 전이와 직업역할 : 전이시기와의 관련성을 중심으로.” 『대한가정학회지』. 34(2), 231 – 244.

함인희. 2000. “세대갈등을 넘어 세대 공존을 향해.” 『계간 사상』. 봄, 188–209.

함인희 · 이동원 · 박선웅. 2001. 『중산층의 정체성과 소비문화』. 서울 : 집문당.

황상민 · 김도환. 2004. “한국인의 라이프스타일과 세대의 심리적 정체성 : ‘세대 차이’ 연구를 위한 심리학적 모델.” 『한국심리학회지 : 사회 및 성격』. 18(2), 31 – 47.

Alwin, Duane and Ryan McCammon. 2004. “Generations, Cohorts, and Social Change.” in J. Mortimer and M. Shanahan eds. *Handbook of the Life Course.*

Springer, 13–49.

Demos, John. 1986. *Past, Present, and Personal.* New York : Oxford University Press.

Dychtwald, Ken. 1999. *Age Power : How the 21st Century Will Be Ruled By the New Old?* New York : Putnam.

Elder, Glen Jr. *et al.* 2004. "The Emergence and Development of Life Course Theory." in J. Mortimer and M. Shanahan eds. *Handbook of the Life Course.* Springer, 3–19.

Hochschild, Arlie R. 1997. *The Time Bind : When Work Becomes Home and Home Becomes Work.* New York : An Owl Book.

Klein, A. ed. 1969. *Natural Enemies : Youth and the Clash of Generations.* Philadelphia : J. B. Lippincott Company.

Macmanus, Susan. 1996. *Young vs. Old : Generational Combat in the 21st Century.* Westview Press.

Mannheim, Karl. 1927/1997. "The Problem of Generations." in M. Hardy ed. *Studying Aging and Social Change,* 22 – 65. Sage Publications.

Mead, Margaret. 1970. *Culture and Commitment : A Study of the Generation Gap.* New York : Natural History Press.

Mortimer, Jeylan and Michael Shanahan eds. 2004. *Handbook of the Life Course.* Springer.

O'Donnell, Mike. 1985. *Age and Generation.* London : Tavistock Publications.

Riley, M. A. Foner, & J. Waring. 1988. "Sociology of Age." in N. J. Smelser ed. *Handbook of Sociology,* Newbury Park, 249–290. CA : Sage.

Ryder, N. 1965. "The cohort as a concept in the study of social change." *American Sociological Review.* 30, 843–861.

Torres–Gil, Fernando. 1992. *The New Aging Politics and Change in America.* New York : Auburn House.

7장 주

1) 조선일보 1999년 10월 26일자 기사. 세대 논의에 등장하는 개념들 다수가 언론에 의해 만들어져 유포됨으로써 엄밀한 검증을 거치기 않은 채 영향력 있는 개념의 지위를 확보하게 되었다는 사실 또한 한국사회 세대논의의 특성을 구성하는 요소라 하겠다.

2) 386세대라 함은 연령은 30대요, 80년대 고등교육의 대중화 시대에 대학을 다닌 세대이자 60년대 태어나 어린 시절 경제개발의 혜택을 받은 세대를 지칭하는 신조어(新造語)로 대중매체에 의해 구성된 세대임은 익히 알려진 사실이다. 조선일보는 386세대를 특집기사로 다루면서 이들을 상징하는 이미지 8가지를 다음과 같이 선정한 바 있다. 배낭(1989년 여행자유화조치로 세계로 나간 첫 세대), 컴퓨터(286 XT 컴퓨터로부터 시작하여 본격적인 PC문화의 서막을 경험한 세대), 돌멩이(시위문화의 기억에서 자유로울 수 없는 세대), 이념서적과 술(이념 과잉과 낭만 결핍의 세대), 립스틱(여성 파워를 새삼 재발견한 세대), 비디오 카메라(영상언어에 친숙한 세대), 오렌지(운동권 문화를 거부한 채 한편으로 독특한 향락문화가 존재했던 세대), 그리고 법전(각종 고시 열풍에 휩쓸린 세대)이 그것이다(조선일보, 1999년 3월 1일자).

3) "권력거리란 명령하는 사람과 명령받는 사람의 거리를 의미하는 것으로 권력거리가 멀수록 권위적인 사회가 된다. 명령받는 사람의 의견이 위로 전달되기 힘든 구조이기 때문이다. 권력거리를 규정하는 구분선이 한국사회의 경우는 연령과 성별인 경우가 많다. 이 거리는 필히 줄어들어야 마땅하고 연령과 성별에 따른 권력거리의 구획 역시 폐기되어야 마땅하다. 그러나 세대도약을 명분으로 나이든 사람의 용도 폐기를 정당화해서는 곤란하다. 사회안정을 유지하면서 세대 비약을 이루는 것이 우리의 과제"라는 것이 이재열 교수의 주장이다(조선일보 12월 31일자 시론).

4) 여기서 운동권 386세대는 별다른 결실을 맺지 못한 데다 사회적으로도 보상받지 못한 채 방치되었던 소위 '운동권 475세대' (386세대 개념이 등장하던 당시 40대로서 70년대 대학을 다니고 50년대 출생한 세대란 의미의 조어)와는 달리, 정치권의 '젊은 피 수혈론'과 맞물리면서 실질적인 파워에 근접해 갔다는 점을 상기할 필요가 있을 것이다(박길성 외 2005).

5) X세대란 용어는 더글라스 쿠플랑(Douglas Coupland)이 쓴 동명의 소설에서 따온 것으로, 쿠플랑 자신은 소설 제목을 당시 영국의 펑크 록 그룹으로부터 차용한 것이라 한다. 미국에서 처음 등장했던 X세대는 1961-1975년 기간 중 태어난 동년배 집단을 지칭한다. 이들은 지칠 줄 모르는(restless) 냉정한(disaffected) 세대로서 정치적 무관심을 통해 정치에 대한 반대의사를 분명하게 표현하는 세대요, 쇠락하는 미국의 영향력과 자신들의 처지를 협상하고자 하는 특징을 보이는 것으로 평가되었다(Macmanus 1996).

6) i세대란 인터넷 제너레이션을 뜻하는 말로 미국의 마이크로소프트사가 N세대 및 PC세대와 구분 짓기 위해 사용했다. i세대는 인터넷이 보편화되기 시작한 1994년 이후 태어난 세대로서, 인지능력이 생길 때부터 인터넷에 친숙한 이들은 책가방 대신 휴대가 간편한 전자책(E book)에 대용량의 정보를 담아 가지고 다닐 것이며, 이들에게 사이버 공간은 현실세계 못지않게 중요한 삶의 터전이 될 것이라 한다(중앙일보, 1999년 12월 31일자 기사).

7) 라이더는 코호트가 만하임의 세대 개념보다 분석력이 앞서는 개념적 도구라 본다. 왜냐하면 만하임이 의미하는 세대는 역사 속에서 실제로 구성되기도 힘들거니와 설사 구성된다 하더라도 대개는 소수의 멤버만을 포함시킨다는 점에서 그러하다는 것이다.

8) 이의 대표자는 토레스-길이다. 그는 20세기 서구에서 출현한 세대를 5세대로 구분한다. 곧 1900-1926년 출생한 진동(Swing) 세대, 1927-1945년 출생한 침묵(Silent) 세대, 1946-1964년 출생한 베이비붐 세대, 1965-1979년 출생한 부메랑 세대, 그리고 1980년 이후 출생한 베이비붐 세대의 자녀 세대가 그것이다(Tores-Gil 1992).

9) 정치적 접근에 따른 미국 사회의 세대 구분은 다음과 같다. 1899-1910년에 출생하여 제1차 세계대전을 경험한 세대, 1911-1926년 출생하여 대공황과 제2차 세계대전을 경험한 세대, 1927-1942년 출생하여 냉전과 스푸트니크의 충격을 경험한 세대, 1943-1958년 출생하여 흑인민권운동, 베트남 전쟁,

워터게이트를 목격한 세대, 그리고 1959-1973년 출생한 레이건 세대가 그것이다. 이들 각각의 세대가 정치적 활동이나 정책 선호도에 있어 각기 다른 성향을 보이고 있음은 주지의 사실이다 (Dychtwald 1999).

10) 아쉬움을 달래고자 2002년 가을 계간 사상지가 '세대의 정치'를 특집 주제로 다루었음은 주목할 만하다. 그러나 세대의 정치관련 논의 역시 경험적 자료를 확보하는 데 있어서 한계를 드러냈고, 충분한 시간을 두고 검증이 이루어져야 한다는 부담을 여전히 안고 있었다.

11) 김 교수는 '공동운명체 가설' 이외에도 생활체험의 공유도가 큰 연령적 인접 세대들이 유사한 사회의식을 생성할 것이라는 '동질성(homogeneity) 가설'과 보완적 생활전략을 소유한 세대끼리 의식적 지향을 함께 할 가능성이 높을 것이라는 '상보성(complementarity) 가설'을 동시에 검토하고 있다. 그러나 전자는 민주화 세대와 정보화 세대의 제휴관계는 설명할 수 있을지 모르나 인접세대인 산업화 세대와 민주화 세대의 간극에 대해서는 적절한 응답을 제공하지 못하며 날로 가속화하는 사회변동의 추이를 감안할 때, 장·중년 세대보다 청·장년 세대 간의 친화력을 보다 강조하는 동질성 가설은 현실적 타당성을 결여하고 있다는 점에서 기각하고 있다. 더불어 후자는 산업화 세대가 주도하는 경제권력이 정치권력이나 문화권력과 보다 잘 연접될 수 있는 보편재로서의 성격이 강하다는 점에서, 산업화 세대와의 단절을 도모하는 청·장년 세대의 연대 가설에 관한 합당한 명제로 받아들이기 어렵다고 본다(김문조 2003).

12) 여기서 2030세대는 탈권위주의와 더불어 친북반미 가치관을 보이고 있고 5060세대는 권위주의와 더불어 친미반북 가치관을 보이고 있음을 두고 송 교수는 세대 간 차이보다 합의의 여지가 많음을 강조하는 데 반해, 일부에서는 한국사회 양극화를 주도하는 요인이 바로 이념적 대립인 만큼 이는 그대로 세대충돌을 대변하는 지표라 보아야 한다는 주장도 제기되고 있다.

13) X세대와 마찬가지로 N세대를 처음 주목한 곳은 기업이었고 이들의 존재를 부각시킨 곳은 광고였다. 이들은 새로운 구매층으로 급부상하고 있어 어느 세대보다 변화에 민감한 소비자이기 때문이다. 다만 1990년대 초반 우리나라에서도 화려한 조명을 받았던 X세대에 비하면 N세대를 대상으로 한 문화적 취향이나 소비행태 등에 관한 조사는 아직 그리 많지 않다. 앞으로 N세대가 그대로 스러져 갈지, 아니면 하나의 문화현상으로 정착될지 현재로

서는 미지수이다. 이들 세대의 등장 배후에 과학기술의 혁명이 자리하고 있다는 점을 주목할 필요가 있다. 이미 인터넷이란 네트워크에 의해 인간의 생활양식은 물론이고 사유방식까지 바뀌는 인류의 대혁명이 시작되었다. 앞으로 어떤 세대가 등장하게 될 것인지 지금은 어느 누구도 정확히 예측하기는 어려울 것이다.

14) 이를 테면 왜 세대가 달라지면서 다양한 사회적 이슈에 대해 다른 견해를 가질 수밖에 없는가를 흥미롭게 보여주는 비디오 테이프를 만들 수 있을 것이다. 이들 프로그램은 교육적 요소와 오락적 요소를 적절히 배합하고 주제 역시 팝문화에서부터 심각한 정치적 이슈 전반에 대해 특히 정치사회화 과정의 핵심을 이루는 주제들을 중심으로 제작한다면 좋을 것이다. 앞으로 한 지붕 아래 거주하게 될 4세대 가족 시대를 대비하여 각기 다른 세대의 생애주기를 시뮬레이트해 보는 컴퓨터 소프트웨어나 프로그램 개발도 제안되고 있다.

08 양극화 시대의 한국 민주주의

임혁백(고려대학교)

I. '1997년 체제' : 양극화 시대의 도래

1997년은 한국의 민주화를 가져온 물적 토대가 와해된 해로 기록될 것이다. 1987년에 한국에 민주화를 가져다 준 물적 조건은 권위주의적 산업화였다. 권위주의적 산업화가 가져다 준 물질적 풍요와 사실상의 완전고용이 화이트칼라 사무원 노동자들이 민주화 대연합에 동참할 수 있게 하였고, 화이트칼라의 동참은 권위주의 군부세력과 민주화 세력 간의 파멸적인 힘의 균형을 깨고 민주화를 대세로 만들었다.

한국의 민주화는 '성공의 위기'에 의한 민주화의 전형이었다. 권위주의 정권이 이룩한 경제적 풍요 속에서 정치적 시민권이 주어졌다. 경제 모델의 변경은 없었다. 사회경제적 보수화와 정치적 민주화가 공존하는 보수적 민주화가 1987년 체제였다. 사회경제적 개혁 없이 정치적 민주화는 꾸준히 이루어졌다. 선거경쟁이 제도화되었고, 군인들은 병영으로 되돌아갔으며, 수평적 정권교체까지 일어났다.

그런데 1997년에 동남아에서 발원하여 한국에까지 밀어닥친 동아시아금융위기는 한국 민주주의의 물적 기반을 흔들었다. 외환금융위기로 박정희 모델로 불리는 발전국가 모델이 폐기되었고 신자유주의 경제 모델이 우리에게도 강요되었다. 이러한 신자유주의적 시장 모델로의 전환은 역사상 처음으로 평화적 정권교체를 통해 권력을 장악한 민주개혁 세력에 맡겨졌다. 한국의 민주개혁세력은 신자유주의적 구조조정을 자발적으로 선택한 것은 아니다. IMF라는 국제금융자본의 중심부가 구제금융 제공의 조건부로 강요된 것이었다. 그러나 김대중 정부는 자의반, 타의반으로 강요받은 신자유주의적 구조조정을 적극적으로 수행해 나갔다. 그 결과 경제위기는 단시일 내에 극복할 수 있었다. 그러나 그 과정에서 사회는 해체되었고 그 자리에 양극화가 자리를 잡았다.

경제적으로 대외적 개방과 신자유주의와 정치적으로 자유주의가 결합된 정치경제체제가 1997년에 본격화되었다. 말하자면 '1997년 체제'가 시작된 것이다. 정치적 민주화가 진행되는 가운데 경제적으로는 1997년을 기점으로 신자유주의 경제 모델로 전환되어 왔다. 97년 체제 하에서 신자유주의적 구조조정으로 경제위기 극복에는 성공하였으나 경제양극화를 불러왔다. 1990년대 중반까지 소득불평등도가 하락 또는 정체상태에 머물렀으나 외환금융위기 이후 급격히 악화되었고, 외환금융위기를 극복한 뒤에서 분배는 원상회복되지 않았고 양극화 현상은 더욱 심화되고 있다. 양극화는 한국 민주주의의 사회경제적 기반을 흔들고 있다.

본 논문은 먼저 소위 97년 체제 하에서 심화되고 있는 양극화의 현상을 분석하고 양극화를 가져온 원인을 추적할 것이다. 다음으로 양극화가 한국 민주주의의 사회경제적 내용을 어떻게 변화시키고 있는가를 살펴볼 것이다. 마지막으로 계층적 분열사회에서 통합사회로 가기 위해서 필요한 개혁이 무엇인가를 살펴볼 것이다.

Ⅱ. 양극화 현상

한국의 산업화는 분배적 형평성의 손상이 없이 진행되었고, 세계은행(World Bank)의 경제분석 전문가를 비롯한 많은 주류 경제학자들은 한국을 '형평성을 갖춘 성장(growth with equity)' 모델로 불렀다. 압축적 산업화 과정에서 고도성장이 완전고용을 창출하면서 빈곤으로부터의 탈출과 분배를 개선하는 역할을 하였다. 그러한 개발년대의 한국 모델은 1997년 이후에 무너졌다. 1997년에 일어난 외환금융위기를 극복한 후 경제성장은 어느 정도 회복되었으나 누수효과(trickle down effect)를 통한 성장의 분배효과는 제한적이 되었다. 1997년 이후의 경제성장은 불균형적으로 일어났다. 그 결과 경제의 부문별 양극화가 진행되고 있다.

1. 경제의 양극화

경제의 양극화는 수출산업과 내수산업, IT산업과 비IT산업, 대기업과 중소기업, 정규직과 비정규직 사이에 일어나고 있다.

외환금융위기 이후 내수시장이 붕괴되면서 기업들은 수출에 주력하게 되었고, 그 결과 수출부문과 내수부문 간의 불균형 성장이 일어났고 2002년 이후 심화되고 있다. 내수의 성장기여율은 2002년 57.3%에서 2003년 7.5%, 2004년 14.6%로 급감하고 있으나 수출의 성장기여율은 2002년 42.7%에서 2003년 92.5%, 2004년 85.4%로 급증하고 있다(박명광 2005, 10).

IT산업은 금융위기 이후 새로운 성장동력으로 발굴되면서 급성장을 하게 되었다. 지난 5년간 IT산업의 성장기여율은 38%에 달한다. IT산업의 급성장은 여러 부문에서 불균형을 낳았다. 먼저 IT산업과 비IT산업 간의 불균형이 일어났다. IT산업의 성장률은 2002년 17.6%에서 2003년 14.2%, 2004년 20.4%로 고도성장을 지속하고 있는 반면, 비IT산업의 성장률은 2002년 5.9%에서 2003년 1.7%, 2004년 2.5%로 하락 또는 정체하고 있다(박명광 2005, 11). 그러나 기술집약적인 IT산업은 고용유발효과가 낮다. 고용유발계수를 보면, 전체 산업과 비IT산업의 생산유발계수가 1995년과 2000년에 각각 18.1과 18.2, 12.4와 13.2이었는 데 반해 IT산업은 15.8과 7.6으로 현저히 낮다(박명광 2005, 12-13). 이는 IT산업이 소위 '고용 없는 성장'의 주역임을 알려준다. 또한 IT산업이 수출증가를 선도해 왔다는 사실은 IT산업이 수출 대 내수의 양극화를 심화시키고 있다는 것을 보여준다. 2002년, 2003년, 2004년의 비IT산업의 수출증가율은 5.0%, 9.4%, 15.0%인 데 반해 IT산업의 수출증가율은 35.4%, 27.8%, 27.7%로 현격한 차이가 있으며, 2004년 IT산업이 총수출에서 차지하는 비중은 40%에 달하고 있다(박명광 2005, 12).

대기업과 중소기업의 양극화도 심각하다. 1997년의 외환금융위기 이후 신자유주의적 구조조정을 통하여 대기업의 수익구조는 획기적으로 개선되었다. 그 결과 순익규모로 세계적 기업들이 탄생하였다. 반면에 중소기업의 상황은 더욱 열악해졌다. 주력산업의 산업연관 효과가 높고 주력산업을 뒷받침하는 부품소재산업이 발달하지 못해 대기업의 성장의 과실이 중소기업에 제대로 파급되지 않고, 중소기업의 기술경쟁력이 떨어지고 내수의존도가 높은 것이 대기업과 중소기업 간의 양극화를 초래하는 원인으로 지적되고 있다(양현봉 2005, 47-48). 그러나 중소기업은 대기업에 비해 가동률과 수익률에서 떨어지나 여전히 고용을 창출하는 원천이다. 중소기업의 경영악화에도 불구하고 중소기업의 고용비중은 오히려 늘어나고 있다. 이는 중소기업이 저임금, 비정규직 노동자들을 더 많이 고용하고 있다는 것을 일러준다.

1997년 외환금융위기 이후 노동시장의 유연화가 빠르게 진행되면서 비정규직이 늘어났다. 정규직과 비정규직 간의 고용보호 수준, 임금, 기업복지의 격차로 인해 노동시장의 양극화 현상이 일어나고 있다. 외환금융위기 이후 비정규직은 실업률의 감소와 동시에 증가하였다. 외환위기 이전에 한국의 실업율은 2%를 밑돌았다. 그러나 외환위기 이후 급등하기 시작한 실업율은 1999년 1/4분기에 8.4%까지 치솟았다. 그후 2000년대로 들어서면서 실업율은 감소하였으나 고용조건의 악화라는 비용을 치렀다. 실업율 감소의 상당 부분이 고용불안정 상태에 있는 비정규직 노동자들의 증가에 기인한 것이었다. 외환금융위기 직후에 45%를 밑돌던 비정규직이 2001년에 737만에 이르러 55.7%를 차지하게 되었다. 비정규직이 이제 한국인의 일반적인 근로형태로 자리잡은 것이다. 2003, 2004, 2005년의 비정규직 노동자의 규모는 784만 명(55.4%), 816만 명(55.9%), 840만 명(56.1%)으로 계속 늘어가고 있다(최태욱 2005, 82-83).

또한 정규직과 비정규직의 양극화는 고용에서 뿐만 아니라 소득에서도 확대되고 있다. 정규직을 100으로 했을 때 비정규직의 월 임금 총액은 2000년 52.3, 2003년 49.7로 격차가 확대되었다. 주당 노동시간도 정규직은 44.0시간에서 41.8시간으로 3.2시간 단축되었으나 비정규직은

45.5시간에서 44.1시간으로 1.4시간 단축되었다(김유선 2005). 낮은 임금과 고용불안정에 떨고 있는 비정규직은 사회보험을 가장 먼저 받아야 할 대상이나 실제로는 비정규직 노동자는 정규직에 비해 1/4 수준밖에 받지 못하고 있다. 국민연금의 경우, 2003년에 정규직은 95.9%의 적용을 받는 데 반해 임시직은 24.4%, 일용직은 1.9%만 받고 있다. 건강보험의 경우, 정규직이 97.2%인 데 반해 임시직은 27.6%, 일용직은 2.9%에 머물고 있다. 고용보험의 경우 정규직이 80.4%인 반면 임시직은 24.2%, 일용직은 2.6%에 머물고 있다(박명광 2005, 30). 여기에 더하여 비정규직은 노조가입률이 낮아 노조를 통한 보호를 받지 못하고 있다. 2003년 노조조합원수는 162만 명으로 조직률은 11.4%이다. 이 중 정규직 631만 명 가운데 노조에 가입한 노동자는 143만 명으로 22.7%의 조직률을 보이고 있으나 비정규직은 784만 명 가운데 19만 명만 노조에 가입하고 있어 노조가입률은 2.4%에 지나지 않는다(김유선 2005).

자영업자의 비율이 늘어나고 있을 뿐만 아니라 자영업 내의 소득 양극화가 심화되고 있다. 외환금융위기 이후 구조조정으로 일자리를 잃은 중년층들이 자영업에 진출하였는데, 자영업자의 비중은 2001년에 27.1%에 달해 선진국의 3-4배에 이르렀다. 자영업자들은 서비스업, 그중에서도 도소매업, 숙박, 음식업종에 집중되면서 과당경쟁과 내수부진으로 수익을 내지 못하고 있다. 재경부와 한국개발연구원 조사에 의하면, 2005년 자영업자의 월평균 실질소득은 248만 원으로 5년 전에 비해 18.4% 감소한 것으로 나타났다(신명호 2006, 14-15). 자영업은 변호사, 의사에서부터 노점상에 이르기까지 편차가 심한데, 자영업의 주종을 이루는 분야에서 소득수준의 하락이 일어나 자영업 내의 소득 양극화가 심화되고 있다.

2. 계층 양극화

계층 양극화는 빈곤층이 늘고 소득 상위층도 늘어나는 반면 중산층이 줄어드는 현상을 이야기한다. 소득분포가 양 극단에 치우치고 있는 현상이다. 이재열 교수는 양극화는 중간부분이 해체되면서 양 극단이 모이는 현상으로 정의하고 있다. 중간층이란 중간값 소득의 50-150%에 해당하는 계층을 이야기한다(이재열 2006, 158).

소득격차로 양극화를 측정하는 방법에는 두 가지가 있다. Wolfson 지수와 ER 양극화 지수방식이다. Wolfson 지수방식은 중산층으로부터의 소득의 분산이 커질수록 양극화가 커진다고 정의한다. 즉 중위소득의 75-150%에 해당하는 인구를 중산층으로 보고, 이 중산층을 기준으로 하여 다른 계층과의 소득격차로 양극화를 측정한다. ER(Esteben and Ray) 양극화 지수는 두 계층의 소득격차를 계산하고 이를 각 소득계층의 비중으로 가중 평균한 값이다(이재열 2006, 159).

한국의 경우 Wolfson 지수는 1984년의 0.28에서 1993년 0.25로 낮아졌다가 외환위기 이후인 1999년 0.29로 높아졌다. ER지수도 1984년 0.020에서 1993년 0.018로 낮아졌다가 1999년에 0.021로 높아지고 있다.

소득불평등을 나타내는 GINI 계수나 소득분배율도 양극화를 측정할 수 있는 좋은 척도이다. 한국의 지니계수는 상승기류를 타고 있다. 1990년과 1997년 사이의 평균 지니계수는 0.286이었고 외환위기가 터진 1997년에는 0.283있었으나, 1998년에는 0.316으로 급상승하고 1999년에 최고치인 0.320을 기록한 이래 2000년 2001년 2002년에 0.317, 0.319, 0.312를 기록함으로써 벌어진 소득불평등이 유지되고 있음을 보여주고 있다(최태욱 2005, 81). 소득분배율의 경우, 2004년 저소득층인 1/5분위의 소득점유율은 1997년에 비해 13.3% 감소하였고, 고소득층인 5/5분위의 소득점유율은 4.6% 증가하였으며, 중간층인 2/5분위에서 4/5분위의 소득점유율은 1% 감소하였다. 저소득층과 고소득층의 소득5분위배율도 1997년 이후 5배 이상을 유지하고 있으며, 최근 상승추세에 있다(신명호 2006, 18). 상위 20%와 하위 20%의 소득격차가 2003년 5.47배, 2004년 5.70배, 2005년 5.87배로 증가하고 있는 것이다(최태욱 2005, 83). 2000년 도시 봉급생활자 하위 10%와 상위 10%의 월평균소득격차는 1997년의 7배에서 9배로 확대되었다. 또한 빈곤층이 확산되었다. 최저생계비 기준으로 볼 때 한국의 빈곤율은 1997년의 3.9%에서 1998년 8.2%, 1999년 9.4%로 급증하였고, 노무현 정부 하에서도 2003년 10.8%, 2004년 11.7%로 상승하고 있다. GINI 계수나 소득분배율은 경제위기는 극복하였으나 사회경제적 불평등이란 대가를 치르면서 위기를 극복했다는 것을 보여준다.

계층의 양극화는 중산층의 해체를 불러오고 있다. 1997년의 외환위기로 촉발된 경제위기는 중산층의 물질적 기반을 뒤흔들었다. 신자유주의와 세계화의 물결로 고소득 일자리와 저소득 일자리의 창출은 증가한 반면 중간소득 일자리는 현저하게 감소하였다. 지난 10년간 전체 일자리는 290만 1천 개가 늘어났는데, 그 중 하위 1-3분위의 일자리는 118만 7천 개, 상위 8-10분위의 일자리는 144만 8천 개로 각각 40.9%, 49.9%를 차지하고 있으나, 중위 4-7분위의 일자리는 26만 6천 개 증가하여 9.2%를 차지하는 데 그쳤다(양재진 2005, 137). 2000년부터 2004년 사이에 소득 하위 20%와 상위 20%가 각각 31만 개, 37만 개 증가한 반면, 소득 중간층 20%는 27만 개 감소하였다.

중산층 일자리의 감소는 중산층의 하방이동을 이끌고 있다. 외환금융위기 이후 중산층에서 하위층으로 이동한 사람은 174.4만 명이나 중산층에서 상위층으로 전입한 사람은 94.5만 명에 달한다(이재열 2006, 160). 하위층으로 하방 이동한 중산층이 상위층으로 상승 이동한 중산층의 거의 2배에 달한다는 사실은 '중산층의 신화'가 무너지고 있다는 것을 보여준다(신광영 2004, 261-263). 외환금융 위기 이후 정리해고와 명예퇴직이 일반화되면서 중산층은 더 이상 고용안정을 누릴 수 없게 되었고, 여기에 더하여 아파트 가격의 상승으로 월급을 저축하여 아파트를 구입하는 것이 불가능하게 되었다. 교육을 통한 상승 이동의 희망이 좌절되면서 미래에 대한 기대도 급격히 낮아진다. 젊은 부부들의 출산기피는 그들이 미래에 대한 희망을 상실했기 때문이다(신광영 2004, 262).

중산층의 희망의 상실은 주관적 계층 귀속감에서 나타난다. 외환금융위기 이전 한국에서 중산층에의 귀속의식은 유난히 높은 것으로 나타났는데, 1994년 중산층에 속한다고 생각한 사람은 81.3%였다. 반면에 외환금융위기 직전인 1997년에 소비자보호원이 조사한 자료에 의하면 71.1%로 급격히 감소하였다(김호기 1999, 254). 현대경제연구원의 1999년 4월의 조사는 IMF구제금융 이전에 34.6%에 그쳤던 하류층이 54.3%로 절반을 넘어섰으며, 중산층이라고 생각한 사람은 IMF 이전 61.1%에서 45.1%로 줄었다는 결과를 보여주고 있다는 사실은 충격적이다.[1)]

Ⅲ. 양극화의 원인

왜 계층 양극화가 일어나고 있는가? 양극화의 원인은 세계화와 기술변화와 같은 외생적 요인과 제도나 정책과 같은 내생적 요인에서 모두 찾아볼 수 있을 것이다.

1. 세계화

세계화 시대의 생산은 일국 차원에서 이루어지지 않는다. 세계화 시대의 기업은 전 지구적 차원에서 생산요소를 가장 값싸게 경쟁력 있게 결합하는 방식으로 생산을 조직한다. 세계화는 자본자유화와 자유무역을 확대함으로써 경쟁력이 약한 국내 보호부문의 급격한 쇠퇴와 몰락을 가져오고, 자본의 세계화는 국내 산업연관의 약화와 단절을 가져와 수출부문과 내수부문, 글로벌화된 대기업과 국내 시장지향적인 중소기업 간에 양극화를 초래한다(김형기 2006). 세계화는 정보, 전문기술, 이동성, 의사소통 네트워크 등에서 경쟁력을 갖춘 노동자들에게는 기회이나 그렇지 못한 노동자들에게는 고용에서 제외되는 장벽이 된다(양재진 2005, 136).

한국의 경우 세계화로 전통적인 산업생산의 비중은 감소하고 있으며, 제조업 생산기지의 해외 이전, 아웃소싱(outsourcing)이 가속화되고 있다. 2002년의 경우, 대기업의 44%가 일부 생산공장을 해외로 이전하였으며 34%가 이전을 계획하고 있는 것으로 나타났다(양재진 2005, 136). 아웃소싱과 생산기지의 해외 이전으로 중위수준의 일자리는 새로 창출되지 않는 상태에서 고부가가치의 지식정보산업이 요구하는 인적자본을 갖고 있지 않은 하위계층에게 세계화는 일자리의 상실 또는 저임금의 단순 서비스 노동자로 고용되는 것을 의미한다.

세계화는 또한 자본과 노동의 힘의 관계를 자본에 유리한 비대칭적 관계로 변화시킨다. 자본가들이 노동력을 어디서나 쉽게 구할 수 있고 자본을 언제 어디로든 이동할 수 있는 상황 하에서 노동자에 대한 자본가들의 협상능력은 강화될 수밖에 없다. 세계화 시대의 기업가들은 파트타임 노동자 고용, 하도급 등의 수단을 통해 노동자의 규모를 신축적으로 재조정하려 하며 임금인상 양보, 이중임금제, 성과급 등의 도입을 통해 임금을 신축적으로 조정하려 한다. 이러한 기업가들의 운동은 노동자들로 하여금 임금의 감축, 비정규직의 양산, 대량실업의 위험에 떨게 하고 있다. 세계화는 조직 노동자들의 중산층화(embourgeoisement)를 저지하고 대규모의 하층계급(underclass)을 양산한다.

2. IT혁명

외환금융위기에서 벗어나면서 김대중 정부가 발견한 새로운 성장동력원은 IT였다. IT는 한국 기업에 새로운 이윤창출을 가져다 준 효자였고 성장을 회복하는 데 주요한 몫을 하였다. IT산업은 2000년 총부가가치의 14%를 생산하여 아일랜드 다음으로 높은 비중을 보였으며, IT산업은 전체 수출의 1/3을 차지하여 OECD 국가 중 두 번째로 높은 수준을 기록하였다.

그러나 고도로 기술 및 자본집약적인 IT산업은 고용창출 효과가 미미하였다. 그 결과 IT산업이 한국 경제를 이끌어 가는 성장의 견인차가 되어 외환금융위기 이후 빠른 속도로 지속적 경제성장의 궤도에 올려놓는 데 기여하고 있으나 고용 측면에서는 이렇다 할 기여가 없었다. IT산업은 소위 "고용 없는 성장", "고용증가 없는 성장"의 시대에 돌입하는 데 큰 역할을 하였다.

1991년부터 2002년까지 한국 IT산업의 부가가치 증가율은 308%로 다른 제조업부분의 2.5배가 넘는 성장률을 기록했으나 월평균 종사자수는 11.7%의 증가율을 기록하는 데 그쳐 고용계수는 1991년의 24.7%에서 2004년에는 6.7%로 떨어져 고용계수 증가율은 -72.7%로 하락하고 있다.[2] 또한 IT부분의 비중이 커질수록 고용유발 효과는 오히려 감소하고 있는 것이다. 1995년과 2000년에 비IT산업의 고용유발계수는 18.2과 13.2였는 데 반해 IT산업은 15.8에서 7.6으로 상대적으로나 절대적으로 현격히 축소되고 있다.[3]

또한 IT산업은 고도의 지식정보를 지닌 근로자를 우대함으로써 지식근로자는 상층으로 편입되고 그렇지 못한 범용근로자는 해고 또는 하층으로 침하하는 중산층 분해현상을 촉발하였다(강홍렬 외 2006, 98).

3. 노동시장의 유연화

제도적 요인으로 유연적 노동시장의 도입이 한국의 양극화를 심화시켰다. 1998년 외환금융위기가 진행되는 시점에서 노사정위원회는 2 · 6 사회협약을 체결하여 정리해고제, 파견근로제와 같은 유연적 노동시장제도를 도입하였다. 유연적 노동시장 제도의 도입으로 전면적인 기업구조조정이 가능하게 되었고, 기업 구조조정으로 종신고용이 일반적이었던 한국에서 대규모 정리해고가 일어났다. 그런데 독점적 대표성이 강한 대기업 정규직 노조는 유연적 노동시장제도에 반발하였다. 이에 대응하여 대기업은 경직된 내부 노동시장의 유연화보다는 거의 전적으로 외부 노동시장에서 단기계약을 통해 비정규직의 신규 고용을 증가시키는 형태로 노동시장의 유연화와 이중 노동시장의 형성을 동시에 실시하였다(양재진 2005, 139).

대기업은 또한 대기업 정규직 노조에 대한 고용보장과 임금인상의 비용을 하청 중소기업에 전가하였다. 이에 대응하여 중소기업은 저임금의 비정규직 노동자를 고용함으로써 고용 자체가 불안한 저임금 비정규직 노동자가 양산되었다. 비정규직 노동자들은 저임금뿐만 아니라 고용불안에 시달리다가 빈곤층으로 떨어졌으며, 그후 빈곤이 반복되면서 고착화되고 있다.

Ⅳ. 양극화 시대의 한국 민주주의

IMF 위기 이후 한국의 민주주의는 발전을 계속하였다. 먼저 김대중 정부의 탄생으로 한국 민주주의 공고화의 중요한 계기를 이루었다. 선거를 통한 최초의 평화적 정권교체를 이룩하였다. 이는 김영삼 문민정부가 이룩한 군부에 대한 문민통제 확립과 더불어 한국 민주주의의 공고화를 위한 중요한 계기를 마련하였다. 그후 노무현 정부가 들어서서 정치적 부패의 척결과 깨끗한 정치, 권위주의 과거의 청산, 권력의 분권, 분산화가 진행되면서 한국 민주주의는 적어도 소극적인 의미에서 권위주의 독재로 되돌아갈 가능성이 사라진 '공고화(consolidation)'의 수준에 올라서게 되었다.

그러나 한국 민주주의가 공고화되었다는 것이 한국 민주주의의 질이 높아졌다는 것을 의미하지는 않는다. 1987년 이후 한국 민주주의 발전에 고질적 병폐로 지적되어 온 지역주의는 여전히 국민을 분열시키고 있다. 여기에 더하여 1997년 이후 진행된 신자유주의적 구조조정으로 양극화가 심화되면서 한국 민주주의의 질적 수준은 떨어지고 있다.

경제적 양극화는 민주주의의 양극화를 불러오고 있다. 경제적으로 풍요로운 중산층의 민주주의는 사라지고 부자의 민주주의, 빈자의 민주주의라는 두 개의 민주주의가 대립하고 있는 것이 한국 민주주의의 현실이다.

1. 신자유주의적 민주주의의 헤게모니

경제위기시에 개발국가 모델의 대안으로 채택된 신자유주의 모델은 단기적 위기극복에는 성공했지만 경제와 사회의 양극화를 초래하였다. 그럼에도 불구하고 여전히 신자유주의 모델은 양극화 시대의 지배적 담론으로 군림하고 있다.

경제적 양극화는 부자의 민주주의를 강화하고 있다. 재벌로 불리는 한국의 대자본가들은 한국의 기적을 가져온 주역이었다. 그런데 이 신화의 주인공이 외환금융위기 이후 경제위기를 몰고 온 책임을 뒤집어쓰고 자기 개혁을 강요당하였다. 개혁은 신자유주의적 구조조정이라는 세례였다. 구조조정 이후 대기업의 체질은 더욱 강해졌고 대기업은 신자유주의의 전도사로 변신하였다.

신자유주의는 시장에 대한 국가 개입의 철회와 자본의 무제한적 자유보장을 요구한다. 신자유주의는 정치를 비효율성의 근원으로 보고 정치와 경제영역을 분리하고 정치가 지배하는 영역을 최소화하고 시장이 지배하는 영역을 최대화할 것을 주장한다.

신자유주의는 민주화를 자유화, 탈규제, 국가의 축소와 후퇴 등 자본 편향적 개념과 동일시한다. 민주화는 기본적으로 시장을 정부의 개입으로부터 해방시키는 탈규제이며, 민주화의 목표는 정치적 자유의 증진이 아니라 시장의 자유, 즉 자본의 자유를 증진시키는 것이다. 그런데 지나친 시장의 자유는 불평등을 조장하여 정치적 자유를 해칠 수 있다. 신자유주의는 성장과 복지를 상호 보완적 관계가 아니라 대치관계로 규정하며, 성장 대 복지의 대결구도를 조성한다. 국가에 의한 재분배기능(복지예산, 누진세 확대 등)을 경제성장에 적대적인 것으로 부정시하며 조세, 사회보험 기여금 등을 사유권에 대한 국가의 약탈로 규정한다.

이러한 신자유주의가 추구하는 탈규제, 민영화, 노동시장 유연화, 복지 서비스의 재상품화는 고용불안정을 증대시키고, 노동시장을 양극화하며, 효율성과 경쟁력 강화를 명분으로 분배와 복지를 축소시킴에 따라 빈곤층을 증대시키고 있다(김형기 2006).

신자유주의가 민주주의에 끼친 해악적 영향 중의 하나는 탈정치화이다. 신자유주의는 시장의 효율성 원리를 정치적 영역에도 적용하려 하였다. 신자유주의의 정치개혁 담론은 '고비용 저효율 구조의 철폐'였다. 정치를 비용의 관점에서 봄으로써 가급적 정치적 영역을 축소해야 한다는 논리를 정당화하였다. 정치가 지배하는 영역을 축소한다는 것은 민주주의에 대한 위협이다. 정치의 영역이 축소된다는 것은 그만큼 주권자인 국민이 선거, 의회, 정당과 같은 민주적 제도적 장치를 통해서 대표로 하여금 국민의 삶의 조건을 개선하기 위한 자원배분에 나서도록 강제할 수 있는 영역이 축소된다는 것을 의미하기 때문이다. 시민들의 생활수준에 영향을 미치는 많은 결정들이 자신들이 통제할 수 없는 초국적 자본이나 거대 자본에 의해 내려진다면 민주적 주권의 통제공간은 좁아지고 민주주의는 왜소화되고 무기력하게 된다(임혁백 2000, 67).

신자유주의의 시장근본주의는 '승자독식의 사회'를 낳는다. 승자독식의 사회는 시장경쟁의 승자와 패자 간의 간극을 확대시킴으로써 사회적 응집력을 약화시키고 사회적 균열을 강화한다. 사회적 분열이 위험수위에 도달할 경우 더 이상 잃을 것이 없는 시장 열패자는 폭력에 호소할지 모른다.

독일의 Siemens 심포지엄 보고서는 신자유주의가 주도하는 미래사회의 모습을 사회에 의해 통제받지 않는 발가벗은 시장의 법칙이 지배하는 '칼날 위에서 경쟁하는' 블레이드 러너(Blade Runner) 사회로 묘사하고 있다. 블레이드 러너 사회는 경제의 세계화, 탈규제, 이윤을 극대화하려는 기업과 이기적 개인이 만들어낼 수 있는 최악의 미래 사회이다.[4] 이 사회에서 유일한 종교는 개인적 이윤이며, 공동체 의식은 쇠퇴한지 오래다. 초경쟁적 환경 하에서 사회는 가진 자와 가지지 못한 자로 양극화되고, 가진 자는 양질의 교육을 받고 고용되어 이동하면서 극단적으로 부를 추구하는 반면, 가지지 못한 자는 좋은 교육을 받지 못하고 대체로 실업자로 전락하여 사회와 발을 맞추지 못하면서 낙오하나 국가에 의한 사회안전망은 해체되어 있는 사회가 블레이드 러너 사회이다. 부자들은 가난, 마약, 범죄로 피폐해진 하층민들의 공격으로부터 자신의 생명과 재산을 보호하기 위해 성벽을 쌓고(gated communities, walled city) 빈자들은 테러와 범죄에 의존하여 생존을 도모하려 한다(Schrecker 1994). 빈자의 반란으로 사회가 불안해지며, 급기야는 내전의 가능성까지 있다.

이러한 신자유주의를 추구하는 세력은 김대중 정부와 노무현 정부 하에서 더욱 강화되고 있다. 양극화 시대에 신자유주의를 추진하는 세력이 헤게모니를 장악하고 있는 것이다. 양극화된 사회에서 신자유주의 세력의 정치적 권력자원 동원능력은 커졌다.[5]

신자유주의 세력은 우월한 권력자원 동원능력을 활용하여 언론과 같은 이데올로기적 헤게모니 기구를 장악하고 보수적인 정치세력을 지원하여 시장주의의 이념과 가치를 헤게모니의 위치로 올리는 데 성공하였다. 한국의 보수세력은 두 차례에 걸쳐 정권장악에는 실패하였지만 여전히 사회적 헤게모니를 쥐고 있다. 최장집 교수에 의하면, 신자유주의의 헤게모니는 상대적으로 개혁적인 민주정부에까지 영향을 미쳐 중산층과 서민의 지지로 집권한 민주정부가 신자유주의적 정책을 실시하게 하고 있다는 것이다(최장집 2006, 146-147). 노무현 대통령이 "권력은 이미 시장으로 넘어간 것 같다"라고 고백하였듯이 시장은 투표를 통해 권력을 위임받은 대표의 정책결정권을 제약하고 있다. 시장지상주의를 부정하는 담론은 좌파로 매도당하는 상황에서 시장을 넘어선 양극화 해결 대안의 출현을 기대하기는 어렵게 되어가고 있다.

신자유주의자들은 양극화의 존재를 인정하려 하지 않는다. 현재의 상황을 상류층도 줄고 중산층도 줄고 빈곤층만 늘어나는 '모든 소득계층의 하방이동' 현상으로 본다. 양극화의 담론은 가진 자들로부터 더 많은 세금을 거두어 가난한 자들에게 소득을 이전하려는 포퓰리즘적 구호로 본다(박세일 2006). 그러므로 신자유주의자들은 양극화를 해소하기 위한 적극적인 재분배정책을 기피한다. 양극화 또는 소득계층의 하방이동에 대한 신자유주의의 처방은 성장을 통한 고용증대와 부의 재분배이다. 반면에 국가에 의한 재분배기능(복지예산, 누진세 확대 등)을 경제성장을 해치는 좌파정책으로 규정하면서 적대시한다. 또한 성장과 복지를 제로섬적인 관계로 보면서 복지의 성장유발 가능을 인정하지 않으며, 오직 성장을 통한 누수효과로 복지가 개선되고 재분배효과가 일어나는 것만을 인정한다. 그러나 지식정보화 시대에 '고용 없는 성장'이 일반화되고 있는 상황 하에서 성장만으로 고용을 창출하는 데에는 한계가 있다. 더구나 고용의 증가가 비정규직의 고용증대로 이루어진다면 고용창출이 소득 양극화를 해소하는 데에는 크게 기여하지 못할 가능성이 크다.

반면에 신자유주의자들은 자본편향적인 재분배투쟁에는 적극적이다(유종일 2006a). 현재 한국의 기업들은 사회에 '바닥을 향한 경주'를 할 것을 요구하고 있다. '기업하기 좋은 나라'라는 담론으로 나타나고 있는 바닥을 향한 경주는 기업의 투자를 유치하기 위해서 더 낮은 임금, 더 열악한 노동조건, 더 유연한 노동시장, 더 양호한 사회간접자본, 더 느슨한 환경규제를 요구한다. 말하자면 기업이 부담해야 할 비용을 사회에 전가함으로써 기업에 유리한 재분배를 추구하고 있는 것이다. 여기에 더하여 최근 신자유주의자들은 법인세 인하 등 감세정책을 주장하고 있다.

2. 중산층 민주주의의 쇠퇴

> 최상의 정치공동체는 중산계급의 시민들에 의해서 형성된다는 것은 분명하다. 그리고 중산계급이 다수인 국가는 매우 잘 운영될 가능성이 크다 … 중산계급이 큰 나라는 파당과 분열이 가장 적다.
>
> Aristoteles, *Politics*

> 가장 흔하고 지속적인 파당의 원천은 다양한 재산의 불평등 분배에 있다.
>
> James Madison, *Federalist Politics* # 10.

아리스토텔레스에 의하면 최고의 민주주의는 중산계급의 시민들에 의해 형성된다. 왜냐하면 중산계급이 큰 나라는 파당과 분열이 가장 적기 때문이다. 경제적으로 안정된 중산층은 경쟁하는 계급에 대해 관용적이며 타협을 선호하며, 더 많은 민주주의를 지지한다(Moore 1996 : 55). 좌와 우 사이에서 절충을 이끌어내며, 좌우 대립의 완충역할을 수행한다. 중산층 민주주의는 중산층이 두터운 민주주의가 안정적이고 포용적이며 사회통합적이라는 가정 위에 서 있다.

그런데 민주주의의 버팀목이 되어주어야 할 한국의 중산층은 줄어들고 있을 뿐만 아니라 보수화되고 있다. 양극화는 한국사회를 제로섬 사회로 변모시키고 있다. 분배문제가 정치적 의제의 전면에 등장하면서 부자와 빈자 간의 갈등이 심화되고 있으나 이를 중화시켜 줄 수 있는 중산층은 해체되고 있다.

한국의 중산층의 정치적 성향에 관해서는 세 가지의 주장이 있다. 산업화의 수혜계층으로 성장해 왔기 때문에 체제유지적이며 보수적인 세력이라는 주장이 있고, 경제적으로 혜택을 받아왔으나 정치적으로는 다른 계층과 마찬가지로 소외되었기 때문에 개혁적이라는 주장이 있다. 또한 중산층이 다양한 이질적 집단으로 구성되어 있기 때문에 정치적으로 가변적이라는 주장이 있다(함인희 · 이동원 · 박선웅 2001, 31).

이 중에서 한국의 중산층은 정치적으로 기회주의적이며 전략적이라고 보는 것이 타당하다. 경제적 풍요시에 교육받은 도시 중산층은 더 많은 자유를 요구하며 국가적인 정치적 문제에 참여하려 한다. 반면에 경제적으로 어려운 시점에서 양극화가 심화되면 하방으로 이동하는 중산층은 노동계급과 치열한 경쟁관계에 들어가게 된다. 이 경우 중산층은 자신의 지위를 보전하기 위해 권위주의 국가에 의탁하여 경쟁자인 노동계급을 억압해 줄 것을 요구한다. 중산층은 보수화되며 극단적으로는 전체주의 세력으로 경도되어 민주주의를 부정한다.[6)]

중산층의 정치적 성향은 1987년 이후의 한국 민주주의의 향방에 커다란 영향을 미쳤다. 소위 '넥타이 부대'로 불린 한국의 화이트칼라의 민주화 시위 참여가 1987년 민주화의 흐름을 대세로 만들어 놓았고, 정치적으로 가장 진보적인 성향을 지닌 중산층의 표가 두 차례에 걸친 민주개혁세력의 집권에 기여하였다. 민주화 이후 중산층은 다양한 시민사회 운동에의 참여를 통하여 사회적 합의를 창출하고 사회갈등을 제어하는 동시에 사회적 가치를 내면화함으로써 사회의 내적 결속을 제고하여 사회통합을 창출하는 중심세력을 형성해 왔다(김호기 1999, 258-259). 중산층은 지역주의 성향이 다른 계층보다 낮고 대외적 개방성은 높다(김병조 · 장원호 2006, 52-53). 중산층은 지역사회의 문제해결에 직접 참여함으로써 풀뿌리 민주주의의 핵심 세력이 되고 있다. 그러나 정치적 민주화에 기여하였던 중산층은 경제민주화나 노동자의 권리, 노동운동의 활성화에는 부정적이었다.[7]

그런데 1997년 외환금융위기 이후 노동시장의 변화로 중산층의 고용안정성이 무너졌다. 노동시장의 유연화에 따라 평생직장의 개념이 폐기되었고 명예퇴직, 조기퇴직이 크게 늘어났다. 그런데 새로이 겪는 고용불안정에 대해 중산층은 속수무책이었다. 노동자들은 노조를 통해 고용안정성을 높일 수 있는 가능성이라도 있었지만 노조를 조직하지 않았던 중산층은 노조가 제공할 수 있는 고용안정 효과를 누릴 수 없었다. 신자유주의는 노동자들에게 뿐만 아니라 중산층에게도 매우 위협적인 존재가 되었다(신광영 2004, 259-267).

이와 같이 외환금융위기 이후 구조조정으로 인해 발생한 고용불안, 실업증대, 소득감소와 격차 확대로 중산층의 경제적 안정이 무너짐으로써 중산층은 보수화되었고, 중산층이 사회통합을 유지하는 중간자적 역할을 포기함에 따라 사회적 분열이 첨예화하고 있다. 한국의 중산층은 하향 이동당하지 않기 위해 하층과의 정치적 차별화를 도모하며 하층을 배제하려는 상층의 움직임에 동조하고 있는 것이다. 소득과 고용불안정에 따른 지위 불안으로 한국의 중산층 내에 과거 정치적 자유는 없었으나 경제적 안정과 사회질서가 유지되었던 과거 '좋았던 권위주의'를 그리워하는 박정희 신드롬이 일고 있다(송호근 2005, 113). 이러한 권위주의로의 회귀를 그리는 중산층이 늘어나면 균형잡힌 민주주의의 기초가 와해될 수 있다.

3. 노동민주주의의 후퇴

양극화는 노동민주주의로의 전진을 중단시켰다. 한국의 노동자들은 1987년 노동자 대투쟁 이래 사회민주화의 핵심 주체로서 역할을 해왔으며 노동자로의 사회적 시민권 확장을 위해 투쟁해 왔다(이병훈 2005, 275). 1987년의 노동자 대투쟁의 결실로 기본적인 노동3권을 돌려받았고, 1998년 2 · 6사회협약을 통해 유연적 노동시장제도의 도입에 대한 대가로 정치, 사회, 복지에 있어서 노동자의 권리를 얻어내는 정치적 교환이 이루어졌으며, 2004년에는 노동자의 정당인 민노당이 의회에 제3당으로 진출함으로써 한국의 노동자들은 제도정치권 내에 자신을 대표할 수 있는 정치세력을 확보할 수 있게 되었다.

이러한 노동민주주의로의 전진은 신자유주의적 세계화가 진행되면서 장애에 부딪치게 되었다. 신자유주의적 세계화로 노동시장이 유연화되면서 노동의 양극화가 일어났다. 정리해고, 명예퇴직의 형태로 고용의 유연적 조정이 일어나면서 파견 근로, 기간제 근로, 용역 근로, 시간제 근로, 특수 근로 등 다양한 비정규직 노동자가 늘어났다. 대기업의 고용비중이 감소하고 중소기업의 고용비중은 크게 증가하였으며, 대기업과 중소기업 간의 임금격차는 늘어갔다. 또한 기업 내부에서 정규직과 비정규직 간의 임금격차도 늘어가고 있다.

이러한 노동의 양극화는 비정규직 노동자, 하도급 노동자, 노동빈곤층의 문제해결이 한국의 노동민주주의의 새로운 과제로 떠올랐으나 노사관계는 대기업 정규직 중심의 기업별 노사관계가 강화되면서 기존의 노사관계 시스템에 의해서 문제가 해결되지 않았고, 대기업 노동자와 중소기업 노동자, 비정규직 노동자, 미조직 노동자 간의 갈등을 심화시키고 있다.

한국의 노동운동은 대표성의 위기에 직면하고 있다. 전체 노동자 1500만 명 중 11%만이 조직되어 있을 뿐만 아니라 대기업 중심으로 조직되어 있다. 500인 이상 대기업의 77%는 조직 사업장이나 5-9인 사업장의 경우 5.3%만이 조직 사업장이다. 전체 노동자의 5.3%가 취업하고 있는 1000인 이상 사업장의 조합원이 전체 조합원의 2/3를 차지하고 있다(최영기 · 배규식 2005, 483-484). 한국의 노동조합은 전체 노동자의 10%도 안 되는 대기업 노조에 의해 주도되고 있다는 점에서 대표성에서 심각한 문제를 안고 있다.

또한 한국의 노동운동은 연대의 위기를 맞고 있다. 연대의 위기를 가져온 주요인은 대기업 노조의 전투적이나 이기적인 조합주의 운동이다. 한국의 노동조합은 다원주의적 기업별 노조주의를 특징으로 하고 있다. 기업별 노조주의 하에서는 단위 기업노조의 소집단 이기적인 단기적 이익극대화 전략이 지배한다. 분산적 · 경쟁적으로 조직된 단위노조는 다른 노조, 나아가서는 노동계급 전체에 미칠 임금, 고용, 복지효과를 고려함이 없이 자신의 단기적 이익을 추구하려 한다.

한국의 대기업 노조는 기업별 노조의 전형적인 행태를 보여주었다. 1990년대에는 전투주의적 임금교섭 방식으로 소속 조합원의 높은 임금인상을 주도했고, 1997년 외환금융위기 이후에는 소속 조합원의 고용보호에 전력투구함으로써 비정규직 노동자를 확산시키는 의도하지 않은 결과를 내었다. 한국의 노동운동을 주도하고 있는 대기업 노조의 이기적인 분배개선 투쟁은 중소기업, 비조직 노동자들의 이해를 대변하지 못하였을 뿐만 아니라 이들의 이해와 충돌하는 결과를 낳았다. 대기업 노조의 임금인상 투쟁은 비정규직 노동자, 하청 중소기업 노동자에 대한 임금인하 압력으로 작용하였고, 대기업 노조의 고용보장 투쟁은 대기업과 중소기업에서 비정규직 노동자의 증가로 이어져 임금과 고용에서 정규직 대기업 노동자와 비정규직 노동자, 중소기업 노동자 간의 양극화를 심화시킨 것이다.

이와 같이 외환금융위기 이후 대표성, 연대성의 위기를 맞고 있는 한국의 노동운동은 양극화의 결과로 양산되고 있는 중소기업, 비정규직 노동자들의 산업적 시민권을 확보해 주지 못하고 있으며, 오히려 양극화를 심화시켜 노동민주주의를 후퇴시키고 있다.

Ⅴ. 민주주의의 사회경제적 질을 높이기 위한 양극화 해소방안 : 동반성장

양극화는 한국 민주주의의 질적 수준을 떨어뜨리고 있다. 양극화가 진행되면서 하나의 국민을 '두 국민, 하나는 부자, 다른 하나는 빈자'로 분열시키고 있다. 부의 집중, 빈곤의 증대, 그로 인한 부자와 빈자 간의 격차의 확대는 부자와 하층계급 간의 사회적 분열을 가속화시키고 있다.

양극화는 사회통합을 위협할 뿐만 아니라 성장 잠재력을 침식한다.

단기적으로 내수침체의 원인이며 장기적으로는 경제성장의 기반을 붕괴시킨다. 단기적으로 소득의 양극화가 심화될수록 전체 민간소비가 위축된다. 왜냐하면 저소득층의 한계 소비성향은 높은 반면 고소득층의 한계 소비성향은 낮기 때문이다. 장기적으로 우리 경제의 성장 잠재력을 결정하는 가장 중요한 요인은 인적 자원인데, 양극화는 저소득층의 인적 자본 투자를 실현시키지 못함으로써 성장 잠재력을 침식시킨다. 빈곤에 따른 출산율 저하는 장기적으로 생산력을 위축시킬 것이다.

성장 잠재력을 키우면서 양극화를 해소하기 위해서는 혁신주도형 동반성장 정책이 필요하다(유종일 2006b, 13-20). 혁신주도형 동반성장을 위해서는 성장의 원동력을 물적 자본 축적보다는 사람에 대한 투자를 중심으로 구축해야 한다. 지식기반경제에서는 지식노동자들의 창의와 혁신이 성장의 견인차 역할을 하기 때문이다. 인적 자원에 대한 투자는 성장정책인 동시에 소득분배를 개선하는 분배정책이기도 하다. 보다 많은 노동자들에 대한 교육훈련 투자는 취업가능성을 높여 노동시장에 재진입하게 만들어 고용을 통한 구매력 증가를 가져온다(김형기 2006). 노동자들의 혁신능력을 키우기 위해서 노동자에 대한 교육과 훈련에 투자를 높이는 것은 성장 잠재력을 키우는 동시에 분배효과를 내는 것이기도 하다. 노동자의 혁신능력을 키우기 위해서 직업훈련과 교육을 비롯해서 사회학습, 평생학습체제를 구축하고 중소기업에 대한 훈련비를 지원하며, 자영업자, 신용불량자, 실업자에 대한 직업능력개발과 생산성 향상을 위한 교육훈련 기회를 부여하면 새로운 일자리가 창출되고 그 일자리는 새로운 소비의 원천을 만들고 이 소비는 다시 성장을 자극함으로써 성장과 분배가 선순환될 수 있다.

첫째, 동반성장을 위해서 국가는 경제개발비에서 사회지출로, 물적 자본에 대한 투자에서 인적 자본에 대한 투자로 재정지출 구조의 개혁을 추진해야 한다. '토건국가'를 뒷받침하는 사회간접자본에 대한 투자와 경제개발사업 위주의 기존의 개발재정을 '서비스 국가'에 걸맞게 사람에 대한 투자 위주의 사회재정으로 바꾸어야 한다. 사회 서비스(교육, 보건, 복지)에 대한 지출이 건설부문에 대한 재정지출보다 소득창출과 성장률 제고에 큰 효과를 낸다는 것은 입증되고 있다(이태수 2006, 25-26). 따라서 국가가 인적 자본을 축적하는 데 재정지출을 하는 것은 분배와 성장을 동시에 개선하는 '성장촉진형 재분배(growth-enhancing redistribution)' 정책이 될 수 있다.

둘째, 생산주체인 대기업과 중소기업 간에 단절된 상생의 네트워크를 복원하여 협력관계를 더욱 강화하여야 한다. 중소기업의 도산은 중산층의 분해로 이어지며, 중소기업의 비정규직 노동자들은 노동양극화를 심화시키고 있다. 그런데 한국의 10만 중소기업 중 기술혁신 중소기업의 비중은 7%에 지나지 않는다(박동 2006, 281). 저기술 중소기업은 외국인 노동자 등 저임금 노동자의 고용과 정규직의 비정규직화 등을 통해 간신히 연명해 가고 있다. 따라서 대기업과 중소기업 간에 양극화 해소를 통해 동반성장을 추구하는 노력이 있어야 한다. 대기업은 하청 중소기업이 개발한 기술을 빼앗아 가려 하지 말고 오히려 중소기업의 기술혁신 능력을 높여주는 데 주력해야 한다. 대기업은 중소기업에 대해 기술인력을 지원하고 부품, 소재 공동개발사업을 확대해야 한다. 또한 대기업과 하청 중소기업 간에 성과공유제를 도입하여 대기업 대 중소기업의 양극화의 주범인 단가 인하문제를 해소하여야 한다(양현봉 2005, 58).

셋째, 빈곤에 노출되어 있는 취약계층의 인적 자원 개발과 사회적 통합을 도모해야 한다. 시장에서 낙오한 시장 열패자에 대해 사회안전망을 제공하고, 최소한 기초생활비를 지급하고 그들의 교육비, 주거비를 지원하여 그들을 사회통합의 틀 안으로 다시 끌어들여야 한다. 그리고 단순히 현금급부를 하는 복지를 넘어 실업자의 인적 자원을 개발함으로써 좋은 일자리에 취업가능성을 높여 그들이 다시 노동시장으로 복귀할 수 있도록 도와주어야 한다.

넷째, 양극화의 주요 원인을 제공하는 비정규직의 문제를 해결할 수 있는 방안을 모색해야 한다. 대기업 정규직 노동자 중심의 현 기업별 노조는 비정규직 노동자, 중소기업 노동자와 영세자영업 피고용자의 이익을 대변할 수 없는 한계를 지니고 있다. 따라서 90%에 달하는 미조직 노동자와 비정규직 노동자의 이익을 대표할 수 있는 별도의 대표조직을 만들고(최장집 2005, 475), 양극화와 비정규직 문제의 관련 당사자들이 모두 모이는 사회적 대화의 틀이 마련되어야 한다. 정부는 대기업 사업장에서의 노사갈등의 해결을 위한 조직노동과 대기업 간의 관계를 규율하는 데 치중하는 기존의 노동정책에서 탈피하여 비정규직 문제를 우선적으로 해결하기 위해 노력해야 한다(이장원 2005, 215). 비정규직과 중소기업 노동자들의 문제해결을 위해 비정규직에 대한 차별 축소, 사회안전망의 확충, 원하청관계의 질적 개선, 공공 서비스 일자리 확대, 그리고 비정규직의 유연안정성(flexicurity) 등이 사회협약에서 논의되어야 할 것이다. 그런데 정규직 노동자의 대표인 양대 노총이 참여하는(실제로는 참여하기를 바라는) 기존의 노사정 대화의 틀은 비정규직의 문제를 다루기에 적절하지 않다. 따라서 기존의 노사정 대표에 비정규직 노동자, 시민단체, 미조직 노동자의 대표도 참여하는 포괄적인 사회 대타협 또는 국민사회 협약을 마련해야 한다.

참고문헌

강홍렬 외. 2006.『메가트렌드 코리아』. 서울 : 한길사.

김병조 · 장원호. "한국중산층의 정치의식." 중산층의 역할과 사회발전 제3차 포럼. 중산층과 한국의 사회통합.

김유선. 2005. "비정규직 규모와 실태 : 통계청, '경제활동인구조사 부가조사' (2003. 8) 결과." 한국노동사회연구소.

김형기. 2006. "지속가능한 진보를 통한 지속가능한 한국의 실현." 한국선진화 포럼. 열린대토론회 : 한국사회, 어디로 가야 하나 발표논문.

김호기. 1999. "IMF 관리경제와 중산층의 구조변동."『한국의 현대성과 사회변동』. 서울 : 나남.

박명광. 2005.『'혁신주도형 동반성장 모델'의 전략과 과제 : 성숙단계 한국경제의 양극화 해소와 선진경제 실현을 위한 대안 모색』. 1월.

박 동. "소득격차 완화를 위한 사회적 대타협." 대통령자문 정책기획위원회 · 참여정부3주년 기념 심포지엄 민주주의 선진한국, 국가는 무엇을 할 것인가 발표논문.

박세일. 2006. "한국사회, 어디로 가야 하나." 도산아카데미 창립17주년 기념세미나 발표논문.

송호근.『한국, 어떤 미래를 선택할 것인가 : 이념갈등과 정책빈곤의 진보정치』. 파주 : 21세기북스.

신광영. 2004.『한국의 계급과 불평등』. 서울 : 을유문화사.

신명호. 2006. "한국사회의 양극화와 빈곤."『아세아연구』. 49(1).

양재진. 2005. "빈곤해소와 소득격차의 고착화 방지를 위한 사회정책적 제언." 제5차 한국학술연구원 코리아 포럼, 한국사회의 갈등조정을 위한 대안 모색.

양현봉. 2005. "동반성장을 위한 산업 및 기업정책 방향." 열린정책연구원.『양극화 해소와 사회통합』. 서울 : 열린정책연구원.
유종일. 2006a. "혁신주도형 동반성장을 위하여." 한반도선진화재단 창립기념 심포지엄 발표논문.
______. 2006b. "지속가능한 경제발전을 위한 새로운 경제정책의 방향." 좋은정책포럼 제2차포럼 자속가능한 진보를 위한 경제정책 패러다임 발표논문.
유팔무 · 김현동 · 박경숙. 2005.『중산층의 몰락과 계급양극화』. 서울 : 소화.
이병훈. 2005. "노동 양극화와 운동의 연대성 위기." 최장집 편.『위기의 노동 : 한국 민주주의의 취약한 사회경제적 기반』. 서울 : 후마니타스.
이장원. 2005. "양극화 해소와 비정규직 문제 해결을 위한 정책제언." 열린정책연구원.『양극화 해소와 사회통합』. 서울 : 열린정책연구원.
이재열. 2006. "한국의 사회통합과 중산층 육성의 과제." 한국사회학회. 중산층의 역할과 사회발전 제3차 포럼 중산층과 한국의 사회통합.
이태수. 2006. "선진복지국가를 위한 재정복지의 길."『신진보리포트』, 2.
임혁백. 2000. "세계화와 민주주의 : 기회와 제약." 안병영 · 임혁백 편.『세계화와 신자유주의 : 이념, 현실, 대응』. 서울 : 나남출판.
최영기 · 배규식. 2005. "노사협력과 일자리 창출." 광복 60주면 종합학술포럼 역동적 균형가 선진한국 최종결과보고서.
최장집. 2005. "사회적 시민권 없는 한국 민주주의." 최장집 편.『위기의 노동 : 한국 민주주의의 취약한 사회경제적 기반』. 서울 : 후마니타스.
______. 2006.『민주주의의 민주화 : 한국 민주주의의 변형과 헤게모니』. 서울 : 후마니타스.
최태욱. 2005. "사회통합형 세계화 추진을 위한 정치제도 조건."『신진보리포트』. 창간호.
함인희 · 이동원 · 박선웅. 2001.『중산층의 정체성과 소비문화』. 서울 : 집문당.
Moore, 1996. "Is Democracy Rooted in Material Prosperity?" in Robin Luckham and Gordon White eds. *Democratization in the South : The Jagged Wave*. Manchester : Manchester University Press.
Nun, Jose, 1967. "Middle Class Military Coup." in Claudio Velio ed. *The Politics of Conformity in Latin America*. Oxford : Oxford University Press.
Siemens FutureScape Team. 1998. "21st Century Symposium : Scenarios for the Information Scoiety." Siemens Business Services GmbH & Co. OHG.

Task Force on Inequality and American Democracy, APSA, "American Democracy in and Age of Rising Inequality."
www.apsanet.org

8장 주

1) 중앙일보, 1999년 4월 13일. 그러나 유팔무, 김원동, 박경숙 교수는 마르크스스가 예언한 중산층의 몰락과 계급 양극화는 2000년 이후 한국에서 아직 실현되지 않았다고 주장한다. 중산층이 줄어들고 있으나 여전히 57.5%로 35.0%인 하층(노동자계급)보다 많으며, 노동자계급으로 전락했던 중산층이 제자리로 돌아가고 있고, 주관적인 중산층 귀속의식을 가진 사람은 1991년에 61.3%였는데 IMF 이후 99년에는 54.9%로 많이 줄었다가 2003년에는 56.2%로 약간 늘어나고 있다는 것이다. 50% 이상의 인구가 여전히 중산층이라고 생각하는 나라에서 중산층이 몰락하고 있다고 이야기할 수 없다는 것이다(유팔무 · 김원동 · 박경숙 2005, 258-263).

2) 박명광 2005, 13. 고용계수는 불변산출액 10억 원당 종사자수로 계산된다.

3) 박명광 2005, 13-14. 고용유발계수는 불변산출액 10억 원의 생산에 필요한 피용자뿐만 아니라 생산 파급과정에서 간접적으로 필요한 피용자를 포함하여 계산된다.

4) 블레이드 러너(Blade Runner)는 할리우드 영화에서 따온 이름이다. 그 영화에서는 2019년의 Los Angeles로 설정하고 있다. Siemens, FutureScape Team (1998).

5) 이러한 현상은 양극화 시대의 미국 민주주의에도 비슷하게 나타난다. 미국 정치학회의 '불평등과 미국 민주주의 TF팀'의 보고서는 양극화와 불평등은 미국 민주주의를 침식하고 있다고 결론을 내린다. 부유층의 목소리는 정치인들에 잘 들리나 중산층과 저소득층의 목소리는 들리지 않는다. 그 이유는 소득의 불평등이 정치참여, 투표율, 정치헌금, 정치조직, 이익집단 정치에서 계급간의 불평등을 조장하기 때문이라는 것이다(Task Force on Inequality and American Democracy, APSA, 2004).

6) 나치즘의 등장과정에서 중산층의 역할이 대표적이다. 호세 넌(Jose Nun)은

남미에서 경제적 불안정기에 경제적 위협을 느낀 중산층이 군부를 불러들인 장본인이라고 주장한다(Nun 1967, 66 – 118).

7) 신광영 2004, 265 – 266. 김병조, 장원호 교수의 조사에 의하면, 한국의 중산층은 정치적으로는 진보적 이념성향, 경제문제에는 현상유지를 선호하는 보수적 경향, 통일문제, 대북문제, 대외관계에 대해서는 온건, 신중한 중간자적 입장을 보이고 있다(김병조 · 장원호 2006, 55).

09 한국사회의 양극화 : 진단과 전망

김문조(고려대학교)

사회통합은 "만인의 만인에 대한 투쟁"으로 알려진 홉스적 야만상태를 넘어선 공생적 사회질서의 전제조건으로 인식되어 왔다. 따라서 소정의 사회통합을 저해하는 사회적 균열은 사회체계의 유지 · 존속을 저해하는 부정적 요건으로 간주되어 왔는데, 이같은 견해는 고전 사상에서는 물론이요 현존 학자들의 사회이론에도 폭넓게 반영되어 있다.

사회적 균열의 가장 단순한 형태에 속하는 양극화(polarization)란 사회적 자원이나 구성원들의 이원적 편중상황을 뜻한다. 마르크스에 의해 제기되고 베른슈타인 – 카우스키 논쟁에 의해 구체화된 궁핍화 테제(pauperization thesis)로 소급할 수 있는 양극화론은 지금까지 사회적 불균형이나 불평등에 관한 비판적 담론에 부단히 등장해 왔다.

양극화 이슈가 최근 우리 사회에 돌출하게 된 것은 지난 2006년 1월 18일의 대통령의 신년 연설에서의 논급을 계기로 해서였다(청와대 2006). 이에 정부, 여권 및 진보적 학자들은 "우리 사회에서 양극화가 급진적으로 고조되고 있어 그에 적극적으로 대처하지 않으면 엄청난 사회적 혼란이나 비용을 치를 것"이라고 적극 동조한 반면, 야권이나 자유경제 옹호자들은 "양극화론은 정부가 주도하는 선동적 포퓰리즘의 일환으로 지금 시점에서 양극화 문제를 제기하는 것은 상위계층을 단죄함으로써 다수 기층민들의 지지를 유도하기 위한 정치적 술수"라고 공박해 왔다.

따라서 현재 우리 사회에서 진행되는 양극화 논쟁은 기본적으로 다음 네 가지 논의구조—첫째 "양극화가 있느냐 없느냐"라는 존재론, 둘째 "있다면 그 내용이 무엇인가"라는 성격론, 셋째 "현 상황이 지속되면 향후 어떤 사태가 도래할 것인가"라는 전망론, 넷째 "양극화 해소를 위해 무엇을 해야 하는가"라는 대응론—하에서 적절히 논구될 수 있으리라 생각하나 현상 진단과 전망에 주력하고자 하는 본 논문에서는 상기 논의틀을 다소 변형한 다음과 같은 절차에 의해 한국사회의 양극화 현황과 미래상을 규명해 보고자 한다.

(1) 근로 소득에 의한 경제적 양극화

(2) 근로외적 소득에 의한 경제적 양극화

(3) 경제적 양극화의 사회문화적 파장

(4) 성취동기를 중심으로 한 의식적 양극화

(5) 양극화 사회의 전망과 대응

Ⅰ. 근로소득에 의한 경제적 양극화

소득격차가 양극화 논의의 화두로 등장하면서 그것을 검증하기 위한 다양한 수치나 자료들이 제시되어 왔다. 그 중 가장 빈번히 거론되어

온 것은 지니 계수, 소득분배율, ER 지수, 울프슨 지수이다. 지니 계수와 소득분배율은 소득불균등을 측정하는 지표에 해당한다. 따라서 그것은 엄밀한 의미에서 중산층 축소를 전제로 하는 소득분배의 양단화 현상을 판정하는 수치로 간주하기에는 무리가 있다. 이러한 한계를 극복하기 위한 대안으로 제시된 것이 울프슨 지수와 ER 지수이다. 울프슨 지수는 중위소득과 여타 계층 소득 간의 차이의 절대값을 통해 산출되는 지수로서 중산층의 소멸 정도에 역점을 둔 것인 반면, 경제주체들의 선호체계에 준거해 산출되는 ER 지수는 특정 소득계층으로의 소득 집중도에 입각한 것이다. 하지만 지금까지 양극화 논의는 소득 불균등과 소득 양단화 현상 간의 개념적 차이를 엄격히 구분하지 않은 채 진행되어 왔으므로 여기서도 상기 네 가지 지수들에 의거해 한국사회의 '양극화' 현황과 속성을 파악해 보도록 하자.

1. 지니 계수를 통해 본 소득 불균형

통계청의 도시 가계조사를 바탕으로 집계된 지니 계수는 경제위기 이전인 1995-1997년에 대략 0.28 수준에 있었으나 경제위기 직후인 1998-2000년에는 약 0.32로 높아져 환란 이후의 소득 불평등 악화를 수치적으로 확인해 준다. 그것은 2001년을 정점으로 2003년까지 약간 호전되다가 2004년부터는 다시 올라가는 추세에 있어(<그림 1> 참조) 우리의 소득 불평등 정도가 심각한 수준에 이르렀다는 진단과 함께 개선책을 강구해야 한다는 주장들이 제기되고 있는 것이다.

소득분배의 불균형은 1970-1976년에도 관찰된다. 그것은 고도성장의 도정에서 야기된 산업 간 · 기업 간 · 지역 간 불균형에 기인한 것

〈그림 1〉 지니 계수의 연도별 추이

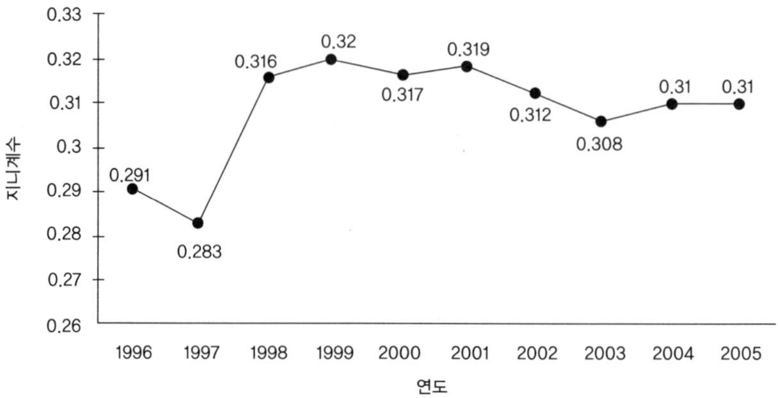

출처 : 통계청 연도별 도시가계조사 통계자료

으로 풀이되고 있는데, 사실상 지니 계수 0.3 수준을 상회하는 소득격차 양상은 1990년대 초중반을 제외한 모든 시기의 공통적 현상으로, 우리의 소득분배 현황은 개발도상국 상태에서 경제발전에 성공한 고도 성장국으로서는 예외적으로 안정적 사례에 속한다는 것이 대내외 전문가들의 중론이다(민승규 외 2006). 뿐만 아니라 2005년 세계은행 자료에 비추어 볼 때, 한국의 지니 계수는 덴마크(1위), 일본(2위), 벨기에(3위)보다는 못하나 프랑스(34위), 스위스(36위), 영국(51위), 미국(76위)보다 양호한 상태에 있어, 우리의 소득불균형 현황은 결코 이례적으로 높은 사례에 속한다고 볼 수 없다.

2. 소득분배율

2005년 도시근로자 가구 기준 소득 5분위 배율은 외환위기 직후인 1999년의 5.49배를 제외하고는 통계조사가 시작된 이후의 전 기간을 통틀어 가장 높은 수치를 기록하고 있다. 즉 5분위 비율은 외환위기 이전 기간인 1991－1997년 평균 4.46배에서 1998－2005년에 평균 5.36배로 크게 증가하였는데, 참여정부가 복지정책의 비중을 강화해 왔음에도 불구하고 2002년 5.18에서 2005년에 5.43배로 그 비율이 높아졌음은 특기할 만하다(< 그림 2> 참조).

〈그림 2〉 소득 5분위 배율 추이

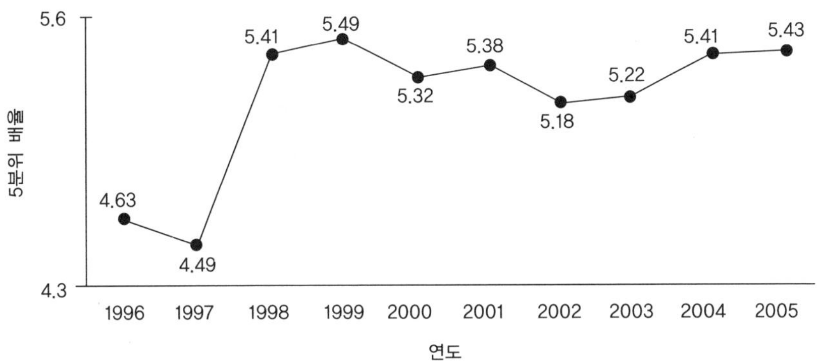

출처 : 통계청 연도별 도시가계조사 통계자료

하지만 앞에서 살펴보았던 지니 계수와 마찬가지로 국가별 비교를 통해 본 한국의 소득 5분위 배율은 5점대 수준(5.41) 으로 국민소득 상위 30개국 평균인 6.37을 하회하고 있다(< 그림 3> 참조).

〈그림 3〉 각국의 1인당 소득순위와 소득불균등도 비교(2004년 기준)

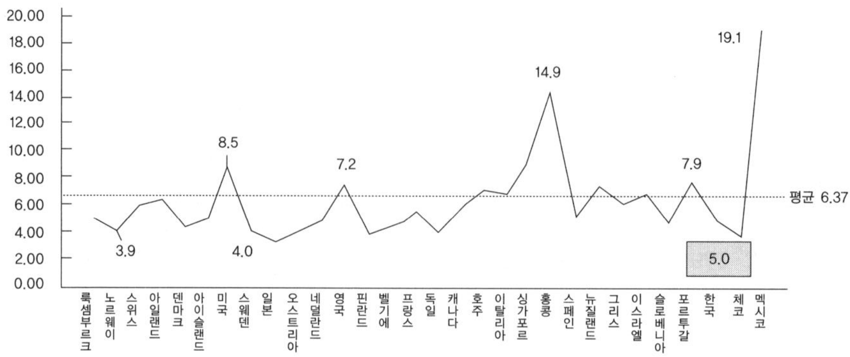

주 : X축은 1인당 국민소득 1위인 룩셈부르크부터 30위인 멕스코까지를 순서대로 나열
출처 : IMD (2005), *World Competitiveness Yearbook*, 2005.

3. ER 지수 및 울프슨 지수

1980년대 중반부터 외환위기 이전까지의 10여 년간 개선된 모습을 보였던 ER 지수와 울프슨 지수 역시 1997년 외환위기를 계기로 급격히 상승한다. 이는 중산층이 감소하고 하위 소득계층의 비중이 증가했기 때문으로 추정되는데, 중산층에서 하위층으로 이동한 인구가 174.7만 명인 데 비해 상위층으로 진입한 인구는 94.5만 명에 불과하다는 수치가 바로 그 점을 직접적으로 반증한다. 이들 양극화 지수는 2001년 이후 2년간 소폭 하락하거나 유지되는 모습을 보이지만 2003년 이후부터 다시 높아짐으로써 양극화를 사회적 현안과제의 하나로 부각시키고 있다(<그림 4> 참조).

〈그림 4〉 ER 지수와 울프슨 지수의 연도별 현황

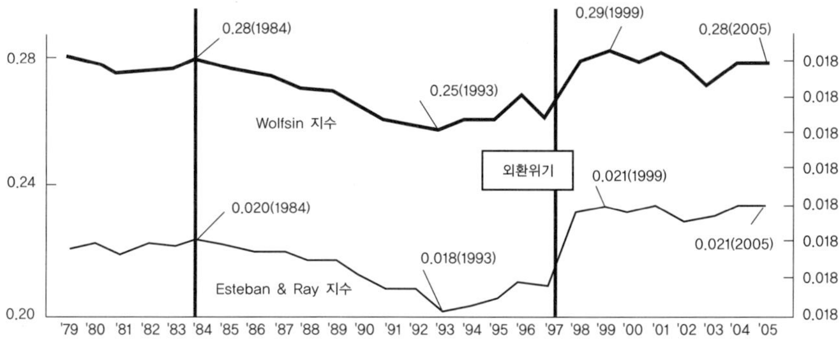

출처 : 민승규(2006), 삼성경제연구소 CEO Information wp547호
주 : 소득은 소득 10분위별 도시근로자 소득을 기준

그런데 이들 양극화 지수는 북구 복지국가를 대표하는 스웨덴, 대륙 모형의 전형인 프랑스나 독일, 혹은 아시아의 경제 모범국인 일본의 그것보다는 높으나 신자유주의를 표방하는 영미식 모형의 대표국인 미국보다는 양호하며 영국과 거의 유사한 수준에 있어 현재 한국사회의 소득 양극화 정도는 유별난 수준은 아니라고 판단된다.

Ⅱ. 근로외적 소득에 의한 경제적 양극화

한국노동패널 자료로부터 직접 산출한 지니 계수는 통계청이 발표한 같은 연도의 지니 계수 값보다 전반적으로 다소간 높다. 그러나 근로

소득 외의 금융소득, 부동산소득, 자산소득 및 기타 소득 등에 관한 지니 계수를 산정해 보면, 근로소득을 제외한 여타 소득 항목의 지니 계수는 1998년부터 2004년에 이르기까지 0.6 이상의 높은 수준을 유지해 왔음을 확인할 수 있다(< 표 1> 참조).

〈표 1〉 한국노동패널 자료로 계산한 지니 계수

구 분	1998년	1999년	2000년	2001년	2002년	2003년	2004년
근로소득	0.41	0.31	0.31	0.34	0.33	0.35	0.36
N	4912	3863	3672	3609	3722	3956	4052
금융소득	–	0.61	0.75	0.62	0.62	0.66	0.69
N		495	356	343	364	362	348
부동산소득	–	0.69	0.61	0.65	0.76	0.70	0.65
N		290	280	316	396	377	382
기타소득	–	0.71	0.72	0.65	0.65	0.77	0.75
N		478	231	195	197	211	208
자산소득	–	0.71	0.72	0.65	0.65	0.77	0.75
N		478	231	195	197	211	208

주 1) 기타소득은 보험금, 퇴직금, 증여상속 등을 포함함
2) 자산소득=금융소득+부동산소득+기타소득

더구나 소득 중에서 금융소득, 부동산소득 및 기타 소득과 같은 비근로소득의 격차가 근로소득의 격차에 비해 한국사회의 양극화에 보다 결정적으로 작용해 왔음을 확인할 수 있는데, IMF 이후 날로 심화되어 온 자산소득과 근로소득 간의 증가율을 구체적으로 비교하면 < 그림 5>와 같다. 즉, 근로소득이 IMF 이후 8년간 36% 오를 때 땅값은 63%, 주가는 3배, 서울 아파트 값은 무려 90%나 뛰어 올랐다. 물론 자산가격 상승

률이 근로소득 증가율을 웃도는 것은 자본주의 사회의 일반적 현상이라고들 하나 한국사회의 경우 외환위기 이후 근로소득 증가율은 구조조정 등으로 완만한 상승세를 보여온 반면, 자산가격은 경기활성화를 위한 부동산 경기 촉진책이나 주가 부양책 등으로 급등함으로써 "불로소득"으로 인한 계층 간 편차는 날로 확대되어 왔다.

〈그림 5〉 근로소득과 자사가격의 증가율 비교

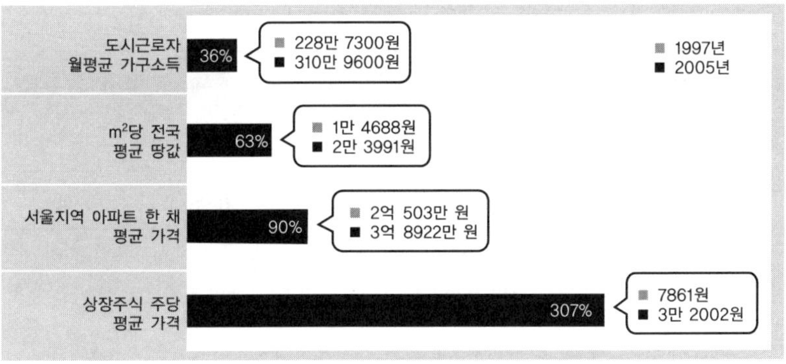

출처 : 한겨레신문, 2005. 9. 19, 통계청, 건설교통부, 부동산뱅크, 증권거래소

또한 삼성금융연구소가 전국 2천 가구를 대상으로 실시한 가계 금융 이용실태 조사결과에 의하면, 부동산 가격이 급등한 지난 2년 동안 부유층과 빈곤층의 자산격차(5분위 배율)는 2003년 17.9배에서 2005년 19.5배로 확장되었다는 것이다. 그런데 당시 부유층의 월별 평균소득이 빈곤층의 5.4배에 달했다는 점을 고려할 때 자산격차의 기여효과가 엄청난 수준이었을 것으로 추정되는데, 그 중에서도 약 23배에 달하는 부동산 자산격차가 소득 양극화의 가장 핵심적 요인이었음이 틀림없다.

따라서 근로소득 지니 계수 산정에서와 유사한 방식으로 로렌츠 곡

선을 이용한 부동산 불평등 지니 계수를 산정해 보면, 2005년의 근로소득 지니 계수는 전국 가구 기준 0.348, 도시 근로자 가구 기준 0.310인 데 반해 2005년 9월 행자부 발표 토지보유 현황에 나타난 토지-주택 합산 빈부격차는 가격기준으로 0.940에 달한다(<표 2> 참조). 이로부터 우리는 소득격차에 비해 자산격차에 의한 경제 양극화 효과가 엄청나게 크다는 사실을 역력히 확인할 수 있다.

〈표 2〉 부동산 불평등 지니 계수

소득		토지			주택	토지·주택합산
전국 가구	도시근로자 가구	면적	가격(1)	가격(2)	가격	가격
0.348	0.310	0.806	0.747	0.92	0.96	0.94

주 1) 소득은 통계청 2005년 가계수지 동향

2) 토지 중 면적 · 가격(1)은 행자부(2005. 8)의 '개인별 · 세대별 토지보유 현황'을 분석 김유선(2005)의 "토지소유 불평등과 불로소득", 토지 중 가격(2)와 주택, 토지 · 주택 합산은 2004년 부과 재산세 및 종토세 과표로 지니 계수를 산출한 대통령자문 빈부격차 · 차별시정위원회(2005)의 『양극화 해결을 위한 '동반성장' 전략 개발』 참조.

Ⅲ. 경제적 양극화의 사회문화적 파장

2003년에 들어서면서 한국의 주택 총수는 12,699,000호로 전체 가구수 12,515,000을 상회하게 된다. 이처럼 우리의 주택보급률은 선진자본주의 국가들에 비해 30-40년 뒤늦은 시점에 이르러서야 100% 수준을 넘어서게 되었지만 그것은 2003년 101.2%, 2004년 102.2%, 2005년 104.0%, 2006년 104.5%로 꾸준히 개선되어 왔다(< 그림 6> 참조). 그럼에도 불구하고 주택의 자가 소유 비율은 54.2% 수준으로, 전국적으로 6,558,700가구가 자가 주택이 아닌 전월세 생활을 영위하고 있다. 특히 아파트 투기가 가장 성행하고 있는 서울 지역의 경우 주택보급률은 2000년 77.4%에서 2003년 86.3%로 빠른 증가를 보여주고 있지만, 주택 자가 소유 비율은 40.94%에 불과해 절반 이상의 가구가 전세나 월세로 살아가는 실정이다(건설교통부 2004b). 이는 곧 적지 않은 유산층이 주택을 주거공간을 넘어선 투자나 투기의 대상으로 삼아 왔으리라는 점, 동시에 그에 비례해 주택 소유에 대한 대중적 열망을 고조시켜 왔으리라는 점을 시사한다.

〈그림 6〉 주택보급률과 남는 집 추세(%, 호)

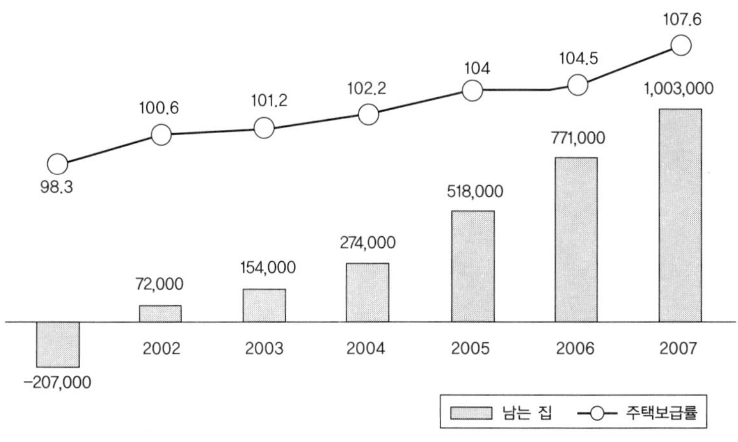

출처 : 건설교통부, 『주택종합계획(2003-2012)』를 재구성

실제로 집이나 아파트 투자에 관한 정보나 화재들은 연일 각종 미디어를 장식하고 있다. 이에 따라 주택 소유자와 비소유자는 전세금이

나 월세의 책정에서 주택건설정책에 이르는 다양한 소재를 두고 견해를 달리해 왔는데, 한국사회에서는 일상적 생활세계나 생활양식의 격차를 야기하는 주거공간의 점유현황이 거주지 분할은 물론이요, 학군을 매개로 한 교육공간의 분할을 초래함으로써 경제적 양극화를 사회적 양극화로 전환시키는 연결고리로 작용해 왔다.

1. 거주지 분화

2000년 인구 센서스 자료에 나타난 지역별 직업분포도에 의하면 전국 수준에서는 대도시가 지방보다, 권역별로는 대전을 제외한 수도권이 비수도권보다 '전문관리직업군'에 해당하는 전문기술직 및 행정관리직 종사자의 비율이 상대적으로 높았다. 즉 거주자의 직업을 시도별 행정구역과 교차시켜 볼 때, 전문관리직 종사자의 비율은 서울이 16.0%로 가장 높았고 다음이 경기, 대전, 인천 순이었다. 또 그 분포가 가장 높은 서울, 경기, 대전, 인천 지역군과 여타 지역군을 양분해 전문관리직 비율을 비교한즉, 각기 14.3% 및 8.4%로 현격한 차이를 보였다(<표 3> 참조).

직업분포의 편중현상은 도시 내부에서도 여실히 드러난다. 앞서와 마찬가지로 전문관리직 종사자의 서울시 내에서의 지역별 분포를 살펴보면 그 비율이 가장 높은 곳은 서초구로 전체의 26.7%에 달하며, 그 다음이 강남구(25.3%), 송파구(19.6%)으로서, 소위 "강남특구"로 불리는 상기 세 지역에 대한 전문관리직의 거주율이 현저히 높았다(<표 4> 참조). 더구나 대응분석법(correspondence analysis)에 의거해 서울시 내부의 직업 분포상황을 보다 면밀히 분석했을 때 서초구, 강남구, 송파구에는 행정관리직과 전문기술직이, 반면 금천구, 중랑구, 구로구에는 생산직이

〈표 3〉 시 · 도별 전문관리직 구성비

단위 : 명(%)

지역	2000년	
서울	1,284691 (16.0)	2,542,800(14.3)
경기	894,277 (13.2)	
대전	139,417 (13.1)	
인천	224,415 (11.9)	
광주	116,783 (11.2)	1,557,060(8.4)
울산	82,734 (10.9)	
대구	192,923 (9.8)	
부산	267,118 (9.0)	
경남	202,465 (8.7)	
제주	34,526 (8.7)	
충북	99,630 (8.6)	
전북	116,808 (7.8)	
강원	87,511 (7.4)	
충남	107,714 (7.3)	
경북	149,349 (6.8)	
전남	99,499 (6.2)	
전체	4,099,860(11.3)	

* 15세 이상 인구 수 기준
출처 : 통계청,『인구주택총조사보고서』 전수자료

편중되어 있는 양분화 경향이 뚜렷이 검증되었다(조동기 2003). 뿐만 아니라 서울이라는 생활공간은 인적 자원은 물론이요 소득, 계급, 자산에 의해서도 크게 구조화되어 가고 있음이 후속 연구들을 통해 속속 밝혀지고 있다(신광영 2003).

〈표 4〉 서울시 각 구별 전문관리직 구성비

단위: 명(%)

지역(구)	2000년	
서초	82,385 (26.7)	291,372(23.2)
강남	109,312 (25.3)	
송파	99,675 (19.6)	
광진	52,875 (17.2)	993,319(14.7)
노원	81,052 (17.1)	
마포	51,370 (17.0)	
양천	61,453 (16.8)	
영등포	51,571 (16.3)	
동작	51,993 (15.7)	
도봉	43,753 (15.7)	
강서	62,496 (15.5)	
강동	58,396 (15.4)	
서대문	43,847 (15.2)	
관악	62,648 (14.9)	
종로	21,045 (14.9)	
은평	51,005 (14.2)	
구로	43,574 (13.8)	
성동	36,245 (13.8)	
용산	25,890 (13.6)	
중구	13,980 (12.8)	
성북	48,672 (12.8)	
강북	33,748 (12.0)	
중랑	40,062 (11.4)	
금천	23,849 (11.2)	
동대문	33,795 (11.1)	
전체	1,284,691(16.0)	

* 15세 이상 인구수 기준

출처 : 통계청, 『인구주택총조사보고서』 전수자료

2. 교육 양극화

거주지의 계층별 분화상은 학군 및 사교육이라는 한국사회 특유의 제도적 기제를 통해 교육 양극화를 촉발시키고 있다. 교육 양극화의 실상을 파악하기 위해서 평준화정책의 제외 영역인 일류대학 진학률의 지역별 차이를 살펴보도록 하자.

〈표 5〉 시도별 땅값과 서울대 · 연세대 · 고려대 합격현황 (2005)

평당 땅값	시도	학생 1000명당 합격자 비율			총학생수
		서울대	연세대	고려대	
400만1471원	서울	11.60	21.10	19.07	118,314
52만9633원	부산	5.91	6.30	7.02	45,684
30만3616원	대전	7.37	8.38	8.17	18,721
30만3204원	인천	4.79	7.37	6.74	31,882
28만7476원	광주	7.74	7.19	8.45	18,338
28만7037원	대구	6.32	5.04	6.66	32,710
15만5083원	경기	3.71	8.73	9.72	109,607
9만5069원	울산	4.24	5.97	5.76	13,887
5만0374원	제주	4.63	4.63	8.63	6,253
3만0314원	충남	3.36	6.20	6.89	22,900
2만8420원	경남	4.93	4.95	6.22	37,118
2만1760원	전북	3.39	4.11	5.93	23,591
2만0852원	충북	4.47	4.41	6.37	18,341
1만5276원	전남	2.14	4.49	4.62	23,356
1만3830원	경북	3.58	5.33	6.15	31,840
9458원	강원	3.07	13.49	5.92	18,227

주 : 대학 합격자 통계는 특목고, 실업계 등을 포함한 전체 고교대상 기준
출처 : 건설교통부, 『2005년도 지가공시에 관한 연차보고서』.

<표 5> 는 건교부가 발표한 2005년도 서울대, 연세대, 고려대 합격자의 거주지 현황인데, 이른바 "SKY 대학"으로 지칭되는 일류대 합격자에는 서울시 거주가가 가장 큰 비율을 차지하고 있음을 확인할 수 있다. 뿐만 아니라 합격자의 시도별 차이는 대체적으로 해당 지역의 평당 토지가격과 비례한다는 점도 주목을 요한다.

이러한 경향은 특별시 서울지역 내부에서도 그대로 재현되고 있다. 즉, 2004년 및 2005년도 서울대 합격자 중에는 강남, 서초, 송파 "강남 3구"의 거주자의 비율이 단연 높은데(이주호 2003), 그것은 부동산 가격, 사교육비, 수능점수 및 서울대 합격률을 종합적으로 비교한 <표 6> 을 통해 명백히 확인할 수 있다(김경근 2005).

〈표 6〉 부동산 가격과 사교육비, 수능점수, 서울대 합격률(서울)

자치구	평당 아파트값	1인당 사교육비 (1년)	수능점수	1000명당 서울대 합격자수
강남구 · 서초구	강남구 2,120만 원 서초구 1,793만 원	952만 2,200원	314.70점	245.0명
영등포구 · 강북구	영등포구1,031만 원 강북구 675만 원	492만 7,200원	279.41점	5.0명
나머지 21개 구	977만 원	523만 9,200원	300.72점	8.1명
서울시 전체	1,045만 원	591만 6,000원	300.81점	8.4명

주 1) 아파트값은 스피드뱅크(2004년 9월) 자료, 나머지 통계는 2005학년도 대학입시 기준
2) 서울대 합격자수는 자치구별 현황파악을 위해 지역별 모집을 하지 않는 특목고 제외

이상의 여러 자료나 경향들을 종합해 볼 때, 경제적 양극화가 사회적 양극화로 외연되는 양상은 주거지 분화로 인한 지역별 격차에 교육 양극화가 전가되는 중층적 과정으로 특징지을 수 있다고 본다. 주거지

〈표 7〉 서울 25개 구별 대학진학률 및 대졸자 비중(2005년)

구분	20-24세 (대학진학률 %)	50-54세 (대졸자 비율 %)
서초	68.1	40.9
강남	64.3	42.2
송파	58.1	30.1
동작	57.9	19.2
종로	57.4	19.2
관악	54.5	13.5
서대문	54.1	15.8
마포	53.1	17.6
양천	52.7	22.7
용산	51.6	18.1
광진	51.6	16.0
노원	51.6	18.4
동대문	51.2	10.0
강동	50.8	21.0
성북	50.3	12.6
영등포	50.3	19.1
도봉	49.0	16.9
성동	48.3	14.1
강서	47.0	16.6
중구	46.3	12.2
구로	45.7	13.4
은평	44.0	13.8
금천	39.0	8.9
중랑	37.8	8.6
강북	37.2	8.8

* 대학진학률 : (대졸자+재학생)/해당연령 인구
자료 : 통계청

양극화와 교육 양극화는 상호 무관한 별개의 현상이 아니라 명문학원의 분포과 학군제라는 한국사회 특유의 교육현실 및 교육정책과 유기적으로 연관된 문제임이 분명하다. 그런데 한국사회의 교육격차는 공간적 분화와 더불어 시간적으로도 확장되고 있다는 점에서 심각성을 더해준다. 즉, 지역별 대학진학률의 차이는 세대적으로 전승되어 사회적 양극화의 재생산에 기여하는데(<표 7> 참조), 이때 가정, 학교 및 지역사회를 매개로 한 아비투스 효과까지 감안한다면, 양극화는 물적 경제자본의 편재에 국한된 것이 아니라 인적 사회자본 및 상징적 문화자본을 망라한 다층적 사회현상으로 변모하고 있음을 확인할 수 있다.

3. 소비 양극화

거주지를 중심으로 한 생활공간의 분리는 소비생활을 주축으로 한 라이프스타일의 분화를 통해 사회적 위계질서를 공고화한다. 이 점은 생활기회(life chance)와 생활양식(lifestyle)의 상호관계에 대한 일련의 논의를 통해서도 유추 가능하나, 정보적 발전양식(informational mode of development)으로 인한 문화공간의 재구성론에 의해 보다 논리적으로 해명가능하다. 1980년대 이후 기술경제적인 도시 사회구조의 전환을 고찰한 카스텔은 그러한 도시의 모습을 '이중도시(dual city)'로서 명명하였다. 기술과 경제의 재구조화에 의한 노동력 분절화는 사회공간적 분화현상으로 구현되는데, 이중 도시화 현상이 바로 그 직접적 결과에 해당한다는 것이다.

카스텔에 따르면, 기술경제의 급진적 발전에 의한 직업구조의 전환은 임금 및 소득에도 심대한 결과를 초래하는데, 이 과정에서 고임금의 직종들보다 저임금 직종들의 보다 급속히 팽창함으로써 증가하는 하위계급과 소정의 전문관리직 종사자들이 같은 공간에 공존하는 이중도시가 형성된다는 것이다. 그들은 동일한 공간을 공유하되 상이한 사회경제적 지위나 생활양식을 향유하는 이질적 존재들로서(Castells 1989) 서로 삶을 달리하고 생각을 달리하며 행위도 달리하는 "문화적 타자들(cultural others)"로 규정할 수 있다.

이러한 이중도시의 모습은 우리에게 결코 생소하지 않다. 경제적·문화적으로 차등화되어 가는 강남북이 상호 배타적 생활세계로 분할되어가는 거대도시 서울의 모습이 바로 그 점을 대변한다. 문자적으로 강남은 '한수 이남'을 통칭하나 실제적으로 영등포구, 관악구, 강동구 등지를 제외한 '반포-서초-압구정-신사-청담-대치동-잠실 일부' 지구만을 지칭하는 한정적 용법으로 사용되는데, 지리적 공간배열을 넘어선 이러한 기호학적 구별짓기는 해당 지역 내에서 통용되고 선호되는 문화적 관습이나 취향에 의한 것이라고 말할 수 있다. 주거 및 교육환경을 중심으로 한 생활세계의 이질화 현상은 소득을 중심으로 한 경제불평등을 사회불평등 일반으로 확장시키는 데 결정적으로 기여해 왔음이 분명하다.

더구나 IMF 외환위기를 계기로 단행된 경제체제의 재조직화는 경제활동의 영역을 넘어선 가족생활, 근린생활 및 여가생활 등과 같은 경제외적 활동영역에서도 새로운 삶의 방식을 추동해 왔는데, 이때 신자유주의, 다국적기업, 지구문화의 확산 등으로 다양한 상품들이 쏟아져 나오면서 소비행위를 중심으로 한 라이프스타일의 분화가 촉진되게 된다.

원칙적으로 생산활동에 비해 개인의 자율적 선택폭이 보다 크게 허용되는 소비행위는 공리주의나 합리주의에 입각한 경제적 분석틀에 의해서만은 설명될 수 없는 복합적 성격을 내포한다. 특히 개인의 소비활동에는 경제적 요인과 문화적 요인이 교차적으로 작동하는바(Bourdieu 1984), 소비생활의 위계적 서열은 기본적으로 경제자본 및 문화자본의 과다에 의해 다음과 같은 4개 차원으로 분류될 수 있다.

(1) 경제자본(+), 문화자본(+)
(2) 경제자본(+), 문화자본(−)
(3) 경제자본(−), 문화자본(+)
(4) 경제자본(−), 문화자본(−)

일반적으로 다원주의 사회의 문화가치는 공약불가능성(incommensurability) 및 양립불가능성(incompatibility)이라는 모순적 속성들을 함유할 수 있다. 공약불가능성이란 일률적 비교 자체가 불가능한 사물들이 존재함을 뜻하는 것으로, 가치의 우열을 가늠할 수 있는 객관적 평가 기준이나 척도를 인정될 수 없는 상황을 지칭한다. 반면 양립불가능성은 특정 가치를 추구하게 되면 다른 가치의 실현이 전체적으로나 부분적으로 차단되는 상황을 의미한다. 그런데 문화적 상품화가 촉진되면 문화가치의 공약불가능성이 약화되고 양립불가능성은 강화됨으로써 "형식적 다원사회 하에서의 실질적 획일사회"가 도래하게 되는데, 우리는 그러한 양상을 < 그림 7> 과 같은 소비권력의 분화 도식을 통해 감지할 수 있다.

요컨대 현대 자본주의 사회의 소비자층은 소비시장을 능동적으로 주도하는 주체적 소비 명사(consumer celebrity)와 그에 추종하거나 동조하는 수동적 소비 다중(consumer multitude)로 양분할 수 있는데, 전자는 경제자본과 문화자본을 겸유한 보보스족(Bobos : Bourgeois Bohemian)이 주축을 이루며, 후자는 소비 명사를 제외한 나머지 인구층을 포괄한다.

현대 소비시장에서는 명망가나 인기 연예인과 같이 소비권력을 독점한 소비 명사의 위력이 막강한 위력을 발휘한다. 뿐만 아니라 소비 명

〈그림 7〉 소비권력의 분화 도식

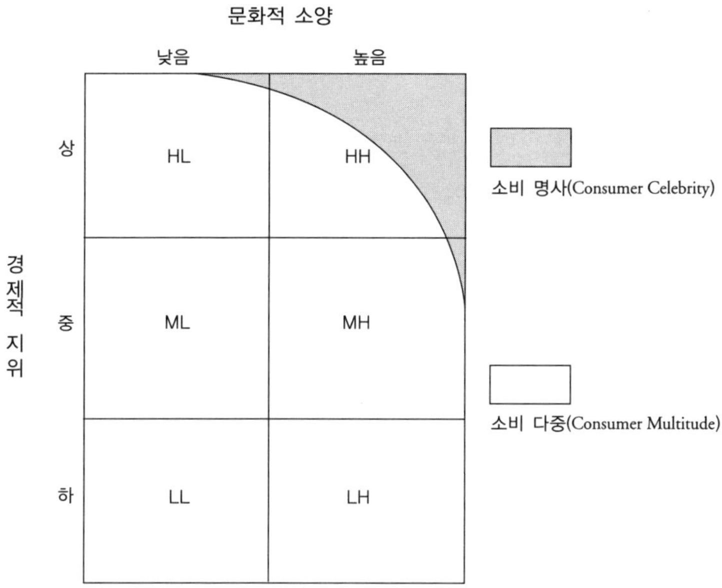

사의 영향력에 비례해 소비 다중의 모방적 소비심리가 고조하게 된다. 상류층에 대한 일체화 욕구의 일환인 명품 중독 현상은 바로 필수품과 사치품의 경계를 무화시키는 대중적 소비행태의 전형으로서, 문화경제학자들은 이러한 소비 다중의 비합리적 소비행태를 도덕, 갈망, 시기심, 수치감, 권리의식 등이 혼재된 문화적 선택의 소산으로 설명한다 (Douglas and Isherwood 1978). 따라서 소비권력이 결여된 상황에서 명품, 짝퉁, 모조품 구매에 탐닉하는 소비 다중은 외형상으로는 소비 명사들과 동질적 소비패턴을 현시할는지 모르나 실제적으로는 무분별한 허위의식에 의해 상향이동의 의지가 박탈된 하류사회에 매몰될 가능성이 크다(후이지 겐키 2005).

Ⅳ. 성취동기를 중심으로 한 의식적 양극화

이상과 같은 일련의 논의는 한국사회의 계층구조가 점진적으로 종전의 다이아몬드형을 벗어나 20 : 80의 눈사람형을 지향한다는 중산층 붕괴론으로 수렴되는데, 눈사람형 사회로의 이행은 기본적으로 다음 두 가지 함의를 내포하고 있다고 여겨진다. 첫째는 사회적 위계구조가 이원화되어 간다는 점이요, 다른 하나는 계층 간 단절이 심화된다는 점이다. 즉 1997년 환란 이후 학계 내외에서 거론되어 온 중산층 붕괴 논지는 계층구조의 이원화 및 단절화로 특징지을 수 있는 양극화 논제로 귀착되는 것으로서, 이는 곧 저간의 고도 성장기를 특징짓던 "노동력 고급화 추세"가 약화되는 대신 대량실업, 고용불안정, 자산가치의 하락 등으로 인한 중산층 침하현상이 계층질서의 새로운 대세로 자리잡아 가고 있음을 암시한다. 요컨대, '신부르주아지화'라고 지칭할 수 있는 "고급 지식 근로자층의 형성"에 '신프롤레타리아화'로 규정할 수 있는 대규모 "중산층 침하"현상이 중첩적으로 전개되고 있는 최근 한국사회는 최상층 및 신진 지식근로자층이 형성하는 소수의 상층과 범용 근로자층 및 빈곤층을 망라하는 다수의 하층으로 분할되어 가는 눈사람형 사회를 지향하는 것으로 생각된다.

이러한 진단은 학계보다는 언론 미디어에서 발빠르게 제기해 왔다. 예컨대, KBS 1TV에서는 < 한국사회를 말한다 : "위기의 중산층, 나는 불안하다"> 라는 프로그램에서 동 방송문화연구소가 2003년 11월에 20대 이상 성인 1천여 명을 대상으로 한 '생활수준 인식' 여론조사 결과를 발표했는데, 6년 전 자신이 중산층이라고 말했던 사람들 가운데 1/3 정도가 하류층으로 전락했다는 보도, 또 현재 생활의 안정성을 묻는 질문에는 43%에 달하는 다수가 "불안정하다"고 생각하고 있다는 충격적 보도를 방영하였다(KBS 2003). 중앙일보 역시 '신빈곤층의 형성'을 주제로 한 일련의 기획 기사에서 IMF 사태 이후 한국 경제가 외환위기의 충격에서 벗어나고 있다는 관변의 속단에도 불구하고 고용축소, 취업불안 및 자산 디플레이션 등으로 사회적 안정의 버팀목인 중산층 및 저소득층의 소득비중이 지속적으로 하락하고 전문직 고소득층의 소득비중이 뚜렷이 증가함으로써 사회불평등 구조가 날로 심화되고 있음을 지적한 바 있다(중앙일보 2003).

이에 관한 대표적 학술연구로는 박형준(2003)의 연구를 꼽을 수 있는데, 직업, 소득수준, 학력 및 거주상황 등과 같은 지표들을 종합한 6분위 도식에 근거한 최근 한국사회의 계층구조에 관한 분석에서 그는 이원화 및 단절화로 대변되는 8자형 사회로 계층구조가 재편되고 있는 실상을 경험적으로 분석한 바 있다(<표 8> 참조).

〈표 8〉 한국사회의 계층구조

계층	주요 특성	추정 구성비	함의
최상층	기업 소유 및 최고 경영자, 고소득 전문가/60평 이상 주택 소유자/소득 1분위층	5% 내외	고급 지식근로자층의 형성으로 인한 상층부의 재편
상 층	전문직/40-60평 주택 소유자/대학졸업자/소득 2-3분위층	15% 내외	
중상층	사무,판매,기능,서비스직(일부)/25-40평 주택 소유자/소득 4-5분위층	15% 내외	중산층의 하향화
중하층	사무,판매,기능,서비스직(일부)/국민주택 이하 소유자/소득 6-7분위층	15% 내외	
하 층	육체근로자, 단순노무직(일부)/주택 비소유자/소득 8-9분위층	25% 내외	
최하층	단순노무직(일부)/근로능력 상실층/기초생활보장제 수급 대상자	15% 내외	

출처 : 박형준(2003, 277).

이때 형태적 변화인 이원화 현상보다 더욱 심각한 문제로 제기되는 것이 계층 간 단절이라는 질적 문제로서, 직무환경이나 거주지 및 교육 격차로 인한 라이프 스타일의 차이를 매개로 날로 그 골이 깊어가는 상하류 의식 편차는 계급적 위화감이나 적대감 형태로 잠복하다가 특정 국면에 돌출함으로써 사회갈등을 심화시키게 된다. 그러한 경향은 IMF 외환위기 이후 한국인의 사회이동 가능성에 대한 태도가 실질적으로 현격히 감퇴하고 있다는 사회적 개방성-폐쇄성에 관한 조사결과를 통해 간접적으로 확인할 수 있다(<표 9> 참조).

〈표 9〉 사회이동 가능성에 대한 태도(1991-1999년)

(단위 : %)

의견	세대 간 이동		세대 내 이동	
	1991년	1999년	1991년	1999년*
높다	61	46	44	24
보통	32	41	38	47
낮다	7	13	18	29
계	100	100	100	100

주 : 응답 중 "모르겠다"는 제외시키고 백분율을 다시 계산함.
출처 : 통계청, 『한국의 사회지표』(2000, 509).

그러면 두터운 중산층이 엄존하던 지난날과 20 : 80 사회를 지향하는 현 시점은 계급의식의 측면에서 어떻게 변별될 수 있을 것인가? 안전판 이론(safety valve theory)에서 첨예한 계급갈등의 완충자로 자리매김되고 있는 중간층은 상류층의 허위 이데올로기와 하류층 저항 이데올로기의 중간 입장에 해당하는 간질적 계급 이데올로기(interstitial class ideology)를 소지한 존재로 이해되곤 한다. 성장시대의 한국사회에서 최대 70% 이상에 육박하던 중산층은 의식적 차원에 관한 한 낙관적 미래관과 높은 사회적 성취동기를 내장한 부류였다는 점에서 상류층 성원들과 다를 바 없다고 본다. 따라서 IMF 환란 이전의 고도 성장기에 한국사회의 의식적 계층구조는 상층과 중산층을 망라한 다수의 열망계급(aspiration class)과 거듭된 실패로 의기소침한 소수 낙망계급(disappointment class)이 보다 나은 미래를 꿈꾸며 위아래층에 동거하는 "한 지붕 두 가족"으로 묘사할 수 있을 것 같다. 그러나 환란 이후의 성장지체기에 접어들면서 한국사회의 의식적 계층구조는 경제적 · 사회적 · 문화적 자본을 독점하는 상류계급에 귀속되려는 소수의 야망계급(ambitious class)과 언제 일자리를 상실할지 몰라 상시적 불안감에 시달리는 다수의 절망계급(despairing class)으로 극명히 나뉘어지는 분립적 상태로 변모하고 있다(<그림 8> 참조).

〈그림 8〉 한국사회의 의식적 계급구조

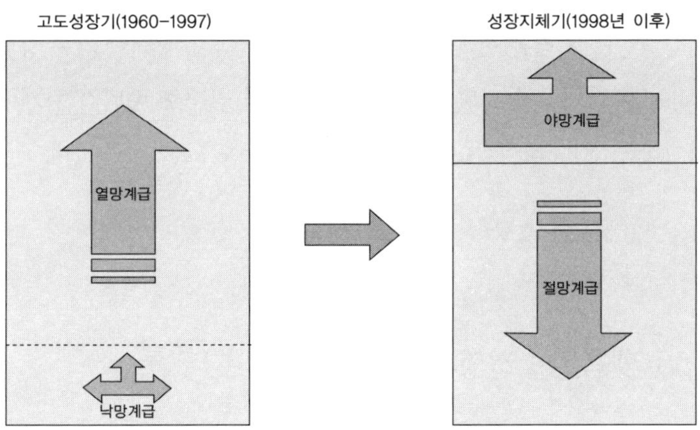

고도성장기를 특징짓는 열망계급과 낙망계급의 구분은 적정 기회구조를 활용해 사회적 성취를 달성할 수 있는 가능성 여부에 대한 차이

에 준거한 것으로서, 정당한 수단을 통한 사회적 성취를 실현한 경험이 있거나 기대하는 이들 모두는 열망계급을 귀속시킬 수 있는 반면, 거듭된 실기로 높은 성취동기를 지니지 못하는 층은 낙망계급으로 분류된다. 하지만 이때 낙망계급 역시 "가치 확장(value stretch)"으로 사회적 성공가치에 대한 수용적 태도를 견지한다는 점에서 열망계급과 근본적으로 유사한 의식세계를 공유한다고 생각되는바(Sewell, Haller and Portes 1969), 고도성장 시대의 한국사회는 궁극적으로 동일한 문화목표가 대다수 국민의 의식세계를 관류하는 "단일의식적(mono-cultural) 상황"으로 규정할 수 있다.

반면 성장지체기의 다수집단을 형성하는 절망계급은 소득수준이나 자산의 점유도뿐만 아니라 주거상황이나 교육, 취향이나 라이프 스타일 등 모든 면에서 독점적 지위를 향유하려는 열망계급과 세계관이나 가치관을 달리하는 부류로서, 상시적 지위불안이나 위기의식으로 지배적 성공가치에 불신을 표하는 이단적 존재에 속한다. 요컨대, 지난 8년간 혹독한 저성장통을 치러온 현 단계 한국사회는 문화목표에 대한 기본 정향을 달리하는 야망계급과 절망계급이 상호 이질적 범주로 배타적 관계구도를 형성하는 "이중의식적(dual-cultural) 상황"으로 묘사할 수 있다.

V. 맺음말 : 전망과 대응

양극화는 한국사회에만 국한된 것이 아니라 세계화, 정보화가 가속화 되는 금세기의 일반적 추세의 하나에 속한다. 그것은 정보혁명이나 유연적 축적체제의 진전이 야기하는 신자유주의의 등장과 함께 익히 예고 가능한 사태이기 때문이다.

"모든 고정된 것이 공중으로 사라지는(All the solid is melt into the air)" 영속성 종말의 시대에 새롭게 구성되어 가는 삶의 조건은 행위주체 각자가 자기의 일대기를 스스로 구성하며 살아가야 하는 개인화 상황에 돌입하게 되는데(Beck 2001), 이러한 변화는 필연적으로 새로운 계층분화를 추동한다. 특히 "속도의 시대"로 대변되는 역동적 사회환경 하에서 변화를 주도하는 소수의 상류층과 변화에 수동적으로 반응하거나 변신 자체를 포기한 다수의 하류층으로의 양극화가 촉진되어 오직 자기만이 중시되고, 빠른 자가 우대되며, 소수만이 성공을 담보할 수 있는 각축적 상황에서 언제 하류로 전락할지 모른다는 상시적 불안감에 시달리는 새로운 소외계층이 확대된다(Englisch 2001).

그러나 한국사회의 양극화는 그러한 보편적 위기론이 예고하는 위험수위를 넘어선 보다 긴박한 상황으로 치닫고 있다. 경제 정의와는 무관한 엄청난 불로소득 격차에서 발원해 주거 및 교육격차를 통해 사회적 차원으로 외연되고, 소비생활을 중심으로 한 문화적 차원으로 확산되어온 양극화는 이제 성취동기와 직결된 의식적 차원으로 비화함으로써 사회적 대립갈등을 격화시킬 전망이다. 그런데 이같은 양극화 현상의 진단에는 다음과 같은 경고와 함의를 부연할 필요가 있다.

경고 차원에서는 양극화의 확장이나 중층화로 양극화론이 분석적 목적을 위한 것이 아닌 사회구성의 일반 원리로 곡해되고 있다는 점을 지적하고자 한다. 이러한 목적전치 현상은 양극화 논법의 무분별한 사용에 의해 조장되어 온 바 적지 않다. 지금 우리 사회의 양극화 논의는 기본 핵심이 고용과 소득에 있건만 제조업-서비스업 간의 산업 양극화, IT-비IT 간의 기술 양극화, 대기업-중소기업 간의 기업 양극화, 보수-

진보 간의 이념 양극화, 호남-비호남 간의 지역 양극화, 또 심지어는 대형 교회-개척교회 간의 교회 양극화, 해외관광-국내관광 간의 휴가 양극화 등으로 양극화론이 무차별적으로 남용되면서 마치 한국사회가 빅뱅 직전의 총체적 분열상황에 이른 것으로 묘사되고 있는데, 이는 결코 타당한 관점이 아닐 뿐더러 정확한 현실 인식도 아닌 것이다.

함의로서는 여타 양극화 유형과 변별되어야 할 의식적 양극화의 기능적 속성이 강조되어야 할 것 같다. 일찍이 마르크스와 다렌돌프는 잠재적 갈등국면을 갈등으로 전환시키는 활성화 요인으로 각기 계급의식(class consciousness) 및 명시적 이해(manifest interest)를 지적한 바 있다. 이와 마찬가지로 의식적 양극화는 객관적 분절 상황을 지시하는 "즉자적 양극화(polarization-in-itself)"를 "대자적 양극화(polarization-for-itself)"로 활성화시키는 매개 요소로 간주할 수 있겠는데, 인정투쟁(recognition struggle)까지 가세해 날로 그 양상이 격화되고 있는 최근 우리 사회의 갈등은 의식 차원을 고려한 대자적 양극화 패러다임에 의해 보다 잘 설명될 수 있으리라 본다.

양극화에 관한 해법은 기본적으로 이상 두 가지 문제의식의 맥락 하에서 적절히 탐색될 수 있을 것으로 본다. 양극화의 진원이 경제적 불균형에 있는 것인 만큼 경제현실의 개선은 양극화 해소를 향한 최우선 과업이라고 판단된다. 실제로 IMF 외환위기 이래 지금까지 직업활동을 중심으로 한 생계문제는 민생경제의 최대 화두로 존속해 왔다. 특히 '정규직'으로 통칭되는 안정적 직업지위의 확보는 취업을 목전에 둔 청년세대, 실직 불안에 시달리는 장년 세대 및 노후 대비에 부심해야 할 중년세대 및 이들과 한 가족으로 살아가는 전 국민의 공통적 관심사였다. 양극화 해소방안을 거론할 때마다 일자리 창출이 주 메뉴로 등장하여 온 까닭이 바로 여기에 있다.

지금까지 정부는 다대한 예산을 들여 일자리 지원사업에 힘을 기울여 왔다. 하지만 단기적 저임금 직종 이외의 고용창출 효과가 크지 않았던 것으로 평가되고 있다. 정책적 기본 방향이 잘 못 설정되었기 때문이다(최광 외 2006). 고용창출은 기본적으로 기업에 의해 주도되어야 한다. 따라서 일자리 창출을 위해 국가가 취해야 할 최선의 정책은 기업의 투자환경을 개선시키는 일이라고 생각한다. 그럼으로써 투자→고용→소비→재투자의 선순환 구조를 담보할 수 있는 성장동력의 확립이 가능한데, 이런 과정에서 무자비한 경쟁체제의 희생자들을 위한 복지제도가 반대급부로 강력히 요청된다.

그러나 성장은 모든 사회가 지향하는 하나의 공동선이요 복지 또한 성숙 사회가 요하는 또 다른 공동선인 만큼 성장과 복지를 배타적 정책범주로 인식하는 대신 양자를 화합적 형태로 접합시킴으로써 통합적 효과를 극대화할 수 있는 방안을 강구하는 것이 바람직하다. 따라서 산업정책과 복지정책을 상승적으로 결합시키는 방안에 주력해야 하는데, 이와 관련해서는 일부 강소국들에서 성과를 거둔 것으로 평가된 유연안정성(flexicurity : flexibility + security)의 한국적 모형을 개발하는 일이 제도 차원에서 선행되어야 할 가장 합리적이고 실용적인 대응이라고 본다.

갈등론이론가, 그 중에서도 특히 갈등기능론자로 분류되는 학자들은 "적당한 사회갈등은 사회통합에 기여한다"고 주장하면서 사회통합에 유익한 사회갈등과 유해한 사회갈등의 성격이나 조건을 명시하는 데 주력해 왔다(Coser 1956). 그러한 작업의 일환으로서 양극화의 사회적 효과에 관한 논의과정에서는 즉자적 양극화를 대자적 양극화로 전환시키는 의식적 양극화의 배가적 속성(amplificatory property)에 대한 숙고가 절실하다고 본다. 계층 간 거리감, 위화감 혹은 적대감 등으로 지칭되는 마음의 벽을 제거함으로써 파국적 사회갈등의 발현을 효과적으로 제어할 수 있기 때문이다. 이같은 방안은 성장과 복지의 조화를 지향하는 양극화의 제도적 해법과는 기축을 달리하는 의식적 해법의 전형에 속하는 것이라고 생각된다.

청와대 홈페이지에는 우리 사회를 "소수의 승자만이 존재할 뿐 다수의 패자는 생존할 수 없는 비정한 카지노 상황"으로 비유하면서 "양극화를 이대로 둘 경우 빈곤층의 저항과 계급투쟁이 불가피할 것"이라는 글이 실려 있다. 의식적 양극화를 조장하는 이러한 유(類)의 발언은 사회적 불신과 분노, 나아가 사회부정→세계부정→자아부정에 이르는 양극화의 확대 재생산을 초래하는 집단적 증오를 증폭시킨다는 점에서 반(反)사회적이다. 인간의 선택을 좌우하는 요소에는 경제적 이해관계를 넘어서는 규범적 · 윤리적 요소가 포함되어야 하는바, 사회가치의 다양성과 이질성이 날로 증대하는 현 시점에서 국가는 관용 수준(tolerance level)을 제고함으로써 의식적 차이를 사회분열의 원천이 아닌 사회발전의 자원으로 전환시키는 조절역량을 강화하는 데 힘써야 할 것이다.

태양 아래 새로운 진리가 없다고들 한다. 더구나 세상의 모든 담론이 플라톤-아리스토텔레스 시기의 그것의 반복에 불과하다는 냉소적 발언이 횡행하는 인문사회학계에서는 새로운 진리의 색출이 원천적으로 불가해 보이기까지 한다. 하지만 지선의 이상적 진리가 아닌 차선의 실현적 진리를 모색하는 것이 사회과학에 부여된 일차적 소명일진대, "없는 것보다 낫다"는 자세로 양극화 해소에 진력할 때 뜻밖의 유효한 방안들(serendipitous alternatives)의 창발을 기대할 수 있으리라 생각한다.

참고문헌

건설교통부. 2004a. 『주택종합계획(2003-2012)』.

________. 2004b.『주택통계 편람』.

________. 2005. 『2005년도 지가공시에 관한 연차보고서.

김경근. 2005. "한국사회의 교육격차." 『전국교육연구소네트워크세미나 자료집』.

민승규 外. 2006. "소득양극화의 현황과 원인." 『CEO 인포매이션』 제547호. 삼성경제연구소.

대통령자문 빈부격차 · 차별시정위원회. 2005. 『양극화 해결을 위한 '동반성장' 전략 개발』.

박형준. 2003 "정보화사회의 불평등구조와 대응전략." IT전략연구원. 『2003 미래전략포럼 심포지엄 자료집』.

삼성금융연구소. 2005. 『가계금융이용실태조사결과』.

신광영. 2003. "계급불평등과 도시 공간 : 서울시 사례 연구." 『서울시정개발연구원 개원 11주년기념 학술심포지엄 자료집』.

조동기. 2003. "한국의 사회변동과 직업의 지역적 분포 : 지식정보직업군을 중심으로." < 제1차 한중사회학자연구회 발표문> 중국 길림성 사회과학연구원.

중앙일보. 2003. "대물림하는 가난." 7월 7일-14일.

청와대. 2006. http://www.cwd.go.kr> 노무현 대통령> 대통령 연설문> (검색일 : 2006년 1월 18일)

최 광 외. 2006. 『국가 정체성과 나라 경제 바로 보기 : 양극화의 거짓과 진실』. 봉명.

KBS TV. 2003. "한국사회를 말한다: 위기의 중산층, 나는 불안하다." 11월 26일.

통계청. 『도시가계조사』 각년호.

_____. 2000a. 『인구주택총조사보고서』.

_____. 2000b. 『한국의 사회지표』.

한겨레신문. 2005. "근로소득과 자산가격의 증가율 비교." (9월 19일).

한국노동연구원. 『한국노동패널』. 각년호

후이지 겐키. 2005. *Never Climbing Society*. Kobunsha Co. 이혁재 옮김. 2006. 『90%가 하류로 전락한다』. 재인.

Beck U. and Beck, E. 2002. Individuation, Sage.

Bourdieu, P. 1984[1979]. *Distinction : A Social Critique of the Judgement of Taste*. Harvard University Press. 최종철 옮김. 1995-1996. 『구별짓기 : 문화와 취향의 사회학(上 · 下)』. 새물결.

Castells, M. 1989. *The Informational City : Information Technology, Economic Restructuring and the Urban-Regional Process*. Blackwell. 최병두 옮김. 2001. 『정보도시 : 정보기술의 정치경제학』. 한울.

Coser, L. 1956. *The Functions of Social Conflict*. Free Press.

Douglas, M. and B. Isherwood. 1978. *The World of Goods : Toward an Anthropology of Consumption*. Penguin.

English, G. 2001. *Jobnomaden*. Ladenpreis aufgehoben. 이미옥 옮김. 2002. 『잡노마드 사회』. 문예출판사.

IMD. *World Competitiveness Yearbook*. 2005.

Sewell, W. A. Haller and A. Portes. 1969. "The Educational and Early Occupational Atainment Process." *American Sociological Review*. 34, 82-92.

●●● 저자 소개 ●●●

■ 강원택

서울대학교 정치학 박사

현 숭실대학교 정치외교학과 교수

〈주요 논문 및 저서〉

- 『한국의 선거정치 : 이념, 지역, 세대와 미디어』(2003).
- 『한국의 정치개혁과 민주주의』(2005).
- 『한국적 싱크탱크의 가능성』(2006, 공저).
- 『대통령제, 내각제와 이원정부제』(2006).

■ 김문조

미국 조지아 대학 사회학 박사

현 고려대학교 사회학과 교수, 한국이론사회학회 회장

〈주요 논문 및 저서〉

- “네트워크 사회의 이념적 기초와 실천전략.”
- 『과학기술과 한국사회의 미래』.

■ 김재한

미국 로체스터 대학 정치학 박사

현 한림대학교 정치외교학과 교수

〈주요 논문 및 저서〉

- 『게임이론과 남북한관계』(한울, 1996).
- 『합리와 비합리의 한국 정치사회』(소화, 1998).
- 『동북아공동체』(집문당, 2005).

■ 설동훈

서울대학교 사회학 박사

미국 듀크 대학교 인구연구소 박사 후 연구원

전북대학교 조교수

〈주요 논문 및 저서〉

- 『외국인 노동자와 한국사회』(1999).
- "South Korea : Importing Undocumented Workers" (2004).

■ 임혁백

미국 시카고 대학교 정치학 박사

현 고려대학교 정치외교학과 교수

〈주요 논문 및 저서〉

- 『시장, 국가, 민주주의』(나남출판, 1994).
- 『세계화 시대의 민주주의』(나남출판, 2000).

■ 임희섭

미국 에모리 대학 사회학 박사

전 한국사회학회 회장

현 고려대학교 명예교수, 학술원회원

〈주요 논문 및 저서〉

- 『한국의 사회변동과 가치관』.
- 『집합행동과 사회운동의 이론』.

■ 정병기

독일 베를린 자유대학교 정치학 박사

현 서울대학교 기초교육원 전임대우 강사

〈주요 논문 및 저서〉

- 『이탈리아 노동운동사』(2000).
- 『제3의 길과 신자유주의』(2003, 공저).
- 『사회과학 글쓰기』(2005).

■ 조희연

연세대학교 사회학 박사

현 성공회대학교 사회과학부 겸 NGO대학원 교수,
참여연대 정책위원장

〈주요 논문 및 저서〉

- 『한국 민주주의와 사회운동』.
- 『한국의 국가, 민주주의, 정치변동』.
- 『계급과 빈곤』 외 다수.

■ 한 준

미국 스탠포드 대학 사회학 박사
현 연세대학교 부교수

〈주요 논문 및 저서〉

- 『한국사회의 권력이동』(공저).
- 『복잡계워크샵』(공저) 외 논문, 논저 다수.

■ 함인희

미국 에모리 대학교 사회학 박사
현 이화여자대학교 교수

〈주요 논문 및 저서〉

- 『현대 한국인의 세대 경험과 문화』(공저, 2005).
- 『한국사회의 권력이동』(공저, 2005).
- “한국사회 몸의 식민화 현상 연구” (2006).

한국사회의 새로운 갈등과 국민통합

초판1쇄 / 2007년 7월 20일

지은이 **한국정치학회 / 한국사회학회 공편**
펴낸이 **여국동**
펴낸곳 **도서출판 인간사랑**
인 쇄 **백왕인쇄**
제 본 **은정제책사**

출판등록 1983. 1. 26. / 제일-3호

정가 22,000원

ISBN 978-89-7418-223-6 93340

※ 잘못된 책은 교환해 드립니다.

(411- 815) 경기도 고양시 일산구 백석동 1178-1
TEL (031)901-8144, 907-2003
FAX (031)905-5815
e-mail / igsr@yahoo.co.kr
igsr@naver.com